合格テキスト

テキスト

よくわかる**簿記**シリーズ　　TEXT

日商簿記 1級

工業簿記・原価計算

III

❖ はしがき

　現代はIT社会といわれるように，情報・通信技術の飛躍的な発達にはめざましいものがあり，企業経営においても合理化・効率化や，より戦略的な活動の推進のためIT技術の積極的な導入が図られています。とりわけ経理分野では，コンピュータの利用により，簿記の知識はもはや不要とすらいわれることもあります。しかし，これらの情報機器は計算・集計・伝達のツールであり，得られたデータを生かすには簿記会計の知識をもった人の判断が必要であることを忘れてはなりません。

　また，国境という垣根のないグローバル社会を迎え，企業は世界規模での戦略的経営を要求されるようになっています。ビジネスマンにとっては財務や経営に関する基礎知識は必須のものとなりつつありますが，簿記会計を学習することによりその土台を習得することができます。

　本書は，日本商工会議所主催簿記検定試験の受験対策用として，TAC簿記検定講座で使用中の教室講座，通信講座の教材をもとに，長年蓄積してきたノウハウを集約したものであり，「合格する」ことを第一の目的において編集したものです。特に，読者の皆さんがこの一冊で教室と同じ学習効果を上げられるように，次のような工夫をしています。

1. 学習内容を具体的に理解できるよう図解や表を多く使って説明しています。
2. 各論点の説明に続けて『設例』を設け，論点の理解が問題の解法に直結するように配慮しています。
3. より上級に属する研究的な論点や補足・参考的な論点は別枠で明示し，受験対策上，重要なものを効率よく学習できるように配慮してあります。
4. 本書のテーマに完全準拠した問題集『合格トレーニング』を用意し，基礎力の充実や実践力の養成に役立てるようにしました。

　なお，昨今の会計基準および関係法令の改定・改正にともない，日商簿記検定の出題区分も随時変更されています。本書はTAC簿記検定講座と連動することで，それらにいちはやく対応し，つねに最新の情報を提供しています。

　本書を活用していただければ，読者の皆さんが検定試験に合格できるだけの実力を必ず身につけられるものと確信しています。また，本書は受験用としてばかりでなく，簿記会計の知識を習得したいと考えている学生，社会人の方にも最適の一冊と考えています。

　現在，日本の企業は国際競争の真っ只中にあり，いずれの企業も実力のある人材，とりわけ簿記会計の知識を身につけた有用な人材を求めています。読者の皆さんが本書を活用することで，簿記検定試験に合格し，将来の日本を担う人材として成長されることを心から願っています。

2023年10月

TAC簿記検定講座

Ver. 8.0 刊行について

　本書は，『合格テキスト　日商簿記1級　工原Ⅲ』Ver. 7.0について，最近の試験傾向に対応するために改訂を行ったものです。

❖ 本書の使い方

　本書は，日商簿記検定試験に合格することを最大の目的として編纂しました。本書は，ＴＡＣ簿記検定講座が教室講座の運営をとおして構築したノウハウの集大成です。

　本書の特徴は次のような点であり，きっと満足のいただけるものと確信しています。

各テーマの冒頭にそのテーマで学習する範囲を示してありますので，事前に学習範囲を知ることができます。

論点などを理解するために必要な内容をテーマごとにまとめましたので，無駄のない学習を行うことができます。

---

02 直接原価計算

Theme

check　ここでは，企業が次年度の利益について計画を立てる際，有用な情報を提供できる直接原価計算のしくみや役割について学習する。

1 直接原価計算の意義

　直接原価計算とは，総原価（製造原価，販売費及び一般管理費）を変動費と固定費に区分し，売上高からまず変動費を差し引いて貢献利益（contribution margin）を計算し，さらに貢献利益から固定費を差し引くことで営業利益を計算する損益計算の方法をいう。

2 直接原価計算の特徴

　直接原価計算により得られる会計情報を利用すれば，損益計算書による会計報告だけでなく短期利益計画のための各種分析に役立つことができる。

1．短期利益計画のための会計情報の提供

(1) 短期利益計画とは

　標準原価計算を採用することによって，原価管理に役立つ情報を入手できることは学習してきた。しかし，原価を管理しても利益を獲得できなければ，いずれ企業は倒産してしまう。

　そこで経営管理者は，自社の進むべき方向性である経営戦略にもとづき，まず向こう3〜5年間の中長期の経営計画を立て，さらに，より具体的な計画として翌年1年間を対象にした短期経営計画を設定する。この短期経営計画の出発点となるのが（大綱的）短期利益計画であり，次年度に獲得すべき目標利益を計画し，これを実現するためにはどれくらいの生産・販売量が必要などかを計画する。

> 短期利益計画 … 次年度に獲得すべき目標利益の計画，およびその利益を獲得するための生産・販売計画

(2) 短期利益計画と期間損益計算

　企業会計においては，通常，1年間の売上収益から，それに対応する費用を差し引くことで期間損益を計算する期間損益計算を行っている。

　いま，次年度の目標利益を獲得するために，どれくらいの販売量や売上高が必要かという問題は，短期利益計画にとってきわめて重要であるが，これまで学習してきた（伝統的な）全部原価計算方式による損益計算では，この問題に対して役立つ情報を提供することができない。

---

① **全部原価計算（absorption costing）**

　全部原価計算とは，製造活動によって生じるすべての原価要素を製品原価に算入する方法をいう。

　全部原価計算では，（変動費であろうが固定費であろうが）製造原価はいったんすべて製品原価に含められたのち，その製品が販売された期間において売上原価として費用化される。

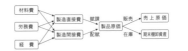

　ところが，原価の発生額には，売上高の増減にともなって比例的に増減する原価（＝変動費）もあれば，売上高の増減とは無関係に一定額しか発生しない原価（＝固定費）もあり，全部原価計算によると，製品が未販売である場合には，売上高とは関係なく一定額発生する固定製造原価が期末棚卸資産（＝期末製品や期末仕掛品）に配分されてしまい，発生年度に費用化しないことになる。

　このため，売上高の増加も原価の減少もないのに営業利益が増加したり，また売上高が増加しても営業利益は増加しないといった現象が起きてしまい，売上高の増加に対して原価や利益がどのように変化するかを予測することができず，短期利益計画に役立つ資料とはならないのである。

全部原価計算方式の損益計算書例

損益計算書（当年度）			損益計算書（次年度）	
売　上　高	5,400千円	← 売上高が2倍 →	売　上　高	10,800千円
売　上　原　価	3,240		売　上　原　価	?
売上総利益	2,160千円	← 原価が2倍？ →	売上総利益	? 千円
販売費・一般管理費	1,496		販売費・一般管理費	?
営　業　利　益	664千円	← 利益は何倍？ →	営　業　利　益	? 千円

② **直接原価計算（direct costing）**

　直接原価計算とは，原価を変動費と固定費に分解し，（全部原価計算のように製造活動によって生じるすべての原価要素ではなく）変動製造原価だけで製品原価を計算する方法をいう。

4

5

直接原価計算

学習論点のまとめや計算公式・規定などは独立してまとめてありますので，暗記をする場合に便利になっています。

適宜に図解や表を示してありますので，学習内容を容易に理解できることができます。

なお，より簿記の理解を高めるため，本書に沿って編集されている問題集『合格トレーニング』を同時に解かれることをおすすめします。

ＴＡＣ簿記検定講座スタッフ一同

論点説明の確認用に「設例」を示してありますので，これにしたがって学習を進めることで理解度をチェックできます。

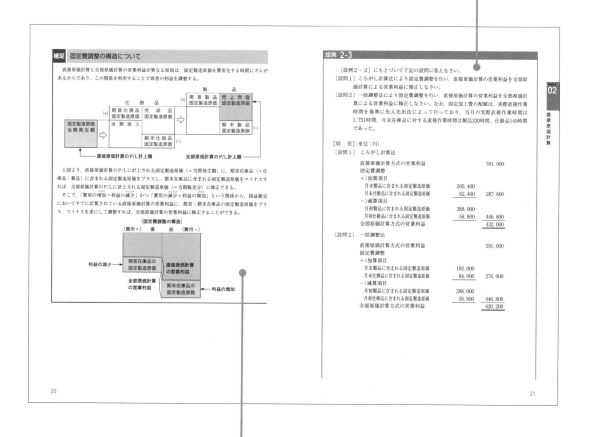

発展的な論点の「研究」，理解を助けるための「補足」，予備的な知識の「参考」などにより，総合的な理解ができるようになっています。

❖ 合格までのプロセス

　本書は，合格することを第一の目的として編集しておりますが，学習にあたっては次の点に
注意してください。

1．段階的な学習を意識する

　学習方法には個人差がありますが，検定試験における「合格までのプロセス」は，次の3段
階に分けることができます。各段階の学習を確実に進めて，合格を勝ち取りましょう。

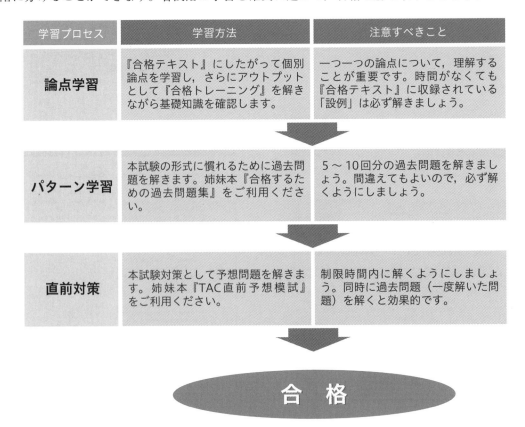

学習プロセス	学習方法	注意すべきこと
論点学習	『合格テキスト』にしたがって個別論点を学習し，さらにアウトプットとして『合格トレーニング』を解きながら基礎知識を確認します。	一つ一つの論点について，理解することが重要です。時間がなくても『合格テキスト』に収録されている「設例」は必ず解きましょう。
パターン学習	本試験の形式に慣れるために過去問題を解きます。姉妹本『合格するための過去問題集』をご利用ください。	5～10回分の過去問題を解きましょう。間違えてもよいので，必ず解くようにしましょう。
直前対策	本試験対策として予想問題を解きます。姉妹本『TAC直前予想模試』をご利用ください。	制限時間内に解くようにしましょう。同時に過去問題（一度解いた問題）を解くと効果的です。

合　格

2．簿記は習うより慣れろ

　簿記は問題を解くことで理解が深まりますので，読むだけでなく実際にペンを握ってより多
くの問題を解くようにしましょう。

論点学習　▶　「設例」を解く　▶　『合格トレーニング』の問題を解く　▶　次の論点学習

3．学習計画を立てる

　検定試験を受験するにあたり，学習計画は事前に立てておく必要があります。日々の積み重ねが合格への近道です。学習日程を作り，一夜漬けにならないように気をつけましょう。（「論点学習計画表」は（11）ページに掲載していますので，ご利用ください。）

学習テーマ		計　画		実　施	
テーマ01	経営管理のための会計情報	月	日	月	日
テーマ02	直接原価計算	月	日	月	日
テーマ03	直接標準原価計算	月	日	月	日
テーマ04	企業予算の編成	月	日	月	日
テーマ05	原価・営業量・利益関係の分析	月	日	月	日
テーマ06	最適セールス・ミックスの決定	月	日	月	日
テーマ07	事業部の業績測定	月	日	月	日
テーマ08	予算実績差異分析	月	日	月	日
テーマ09	差額原価収益分析	月	日	月	日
テーマ		月	日	月	日

● 学習サポートについて ●

　ＴＡＣ簿記検定講座では，皆さんの学習をサポートするために受験相談窓口を開設しております。ご相談は文書にて承っております。住所，氏名，電話番号を明記の上，返信用切手84円を同封し下記の住所までお送りください。なお，返信までは7〜10日前後必要となりますので，予めご了承ください。

〒101-8383　東京都千代田区神田三崎町３－２－18
資格の学校ＴＡＣ　簿記検定講座講師室　「受験相談係」宛

（注）受験相談窓口につき書籍に関するご質問はご容赦ください。

❖ 効率的な学習方法

　これから学習を始めるにあたり，試験の出題傾向にあわせた効率的な学習方法について見てみましょう。

1．科目と配点基準

　日商簿記１級検定試験は，商業簿記・会計学・工業簿記・原価計算の４科目が出題され，各科目とも25点満点で合計100点満点となります。合計得点が70点以上で合格となりますが，１科目でも得点が10点未満の場合には合計点が70点以上であっても不合格となるため，合否判定においても非常に厳しい試験になっています。したがって各科目をバランスよく学習することが大切であり，苦手科目を極力作らないことが合格のための必要条件といえます。

商業簿記・会計学		工業簿記・原価計算	
商業簿記 25点	会計学 25点	工業簿記 25点	原価計算 25点
合　計：100点			

2．出題傾向と対策

(1)　商業簿記・会計学

　①　はじめに

　　　商業簿記・会計学の最近の試験傾向としては，商業簿記の損益計算書または貸借対照表完成の「総合問題」と会計学の「理論問題」を除き，その区別がなくなってきています。

　　　したがって，商業簿記対策，会計学対策というパターンで学習するよりも，「個別問題対策」，「理論問題対策」，「総合問題対策」というパターンで学習するのが，効果的であるといえます。

　②　各問題ごとの学習法

　　(イ)　個別会計について

　　　　ここでは，個々の企業が行った取引にもとづき，期中の会計処理や個々の企業ごとの財務諸表を作成する手続きなどを学習します。学習項目は，各論点ごとの個別問題

対策が中心となりますが，各論点ごとの学習と並行して，理論問題対策や学習済みの論点を含めた総合問題対策もトレーニングなどで確認するようにしましょう。

㋺　企業結合会計について

ここでは，本支店会計，合併会計，連結会計といったいわゆる企業結合会計を学習します。この論点についても出題形式としては，個別問題，理論問題，総合問題の3パターンが考えられますが，理論問題や総合問題としての特殊性はあまりないので，個別問題対策をしっかりやっておけば理論問題や総合問題でも通用するはずです。ただし，出題頻度の高い論点なので，十分な学習が必要です。

(2)　工業簿記・原価計算

科　　目	出題パターン
工　業　簿　記	勘　定　記　入 財務諸表作成
原　価　計　算	数　値　の　算　定

現在の日商1級の工業簿記・原価計算は科目こそ分かれていますが，出題される内容自体は原価計算です。したがって科目別の対策というよりも，論点ごとの対策を考えたほうが合理的です。

① 個別原価計算

工業簿記において，勘定記入形式での出題が中心です。

工業簿記の基本的な勘定体系をしっかりと把握し，原価計算表と勘定記入の関係を押さえましょう。そのうえで，必須の論点である部門別計算を重点的に学習しましょう。

② 総合原価計算

主に工業簿記において出題されます。

仕損・減損の処理は1級の総合原価計算においては基本的事項ですから，確実に計算できるようによく練習しておきましょう。

また，そのうえで，工程別総合原価計算，組別総合原価計算，等級別総合原価計算，連産品の計算などの応用論点をしっかりとマスターしましょう。

③ 標準原価計算

工業簿記において，勘定記入形式での出題が中心です。

標準原価計算における仕掛品の勘定記入法をしっかりと把握したうえで，仕損・減損が生じる場合の計算，標準工程別総合原価計算，配合差異・歩留差異の分析を勘定記入と併せて重点的にマスターしましょう。

④ 直接原価計算

直接原価計算については，工業簿記において，財務諸表作成での出題が中心です。直接原価計算の計算の仕組みをしっかりとつかんで，特に直接標準原価計算方式の損益計算書のひな型を正確に覚え，スムーズに作成できるようにしましょう。

⑤ ＣＶＰ分析・意思決定など

ＣＶＰ分析，業績評価，業務執行的意思決定，構造的意思決定については，原価計算において，数値算定形式での出題が中心です。個々の論点における計算方法を一つ一つしっかりとマスターしましょう。

❖ 試 験 概 要

　現在，実施されている簿記検定試験の中で最も規模が大きく，また歴史も古い検定試験が，日本商工会議所が主催する簿記検定試験です（略して日商検定といいます）。

　日商検定は知名度も高く企業の人事労務担当者にも広く知れ渡っている資格の一つです。一般に履歴書に書ける資格といわれているのは同検定3級からですが，社会的な要請からも今は2級合格が一つの目安になっています。なお，同検定1級合格者には税理士試験（税法に属する試験科目）の受験資格を付与するという特典があり，職業会計人の登竜門となっています。

級　別	科　目	制限時間	程　　　　　度
1級	商業簿記 会計学 工業簿記 原価計算	〈商・会〉 90分 〈工・原〉 90分	極めて高度な商業簿記・会計学・工業簿記・原価計算を修得し，会計基準や会社法，財務諸表等規則などの企業会計に関する法規を踏まえて，経営管理や経営分析を行うために求められるレベル。
2級	商業簿記 工業簿記	90分	高度な商業簿記・工業簿記（原価計算を含む）を修得し，財務諸表の数字から経営内容を把握できるなど，企業活動や会計実務を踏まえ適切な処理や分析を行うために求められるレベル。
3級	商業簿記	60分	基本的な商業簿記を修得し，小規模企業における企業活動や会計実務を踏まえ，経理関連書類の適切な処理を行うために求められるレベル。
簿記初級	商業簿記	40分	簿記の基本用語や複式簿記の仕組みを理解し，業務に利活用することができる。（試験方式：ネット試験）
原価計算 初　級	原価計算	40分	原価計算の基本用語や原価と利益の関係を分析・理解し，業務に利活用することができる。 （試験方式：ネット試験）

　各級とも100点満点のうち70点以上を得点すれば合格となります。ただし，1級については各科目25点満点のうち，1科目の得点が10点未満であるときは，たとえ合計が70点以上であっても不合格となります。

主 催 団 体	日本商工会議所，各地商工会議所
受 験 資 格	特に制限なし
試　　験　　日	統一試験：年3回　6月（第2日曜日）／11月（第3日曜日）／2月（第4日曜日） ネット試験：随時（テストセンターが定める日時） ※　1級は6月・11月のみ実施。
試　　験　　級	1級・2級・3級・簿記初級・原価計算初級
申 込 方 法	統一試験：試験の約2か月前から開始。申込期間は各商工会議所により異なります。 ネット試験：テストセンターの申込サイトより随時。
受験料(税込)	1級 ¥7,850　2級 ¥4,720　3級 ¥2,850　簿記初級・原価計算初級 ¥2,200 ※　一部の商工会議所およびネット試験では事務手数料がかかります。
問い合せ先	最寄りの各地商工会議所にお問い合わせください。 検定試験ホームページ：https://www.kentei.ne.jp/

※　刊行時のデータです。最新の情報は検定試験ホームページをご確認ください。

❖ 論点学習計画表

学習テーマ		計　画		実　施	
テーマ01	経営管理のための会計情報	月	日	月	日
テーマ02	直接原価計算	月	日	月	日
テーマ03	直接標準原価計算	月	日	月	日
テーマ04	企業予算の編成	月	日	月	日
テーマ05	原価・営業量・利益関係の分析	月	日	月	日
テーマ06	最適セールス・ミックスの決定	月	日	月	日
テーマ07	事業部の業績測定	月	日	月	日
テーマ08	予算実績差異分析	月	日	月	日
テーマ09	差額原価収益分析	月	日	月	日
テーマ10	業務執行上の意思決定	月	日	月	日
テーマ11	設備投資の意思決定	月	日	月	日
テーマ12	戦略の策定と遂行のための原価計算	月	日	月	日

※　おおむね1〜2か月程度で論点学習を終えるようにしましょう。

合格テキスト　日商簿記1級　工業簿記・原価計算III　**CONTENTS**

合格テキスト

日商簿記 **1** 級

工業簿記原価計算 III

01 経営管理のための会計情報
Theme

Check ここでは，日商簿記1級の工業簿記・原価計算で学習する管理会計の領域について，そしてその学習範囲の概要について学習する。

1 財務会計と管理会計

われわれが簿記検定で学習している企業会計とは，情報を提供された者が適切な判断と意思決定が行えるように，企業の経営活動を貨幣額により記録・計算・整理し，その結果を報告するものである。

また，企業会計は情報の提供先の相違により，企業外部の利害関係者に対して情報を提供する『財務会計』と，企業内部の利害関係者（すなわち経営管理者）に対して情報を提供する『管理会計』に分類される。

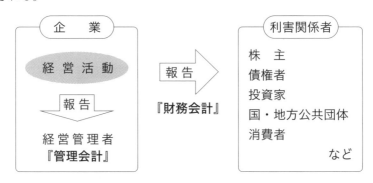

『財務会計』では，利害関係者に対して公開財務諸表を通じて提供される原価の情報が必要となり，『管理会計』では，企業内部の各階層の経営管理者に対して経営管理を適切に行うために必要な原価や利益に関する情報が必要とされる。

そこで，これら企業内外の利害関係者に対して『原価や利益に関するさまざまな情報を提供するためのツール（道具）』こそが原価計算であり，その学習領域は，工企業の製品原価を算定することだけに限定されるものではない。

このうち，製品原価の算定に代表される『財務会計』のための原価計算については，すでに『合格テキスト／工業簿記・原価計算ⅠおよびⅡ』で学習してきた。

そこで，『合格テキスト／工業簿記・原価計算Ⅲ』では，主に『管理会計』のための原価計算について学習していくことになる。

2 管理会計のための原価計算

管理会計のための原価計算とは，企業内部における（各階層の）経営管理者に対して，経営管理に必要な情報を提供するための原価計算のことをいい，さらにその情報が経常的に必要とされるものか，あるいは臨時的に必要とされるものかによって次のように分類される。

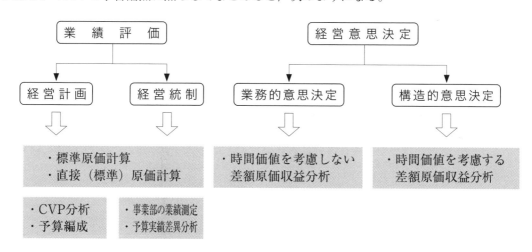

管理会計目的のための原価計算	経常的情報 ⇒ 業績評価	経営計画 経営統制
	臨時的情報 ⇒ 経営意思決定	構造的意思決定 業務的意思決定

　経常的に行われる経営管理の一連のシステムは，業績評価のためのシステムであり，計画（planning）と統制（control）に大別することができる。事前に立案された経営計画と，それを実現させるために行う統制（コントロール）によって，企業経営はそのかじ取りがなされていくのである。

　これに対し，臨時的な経営管理情報とは経営意思決定のための情報のことをいう。企業内部における（各階層の）経営管理者は，経営上生じる種々の問題点について，そのつど，適切な解決策を模索しなければならない。原価計算は，このような経営意思決定に必要となる原価および利益に関する情報を提供する。

　なお，経営意思決定は，経営の基本構造に関する構造的意思決定と，短期の業務活動の執行に関する業務的意思決定に区別される。

　以上をテキストの学習論点に照らしてまとめると，次のようになる。

業 績 評 価 → 経営計画 / 経営統制

経営意思決定 → 業務的意思決定 / 構造的意思決定

経営計画 ⇒
・標準原価計算
・直接（標準）原価計算

・CVP分析
・予算編成

経営統制 ⇒
・事業部の業績測定
・予算実績差異分析

業務的意思決定 ⇒
・時間価値を考慮しない差額原価収益分析

構造的意思決定 ⇒
・時間価値を考慮する差額原価収益分析

　また，上記のほかにも，企業を取り巻く環境が激変したことにともない，持続的競争優位を保つための新たな原価計算情報が注目されている。これを総称して「経営戦略の策定と遂行のための原価計算」とよび，本書ではこの一部についても学習していく。

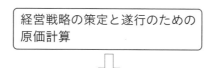

経営戦略の策定と遂行のための原価計算 ⇒
・活動基準原価計算　　　　・品質原価計算
・原価企画，維持，改善　　・ライフサイクル・コスティング
・バックフラッシュ原価計算

02 直接原価計算

Check ここでは，企業が次年度の利益について計画を立てる際，有用な情報を提供できる直接原価計算のしくみや役割について学習する。

1 直接原価計算の意義

　直接原価計算とは，総原価（製造原価，販売費及び一般管理費）を変動費と固定費に区分し，売上高からまず変動費を差し引いて貢献利益（contribution margin）を計算し，さらに貢献利益から固定費を差し引くことで営業利益を計算する損益計算の方法をいう。

2 直接原価計算の特徴

　直接原価計算により得られる会計情報を利用すれば，損益計算書による会計報告だけでなく短期利益計画のための各種分析に役立てることができる。

1. 短期利益計画のための会計情報の提供

(1) 短期利益計画とは

　標準原価計算を採用することによって，原価管理に役立つ情報を入手できることは学習してきた。しかし，原価を管理しても利益を獲得できなければ，いずれ企業は倒産してしまう。

　そこで経営管理者は，自社の進むべき方向性である経営戦略にもとづき，まず向こう3〜5年の中長期の経営計画を立て，さらに，より具体的な計画として翌年1年間を対象にした短期経営計画を設定する。この短期経営計画の出発点となるのが（大綱的）短期利益計画であり，次年度に獲得すべき目標利益を計画し，これを実現するためにはどれくらいの生産・販売量が必要かなどを計画する。

> 短期利益計画 … 次年度に獲得すべき目標利益の計画，およびその利益を獲得するための生産・販売計画

(2) 短期利益計画と期間損益計算

　企業会計においては，通常，1年間の売上収益から，それに対応する費用を差し引くことで期間利益を計算する期間損益計算を行っている。

　いま，次年度の目標利益を獲得するためには，どれくらいの販売量や売上高が必要かという問題は，短期利益計画にとってきわめて重要であるが，これまで学習してきた（伝統的な）全部原価計算方式による損益計算では，この問題に対して役立つ情報を提供することができない。

① 全部原価計算（absorption costing）

　全部原価計算とは，製造活動によって生じるすべての原価要素を製品原価に算入する方法をいう。

　全部原価計算では，（変動費であろうが固定費であろうが）製造原価はいったんすべて製品原価に含められたのち，その製品が販売された期間において売上原価として費用化される。

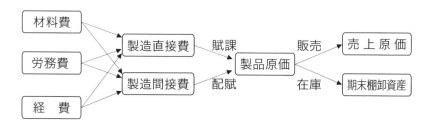

　ところが，原価の発生額には，売上高の増減にともなって比例的に増減する原価（＝変動費）もあれば，売上高の増減とは無関係に一定額しか発生しない原価（＝固定費）もあり，全部原価計算によると，製品が未販売である場合には，売上高とは関係なく一定額発生する固定製造原価が期末棚卸資産（＝期末製品や期末仕掛品）に配分されてしまい，発生年度に費用化しないことになる。

　このため，売上高の増加も原価の減少もないのに営業利益が増加したり，また売上高が増加しても営業利益は増加しないといった現象が起きてしまい，売上高の増加に対して原価や利益がどのように変化するかを予測することができず，短期利益計画に役立つ資料とはならないのである。

全部原価計算方式の損益計算書例

② 直接原価計算（direct costing）

　直接原価計算とは，原価を変動費と固定費に分解し，（全部原価計算のように製造活動によって生じるすべての原価要素ではなく）変動製造原価だけで製品原価を計算する方法をいう。

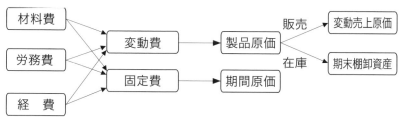

直接原価計算では，売上高と無関係に一定額発生する固定製造原価を製品原価に含めず，期間原価（＝発生した期間の費用）とすることによって，期間利益の計算における歪みを取り除くことができる。

すなわち，原価を変動費と固定費に分けておくことで，たとえば売上高が２倍になったとき，売上高に比例して２倍になる原価（＝変動費）と，まったく変化しない原価（＝固定費）が判明し，その結果，売上高の増加に対して，原価と利益がどのように変化するかの予測ができる。また，この関係を利用することで，次年度の目標利益を獲得するためにはどのくらいの売上高が必要か，というような予測も可能になる。

直接原価計算方式の損益計算書例

損益計算書（当年度）				損益計算書（次年度）	
売　上　高	5,400千円	→ 売上高が2倍 →	売　上　高	10,800千円
変　動　費	3,240	→ 変動費も2倍 →	変　動　費	6,480
貢献利益	2,160千円		貢献利益	4,320千円
固　定　費	1,496	→ 固定費は一定 →	固　定　費	1,496
営業利益	664千円		営業利益	2,824千円

2. 原価の分類と損益分岐図表

(1) 原価の分類

売上高や販売量などの営業量（business volume）が増減したとき，原価がどのように反応するかを原価態様（cost behavior；コスト・ビヘイビア）といい，原価は営業量との関連において変動費と固定費に分類することができる(注)。

前述のように，短期利益計画のためには，原価を変動費と固定費に分類しておくことが有用である。

(注) そのほかに準変動費や準固定費もあるが，最終的には変動費と固定費に分類，集計される。

① 変動費（variable costs）

営業量の増減に応じて，総額において比例的に増減する原価を変動費という。

〈例〉・直接材料費などの製造直接費
　　　・販売員手数料，通信費，運送費　など

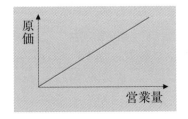

② 固定費（fixed costs）

営業量の増減とは無関係に，総額において一定期間変化せずに，一定額発生する原価を固定費という。

〈例〉・事務職員の給料
　　　・定額法の減価償却費
　　　・賃借料　など

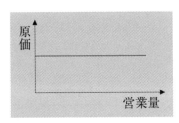

変　動　費 …… 営業量に比例して発生する原価
固　定　費 …… 営業量とは無関係に一定額発生する原価

⑵ 損益分岐図表

　直接原価計算を利用して得られたデータをもとに，売上高と総原価（変動費と固定費の合計）の関係を一枚の図表上に重ねて表したものを損益分岐図表（break-even chart）という。

　損益分岐図表を見れば，売上高（営業量）の増減に対して，原価と利益がどのように増減するかの関係（＝CVPの関係（注））を外観的に知ることができ，また，この関係を算術的に使用することで短期利益計画に役立つ各種情報を入手することができる。

（注）C（Cost：原価）・V（Volume：営業量）・P（Profit：利益）

〈損益分岐図表〉

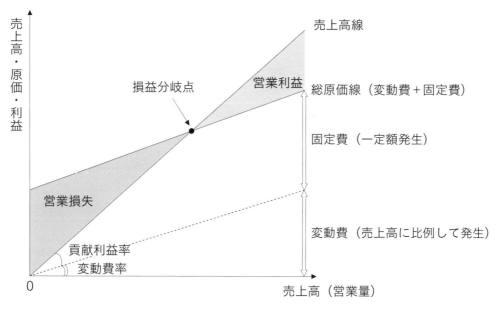

　損益分岐図表からも明らかなように，変動費と貢献利益（＝売上高−変動費）の売上高に対する割合は一定である。この売上高に対する変動費の割合のことを変動費率といい，売上高に対する貢献利益の割合のことを貢献利益率という。

$$変動費率 = \frac{変動費}{売上高} \qquad 貢献利益率 = \frac{貢献利益}{売上高}$$

　また，貢献利益＝売上高−変動費であることから，次の関係がある。

$$貢献利益率 = 1 - 変動費率$$

　なお，CVP分析の詳細については「テーマ05」で学習する。

　名古屋製作所では製品Hの生産・販売を行っているが，伝統的な全部原価計算によると，製造数量が変化すれば，他の条件がまったく同じであっても損益計算書の営業利益が変わってしまうため，直接原価計算を導入することにした。そこで，次の資料にもとづき，(1)全部原価計算による損益計算書と(2)直接原価計算による損益計算書を作成しなさい。

（資　料）

1．販売価格と原価に関するデータ（×1期，×2期とも同じ）

(1) 販売価格：　　　　　　　　　　　　600円／個

(2) 製造原価：変動製造原価　　　　　　150円／個

　　　　　　　固定製造原価　　　　1,500,000円／年

(3) 販売費及び一般管理費

　　　変動販売費　　　　　　　　　　　90円／個

　　　固定販売費　　　　　　　　360,000円／年

　　　一般管理費（すべて固定費）　480,000円／年

2．生産・販売数量

	×1期	×2期
期首在庫量	0個	0個
当期生産量	10,000個	12,000個
当期販売量	10,000個	10,000個
期末在庫量	0個	2,000個

(注) 各期首・期末に仕掛品は存在しない。

【解　答】

(1) 全部原価計算による損益計算書

(単位：円)

損　益　計　算　書

	×1期	×2期
売　　上　　高	6,000,000	6,000,000
売　上　原　価	3,000,000	2,750,000
売 上 総 利 益	3,000,000	3,250,000
販売費及び一般管理費	1,740,000	1,740,000
営　業　利　益	1,260,000	1,510,000

(2) 直接原価計算による損益計算書

(単位：円)

損　益　計　算　書

	×1期	×2期
売　　上　　高	6,000,000	6,000,000
変　　　動　　　費	2,400,000	2,400,000
貢　献　利　益	3,600,000	3,600,000
固　　　定　　　費	2,340,000	2,340,000
営　業　利　益	1,260,000	1,260,000

【解　説】

1．全部原価計算による損益計算書の作成

　　全部原価計算では一定額発生する固定製造原価を製品原価に算入するため，生産量によって製品単位原価は変化してしまう。その結果，仮に販売量（＝売上高）が同じであっても，損益計算書に計上される費用額（＝売上原価）が異なってしまい，営業利益は同じにならない。したがって全部原価計算では，利益の予測計算に役立たないという欠点をもつ。

(1) 売　上　高：600円/個×10,000個＝6,000,000円（×1期，×2期とも同じ）

(2) 売上原価：

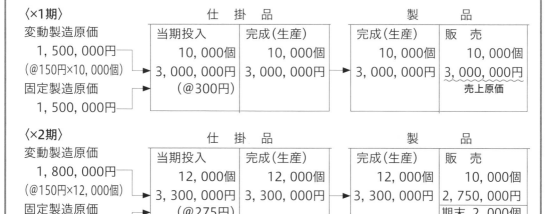

〈×1期〉

変動製造原価　1,500,000円（@150円×10,000個）

固定製造原価　1,500,000円

〈×2期〉

変動製造原価　1,800,000円（@150円×12,000個）

固定製造原価　1,500,000円

(3) 販売費及び一般管理費：

90円/個×10,000個＋360,000円＋480,000円＝1,740,000円（×1期，×2期とも同じ）

変動販売費　　固定販売費　一般管理費

2．直接原価計算による損益計算書の作成

これに対して直接原価計算では，固定製造原価は期間原価（＝発生した期間の費用）とし，製品原価に算入しないため，生産・販売量の影響を受けることはない。

(1) 売　上　高：600円/個×10,000個＝6,000,000円（×1期，×2期とも同じ）

(2) 変　動　費（変動売上原価と変動販売費の合計）：

〈×1期〉

変動製造原価　1,500,000円（@150円×10,000個）

変動販売費：90円/個×10,000個〈販売量〉＝900,000円

変動費合計：1,500,000円＋900,000円＝2,400,000円

〈×2期〉

変動製造原価　1,800,000円（@150円×12,000個）

変動販売費：90円/個×10,000個〈販売量〉＝900,000円

変動費合計：1,500,000円＋900,000円＝2,400,000円

(3) 固　定　費：1,500,000円＋360,000円＋480,000円＝2,340,000円（×1期，×2期とも同じ）

固定製造原価　　固定販売費　一般管理費

❸ 直接原価計算制度

1. 全部原価計算制度と直接原価計算制度

　直接原価計算を正規の会計記録の中に採り入れ，原価計算制度（複式簿記と結合し，財務諸表作成などのために常時継続して行われる原価計算）として実施する場合の勘定連絡図と損益計算書について，全部原価計算制度の場合と対比させて示せば下記のようになる。

　なお，直接原価計算方式により作成した財務諸表をもって外部公表することは，現行の会計制度では認められていない。そのため，企業が直接原価計算制度を採用している場合には，期末に所定の調整を行って全部原価計算制度による数値に修正する必要がある。

(1) 全部原価計算制度

　　全部原価計算制度では，変動費であっても固定費であっても，製造原価は仕掛品勘定へ振り替えて製品原価を構成し，販売費及び一般管理費は，発生額をその期間の費用（＝期間原価）とする。そこで，売上高から売上原価を差し引いて売上総利益を計算し，売上総利益から販売費及び一般管理費を差し引いて営業利益を計算する。

〈勘定連絡図〉

（注）Ⓥ＝変動費，Ⓕ＝固定費を示す。

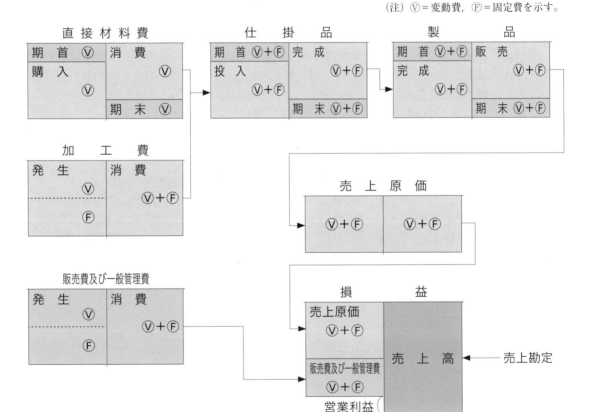

〈損益計算書〉

```
              損益計算書(全部原価計算方式)
Ⅰ  売      上      高                          ××××
Ⅱ  売    上    原    価
    1．期 首 製 品 棚 卸 高          ××
    2．当 期 製 品 製 造 原 価        ×××
         合          計            ×××
    3．期 末 製 品 棚 卸 高          ××        ×××
         売  上  総  利  益                    ×××
Ⅲ  販 売 費 及 び 一 般 管 理 費                ××
         営  業  利  益                        ××
```

(注) 全部原価計算では，売上原価が「変動費＋固定費」で計算されるため，売上高（営業量）に比例した利
　　 益が明示されない。

参考　**原価計算基準4（一部）：原価の諸概念**

(3)　全部原価と部分原価

　　原価は，集計される原価の範囲によって，全部原価と部分原価とに区別される。

　　全部原価とは，一定の給付に対して生ずる全部の製造原価又はこれに販売費および一般管理費を
加えて集計したものをいい，部分原価とは，そのうち一部分のみを集計したものをいう。

　　部分原価は，計算目的によって各種のものを計算することができるが，最も重要な部分原価は，
変動直接費および変動間接費のみを集計した直接原価（変動原価）である。

⑵ 直接原価計算制度

直接原価計算制度では，原価を変動費と固定費に分解し，製造原価のうち変動製造原価だけを仕掛品勘定へ振り替えて製品原価を計算し，固定製造原価は発生額をすべてその期間の費用とする。そこで，売上高からまず変動費（変動売上原価＋変動販売費）を差し引いて貢献利益を計算し，貢献利益から固定費（固定製造原価＋固定販売費及び一般管理費）を差し引いて営業利益を計算する。

〈勘定連絡図〉

（注）Ⓥ＝変動費，Ⓕ＝固定費を示す。

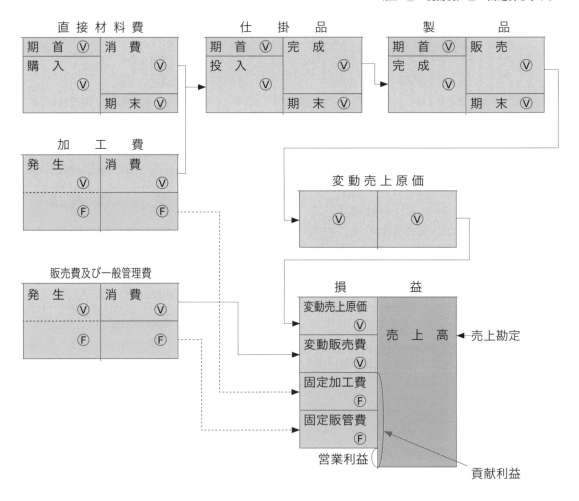

〈損益計算書〉

損益計算書（直接原価計算方式）		
Ⅰ　売　　上　　高		××××
Ⅱ　変動売上原価		
1．期首製品棚卸高	××	
2．当期製品製造原価	×××	
合　　　計	×××	
3．期末製品棚卸高	××	×××
変動製造マージン		×××
Ⅲ　変動販売費		××
貢　献　利　益		××
Ⅳ　固　　定　　費		
1．固定製造原価	××	
2．固定販売費及び一般管理費	××	××
営　業　利　益		××

←‥‥‥‥ 期間発生額を費用計上

（注）直接原価計算では，損益計算書上に売上高（営業量）に比例して発生する貢献利益を明示することができる。

補足　直接原価計算によって作成された財務諸表が外部報告用として認められていない理由

① 全部原価の原則に反するため

　　制度会計上，原価計算には財務諸表によって表示される真実な原価を集計する目的があり，原価計算基準では全部原価によって棚卸資産を計上することを原則としている。直接原価計算の製品原価は変動製造原価のみで計算された部分原価であるため，この原則に反する。

② 原価の変動費と固定費の分解において恣意性が介入するため

　　直接原価計算では，原価を変動費と固定費に分解することが必要となるが，この分解は一意的でないため製品原価計算に恣意性が介入し，制度会計になじまない。

　製品Qを製造・販売するＴ製作所の下記資料にもとづき，(A)全部原価計算方式の損益計算書と(B)直接原価計算方式の損益計算書を作成しなさい。

（資　料）

１．当月の生産・販売データ

月 初 仕 掛 品 量	100個 (0.6)	月初製品在庫量	400個
当 月 投 入 量	1,060	当 月 完 成 量	1,000
投 入 量 合 計	1,160個	合　　　計	1,400個
月 末 仕 掛 品 量	160 (0.5)	月末製品在庫量	200
当 月 完 成 量	1,000個	当 月 販 売 量	1,200個

　　（注）直接材料（変動費）は工程の始点で投入される。上記（　）内は加工費の進捗度を示す。

２．当月の実際製造原価データ

　(1)　月初仕掛品原価

　　　　直 接 材 料 費 …………… 63,000円

　　　　変 動 加 工 費 ………… 117,600円

　　　　固 定 加 工 費 ………… 58,800円

　(2)　当月製造費用

　　　　直 接 材 料 費 ………… 678,400円

　　　　変 動 加 工 費 ……… 2,101,200円

　　　　固 定 加 工 費 ……… 1,050,600円

　(3)　完成品と月末仕掛品への原価の配分は，先入先出法によることとし，実際総合原価計算を適用している。

３．当月の実際販売価格および実際営業費のデータ

　　　　製 品 販 売 価 格 ………… 4,800円/個

　　　　変 動 販 売 費 ………… 350円/個

　　　　固 定 販 売 費 ………… 160,000円

　　　　一般管理費（固定費）…… 320,000円

４．月初製品有高は1,452,000円（うち変動費1,064,000円）であり，製品の庫出単価の計算は先入先出法によること。

【解　答】

　(A)　全部原価計算方式

損　益　計　算　書　　　　（単位：円）

Ⅰ	売　上　高			5,760,000
Ⅱ	売　上　原　価			
	1．月初製品棚卸高	1,452,000		
	2．当月製品製造原価	3,720,000		
	合　　　計	5,172,000		
	3．月末製品棚卸高	744,000	4,428,000	
	売　上　総　利　益			1,332,000
Ⅲ	販売費及び一般管理費			900,000
	営　業　利　益			432,000

　(B)　直接原価計算方式

損　益　計　算　書　　　　（単位：円）

Ⅰ	売　上　高			5,760,000
Ⅱ	変　動　売　上　原　価			
	1．月初製品棚卸高	1,064,000		
	2．当月製品製造原価	2,693,000		
	合　　　計	3,757,000		
	3．月末製品棚卸高	538,600	3,218,400	
	変動製造マージン			2,541,600
Ⅲ	変　動　販　売　費			420,000
	貢　献　利　益			2,121,600
Ⅳ	固　　定　　費			
	1．固　定　加　工　費	1,050,600		
	2．固　定　販　売　費	160,000		
	3．一　般　管　理　費	320,000	1,530,600	
	営　業　利　益			591,000

【解　説】

〜共通の計算〜

　　売　上　高：4,800円/個×1,200個＝5,760,000円

　　変動販売費：350円/個×1,200個＝420,000円（注：変動販売費は販売量に比例して発生する）

(A)　**全部原価計算方式** …（製品原価＝直接材料費＋変動加工費＋固定加工費）

〈先入先出法〉　　　　　　　　　　　　　　　　　　　　　　　　　　　　　　　　　（金額単位：円）

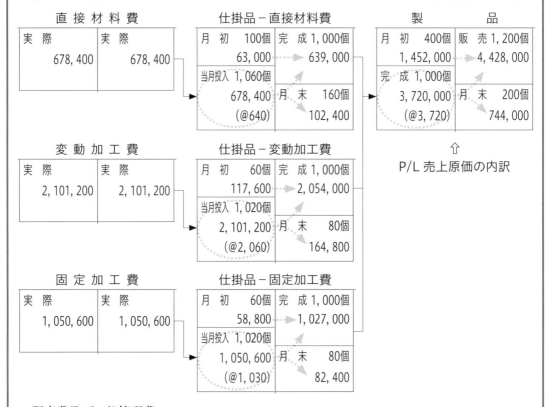

販売費及び一般管理費：

　　420,000円 ＋ 160,000円 ＋ 320,000円 ＝ 900,000円
　　　変動販売費　　　固定販売費　　　一般管理費

(B) **直接原価計算方式** …〈製品原価＝直接材料費＋変動加工費〉

　直接原価計算では，変動製造原価〈直接材料費＋変動加工費〉のみで製品原価を計算する。固定製造原価〈固定加工費〉は製品原価に算入せず，当月実際発生額を期間原価として全額費用計上する。

〈先入先出法〉　　　　　　　　　　　　　　　　　　　　　　（金額単位：円）

直 接 材 料 費

実　際	実　際
678,400	678,400

仕掛品 − 直接材料費

月　初　　100個	完　成 1,000個
63,000	639,000
当月投入 1,060個	
678,400	月　末　　160個
（@640）	102,400

製　　　品

月　初　　400個	販　売 1,200個
1,064,000	3,218,400
完　成 1,000個	
2,693,000	月　末　　200個
（@2,693）	538,600

⇧
P/L 変動売上原価の内訳

変 動 加 工 費

実　際	実　際
2,101,200	2,101,200

仕掛品 − 変動加工費

月　初　　60個	完　成 1,000個
117,600	2,054,000
当月投入 1,020個	
2,101,200	月　末　　80個
（@2,060）	164,800

固 定 加 工 費

実　際	実　際
1,050,600	1,050,600

→ 月次損益勘定へ振替
　（期間発生額を全額費用計上する）

2. 固定費調整

(1) 全部原価計算の営業利益と直接原価計算の営業利益の差異

前述の［設例2－2］によれば，全部原価計算方式の損益計算書と直接原価計算方式の損益計算書では，異なる営業利益が計算されている。これは固定製造原価をどの期間の費用として損益計算に計上するかというタイミングが異なるからである。

つまり，固定製造原価を発生した期間に売上収益と対応させるのが直接原価計算であり，これをいったん製品原価に算入し，その製品が販売されたときにその期間の売上原価（の一部）として売上収益と対応させるのが全部原価計算である。

(2) 固定費調整の一般式と損益計算書の表示

直接原価計算制度を採用している場合，企業内部の経営管理には有用な情報をもたらすことができるが，直接原価計算の営業利益は，外部報告用である全部原価計算の営業利益とは異なってしまう。そこで，直接原価計算の営業利益を全部原価計算の営業利益に修正する必要がある。この手続きのことを固定費調整といい，基本的に次の式で計算する。

> 固定費調整 … 直接原価計算の営業利益を全部原価計算の営業利益に修正する手続き

〈固定費調整の一般式〉

$$\begin{array}{l}\text{全部原価計算の} \\ \text{営 業 利 益}\end{array} = \begin{array}{l}\text{直接原価計算の} \\ \text{営 業 利 益}\end{array} + \left(\begin{array}{l}\text{期末製品・期末} \\ \text{仕掛品に含まれる} \\ \text{固 定 製 造 原 価}\end{array} - \begin{array}{l}\text{期首製品・期首} \\ \text{仕掛品に含まれる} \\ \text{固 定 製 造 原 価}\end{array}\right)$$

(注)（　　）内を固定費調整額という。

〈損益計算書の表示〉

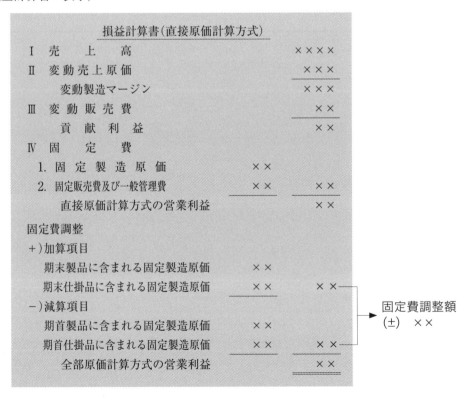

損益計算書（直接原価計算方式）

Ⅰ 売　　上　　高		××××
Ⅱ 変　動　売　上　原　価		×××
変動製造マージン		×××
Ⅲ 変　動　販　売　費		××
貢　献　利　益		××
Ⅳ 固　　定　　費		
1. 固　定　製　造　原　価	××	
2. 固定販売費及び一般管理費	××	××
直接原価計算方式の営業利益		××
固定費調整		
＋）加算項目		
期末製品に含まれる固定製造原価	××	
期末仕掛品に含まれる固定製造原価	××	××
－）減算項目		
期首製品に含まれる固定製造原価	××	
期首仕掛品に含まれる固定製造原価	××	××
全部原価計算方式の営業利益		××

固定費調整額
（±）　××

⑶　固定費調整の方法

　　直接実際原価計算制度を採用している場合の固定費調整の方法には、「ころがし計算法」と「一括調整法」がある。

① **ころがし計算法（原則）**

　　全部原価計算における原価配分方法にしたがって、期末製品・期末仕掛品に含まれる固定製造原価を算定する方法である。

　　ころがし計算法による固定費調整を行えば、固定費調整後の営業利益は全部原価計算の営業利益に一致する。

〈例：先入先出法〉

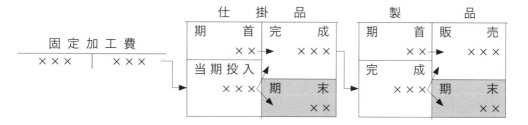

② **一括調整法（簡便的な計算）**

　　固定製造原価を売上品と期末製品・期末仕掛品に一括的に追加配賦することにより、期末製品・期末仕掛品に含まれる固定製造原価を算定する方法である。

　　なお、追加配賦を行うための配賦基準としては、変動加工費や直接作業時間などが用いられる。

　　また、一括調整法は簡便的な計算であるため、固定費調整後の営業利益は全部原価計算の営業利益と通常一致しない。

〈例：先入先出法〉

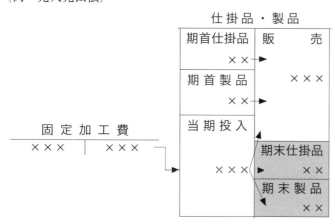

　直接原価計算と全部原価計算の営業利益が異なる原因は，固定製造原価を費用化する時期にズレがあるからであり，この関係を利用することで両者の利益を調整する。

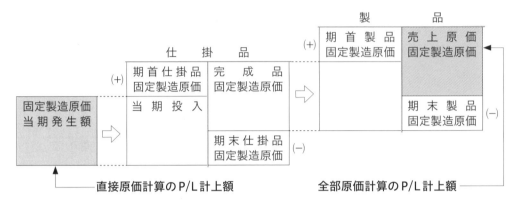

　上図より，直接原価計算のP/Lに計上される固定製造原価（＝当期発生額）に，期首在庫品（＝仕掛品・製品）に含まれる固定製造原価をプラスし，期末在庫品に含まれる固定製造原価をマイナスすれば，全部原価計算のP/Lに計上される固定製造原価（＝当期販売分）に修正できる。

　そこで，「費用の増加＝利益の減少」かつ「費用の減少＝利益の増加」という関係から，損益勘定においてすでに計算されている直接原価計算の営業利益に，期首・期末在庫品の固定製造原価をプラス，マイナスを逆にして調整すれば，全部原価計算の営業利益に修正することができる。

〈固定費調整の構造〉

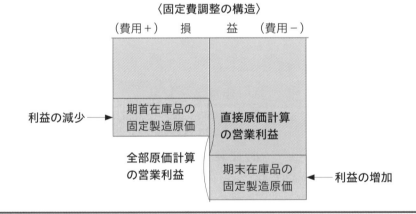

設例 2-3

［設例 2 － 2 ］にもとづいて下記の設問に答えなさい。

〔設問 1 〕ころがし計算法により固定費調整を行い，直接原価計算の営業利益を全部原価計算による営業利益に修正しなさい。

〔設問 2 〕一括調整法により固定費調整を行い，直接原価計算の営業利益を全部原価計算による営業利益に修正しなさい。なお，固定加工費の配賦は，実際直接作業時間を基準に先入先出法によって行っており，当月の実際直接作業時間は1,751時間，月末在庫品に対する直接作業時間は製品320時間，仕掛品140時間であった。

【解　答】(単位：円)

〔設問 1 〕　ころがし計算法

直接原価計算方式の営業利益		591,000
固定費調整		
＋）加算項目		
月末製品に含まれる固定製造原価	205,400	
月末仕掛品に含まれる固定製造原価	82,400	287,800
－）減算項目		
月初製品に含まれる固定製造原価	388,000	
月初仕掛品に含まれる固定製造原価	58,800	446,800
全部原価計算方式の営業利益		432,000

〔設問 2 〕　一括調整法

直接原価計算方式の営業利益		591,000
固定費調整		
＋）加算項目		
月末製品に含まれる固定製造原価	192,000	
月末仕掛品に含まれる固定製造原価	84,000	276,000
－）減算項目		
月初製品に含まれる固定製造原価	388,000	
月初仕掛品に含まれる固定製造原価	58,800	446,800
全部原価計算方式の営業利益		420,200

【解　説】（金額単位：円）

〔設問1〕ころがし計算法

棚卸資産の原価配分方法が先入先出法のため，固定加工費の配分もそれにしたがう。

月末仕掛品に含まれる固定製造原価：$\dfrac{1,050,600円}{1,000個 - 60個 + 80個} \times 80個 = 82,400円$

月末製品に含まれる固定製造原価：$\dfrac{1,027,000円}{1,000個} \times 200個 = 205,400円$

〔設問2〕一括調整法

　本問では，直接作業時間を基準に一括調整する。原価配分方法については，与えられている条件より先入先出法となる。なお，一括調整法は簡便的な計算であるため，固定費調整後の営業利益は，全部原価計算方式の営業利益と通常一致しない。

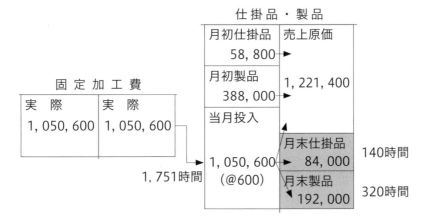

月末仕掛品に含まれる固定製造原価：$\dfrac{1,050,600円}{1,751時間} \times 140時間 = 84,000円$

月末製品に含まれる固定製造原価：$\dfrac{1,050,600円}{1,751時間} \times 320時間 = 192,000円$

原価計算基準30：総合原価計算における直接原価計算

　総合原価計算において，必要ある場合には，一期間における製造費用のうち，変動直接費および変動間接費のみを部門に集計して部門費を計算し，これに期首仕掛品を加えて完成品と期末仕掛品とにあん分して製品の直接原価を計算し，固定費を製品に集計しないことができる。

　この場合，会計年度末においては，当該会計期間に発生した固定費額は，これを期末の仕掛品および製品と当年度の売上品とに配賦する。

固定費調整の会計処理について

　直接原価計算制度を実施している場合における固定費調整の会計処理を，［設例2−3］のころがし計算法の結果を使用して示せば次のようになる（単位：円）。

〈勘定連絡図〉

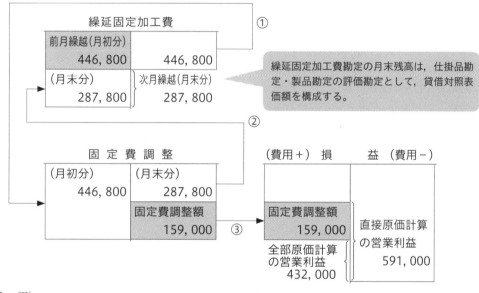

〈仕　訳〉

①　月初在庫品の固定製造原価を繰延固定加工費勘定から固定費調整勘定に振り替える。

（固 定 費 調 整）	446,800	（繰延固定加工費）	446,800

②　月末在庫品の固定製造原価を固定費調整勘定から繰延固定加工費勘定に振り替える。

（繰延固定加工費）	287,800	（固 定 費 調 整）	287,800

③　固定費調整勘定の差額（＝固定費調整額）を損益勘定に振り替える。

（損　　　　　益）	159,000	（固 定 費 調 整）	159,000

補足 全部原価計算において加工費を予定配賦している場合の固定費調整について

　加工費を製品に対して予定配賦している場合において，全部原価計算と直接原価計算の営業利益を固定費調整（ころがし計算法）によって一致させるには，全部原価計算における固定加工費配賦差異をすべて売上原価に賦課していることが必要になる。

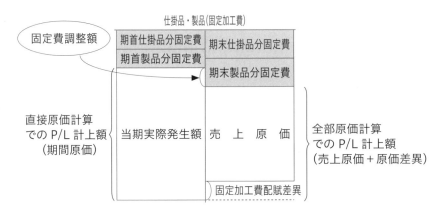

仕掛品・製品(固定加工費)

| 固定費調整額 | 期首仕掛品分固定費 | 期末仕掛品分固定費 |
| | 期首製品分固定費 | 期末製品分固定費 |

直接原価計算での P/L 計上額（期間原価）

当期実際発生額　売　上　原　価

全部原価計算での P/L 計上額（売上原価＋原価差異）

固定加工費配賦差異

　上図に示すように，直接原価計算では固定加工費の当期実際発生額がP/L（損益計算書）に費用計上される。

　これに対して全部原価計算では，当期販売分の固定加工費が売上原価としてP/L（損益計算書）に計上されることから，固定加工費配賦差異をすべて売上原価に賦課して当期の損益計算に計上することで，両原価計算の営業利益の差は固定費調整額のみとなる。

　つまり，（ころがし計算法で）固定費調整を行えば，両原価計算の営業利益は一致する。

　このことを次の設例で確認してみよう。

設例 2-4

　製品Qを製造・販売するT製作所の下記資料にもとづき，(A)全部原価計算方式の損益計算書と(B)直接原価計算方式の損益計算書を作成するとともに，(C)固定費調整を行って，直接原価計算の営業利益を全部原価計算の営業利益に一致させなさい。

（資　料）

１．当月の生産・販売データ

月 初 仕 掛 品 量	100個（0.6）	月 初 製 品 在 庫 量	400個
当 月 投 入 量	1,060	当 月 完 成 量	1,000
投 入 量 合 計	1,160個	合　　　計	1,400個
月 末 仕 掛 品 量	160 （0.5）	月 末 製 品 在 庫 量	200
当 月 完 成 量	1,000個	当 月 販 売 量	1,200個

　（注）直接材料（変動費）は工程の始点で投入される。上記（　　）内は加工費の進捗度を示す。

２．当月の実際製造原価データ

　(1)　月初仕掛品原価

　　　直 接 材 料 費 ……………　63,000円

　　　変動加工費配賦額 …………　　？　円

　　　固定加工費配賦額 …………　　？　円

　(2)　当月実際製造費用

　　　直 接 材 料 費 ……………　678,400円

　　　変 動 加 工 費 …………… 2,101,200円

　　　固 定 加 工 費 ………… 1,050,600円

３．T製作所では製品Qの製造原価の算定にあたり，先入先出法により，完成品と月末仕掛品へ原価を配分している。なお，加工費については，製品生産量を配賦基準として，変動費と固定費とを区別し，それぞれ別個の配賦率により年間を通じて予定配賦している。製品Qの年間正常生産量は12,600個であり，加工費の年間予算は変動加工費が25,200,000円，固定加工費が12,600,000円である。

４．加工費の当月配賦差額は，当月の売上原価に賦課する。

５．当月の実際販売価格および実際販売費及び一般管理費のデータ

　　　製 品 販 売 価 格 ……………　4,800円/個

　　　変 動 販 売 費 ……………　　350円/個

　　　固 定 販 売 費 ……………　160,000円

　　　一般管理費（固定費）…　320,000円

６．月初製品有高は1,456,800円（うち変動費1,056,800円）であり，製品の庫出単価の計算は先入先出法によること。

７．前月において，仕損や減損は発生しなかった。

【解　答】

(A) 全部原価計算方式

損 益 計 算 書　（単位：円）

Ⅰ	売　上　高		5,760,000
Ⅱ	売　上　原　価		
	1．月初製品棚卸高	1,456,800	
	2．当月製品製造原価	3,639,000	
	合　　計	5,095,800	
	3．月末製品棚卸高	727,800	
	差　引	4,368,000	
	4．原　価　差　額	91,800	4,459,800
	売　上　総　利　益		1,300,200
Ⅲ	販売費及び一般管理費		900,000
	営　業　利　益		400,200

(B) 直接原価計算方式

損 益 計 算 書　（単位：円）

Ⅰ	売　上　高		5,760,000
Ⅱ	変　動　売　上　原　価		
	1．月初製品棚卸高	1,056,800	
	2．当月製品製造原価	2,639,000	
	合　　計	3,695,800	
	3．月末製品棚卸高	527,800	
	差　引	3,168,000	
	4．原　価　差　額	61,200	3,229,200
	変動製造マージン		2,530,800
Ⅲ	変　動　販　売　費		420,000
	貢　献　利　益		2,110,800
Ⅳ	固　　定　　費		
	1．固　定　加　工　費	1,050,600	
	2．固　定　販　売　費	160,000	
	3．一　般　管　理　費	320,000	1,530,600
	営　業　利　益		580,200

(C) 固定費調整　　　　　　　　　　　　　　　　　　　　（単位：円）

　　　　直接原価計算方式の営業利益　　　　　　　　　　　　580,200
　　　　固定費調整
　　　　＋）加算項目
　　　　　　月末製品に含まれる固定製造原価　　200,000
　　　　　　月末仕掛品に含まれる固定製造原価　　80,000　　280,000
　　　　−）減算項目
　　　　　　月初製品に含まれる固定製造原価　　400,000
　　　　　　月初仕掛品に含まれる固定製造原価　　60,000　　460,000
　　　　全部原価計算方式の営業利益　　　　　　　　　　　　400,200

【解　説】

(A)　全部原価計算方式の損益計算書

１．売　上　高：4,800円/個×1,200個＝5,760,000円

２．売上原価：

　　全部原価計算では，全部製造原価〈直接材料費＋変動加工費＋固定加工費〉により製品原価を計算する。

(1)　加工費予定配賦額の算定

$$予定配賦率：\frac{25,200,000円}{12,600個}(\underbrace{=2,000円/個}_{変動費率})+\frac{12,600,000円}{12,600個}(\underbrace{=1,000円/個}_{固定費率})$$

$$=3,000円/個$$

予定配賦額 $\begin{cases} 変動加工費：2,000円/個×1,020個〈当月投入量〉=2,040,000円 \\ 固定加工費：1,000円/個×1,020個〈当月投入量〉=1,020,000円 \end{cases}$

(2)　売上原価の計算

　　本問では月初仕掛品の加工費は予定配賦率を用いて計算する。

　　月初仕掛品原価：変動加工費 … 2,000円/個×60個〈＝100個×0.6〉＝120,000円
　　　　　　　　　　　固定加工費 … 1,000円/個×60個〈＝100個×0.6〉＝ 60,000円

〈先入先出法〉　　　　　　　　　　　　　　　　　　　　　　　　（金額単位：円）

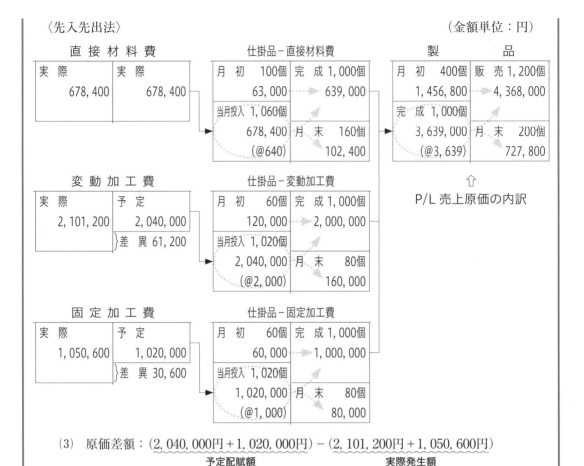

（3）　原価差額：$(2,040,000円 + 1,020,000円) - (2,101,200円 + 1,050,600円)$

　　　　　　　　　　　　　予定配賦額　　　　　　　　　　　　実際発生額

　　　　　　　$= (-)91,800円〔借方〕$ ⇐ **売上原価にプラス**

３．販売費及び一般管理費

　　$350円/個 × 1,200個 + 160,000円 + 320,000円 = 900,000円$

　　　　　変動販売費　　　　固定販売費　　一般管理費

（B）　**直接原価計算方式の損益計算書**

１．売　　　上　　高：$4,800円/個 × 1,200個 = 5,760,000円$

２．変動売上原価：

　　　直接原価計算では，変動製造原価〈直接材料費＋変動加工費〉のみで製品原価を計算する。固定製造原価〈固定加工費〉は製品原価に算入せず，当月実際発生額を期間原価として全額費用計上する。

（1）　加工費予定配賦額の算定

　　　予定配賦額（変動加工費のみ）：$2,000円/個 × 1,020個〈当月投入量〉= 2,040,000円$

(2) 変動売上原価の計算

〈先入先出法〉　　　　　　　　　　　　　　　　　　　　　　　　　　（金額単位：円）

直 接 材 料 費

実　際	実　際
678,400	678,400

仕掛品－直接材料費

月　初　　100個	完　成 1,000個
63,000	639,000
当月投入 1,060個	
678,400	月　末　　160個
(@640)	102,400

製　　　　品

月　初　　400個	販　売 1,200個
1,056,800	3,168,000
完　成 1,000個	
2,639,000	月　末　　200個
(@2,639)	527,800

⇧
P/L 変動売上原価の内訳

変 動 加 工 費

実　際	予　定
2,101,200	2,040,000
	⎫差 異 61,200

仕掛品－変動加工費

月　初　　60個	完　成 1,000個
120,000	2,000,000
当月投入 1,020個	
2,040,000	月　末　　80個
(@2,000)	160,000

固 定 加 工 費

実　際	実　際
1,050,600	1,050,600

→ 損益勘定へ
（期間発生額を全額費用計上する）

(3) 原価差額：2,040,000円 － 2,101,200円 ＝ (-)61,200円〔借方〕⇦**変動売上原価にプラス**
　　　　　　　予定配賦額　　　　実際発生額

3．変動販売費：350円/個×1,200個＝420,000円

4．固 　定 　費

　　直接原価計算では，固定費はすべて期間原価となるため，期間発生額を費用計上する。

Theme
02

直接原価計算

29

ⓒ　固定費調整

　　本問では「固定費調整を行って，直接原価計算の営業利益を全部原価計算の営業利益に一致させなさい」との指示があることから，ころがし計算法による固定費調整を行えばよい。

　　加工費は予定配賦しているため，当月の固定加工費予定配賦額をもとに，先入先出法により配分する。

　　　　固定加工費予定配賦率：$\dfrac{12,600,000円}{12,600個}$＝1,000円／個

　　　　月初仕掛品の固定加工費：1,000円／個×60個〈＝100個×0.6〉＝60,000円

　　　　月初製品の固定加工費：1,456,800円－1,056,800円＝400,000円

〈先入先出法〉　　　　　　　　　　　　　　　　　　　　　　　　　　　　　（金額単位：円）

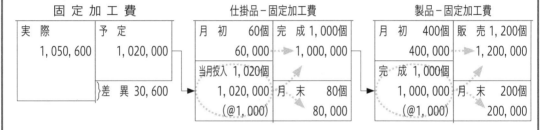

　　　　当月の固定加工費予定配賦額：1,000円／個×1,020個＝1,020,000円

　　　　月末仕掛品の固定加工費：1,000円／個×80個〈＝160個×0.5〉＝80,000円

　　　　月末製品の固定加工費：1,000円／個×200個＝200,000円

MEMO

直
接
原
価
計
算

03 直接標準原価計算

 Check ここでは，短期利益計画に役立つ直接原価計算と原価管理に役立つ標準原価計算とが結合した直接標準原価計算について学習する。

■ 直接標準原価計算とは

1. 直接標準原価計算とは

　ここまでの学習により，標準原価計算によれば原価管理に役立つ情報が入手でき，また直接原価計算によれば短期利益計画に役立つ情報が入手できることを学んできた。そこで，この両者をあわせれば，原価管理にも利益管理にも役立つ情報が入手できることになる。

　直接標準原価計算とは，直接原価計算と標準原価計算を結合したものをいい，「計画と統制」からなる企業の経営管理に役立つさまざまな情報を入手することができる。

2. 原価標準の設定

　直接標準原価計算を採用する場合にも，通常の全部標準原価計算と同じように原価標準をあらかじめ設定しておく必要がある。そこで原価標準を例示すれば次のようになるが，全部標準原価計算と直接標準原価計算では標準が設定される原価の範囲が異なることに注意が必要である。

〈全部標準原価計算の原価標準〉

直接材料費：200円/kg×3kg/個＝	600円
直接労務費：700円/時×2時/個＝	1,400円
製造間接費	
変　動　費：330円/時×2時/個＝	660円
固　定　費：470円/時×2時/個＝	940円
製品Q1個あたりの標準製造原価	3,600円

〈直接標準原価計算の原価標準〉

直接材料費：200円/kg×3kg/個＝	600円
直接労務費：700円/時×2時/個＝	1,400円
変動製造間接費：330円/時×2時/個＝	660円
製品Q1個あたりの標準変動製造原価	2,660円

製品Q1個あたりの標準変動販売費	340円

製造原価に対して標準を設定

変動費に対して標準を設定

　全部標準原価計算では，製造原価（直接材料費＋直接労務費＋製造間接費）を標準原価で計算し，販売費や一般管理費については標準原価で計算しないのが一般的である。

　直接標準原価計算では，変動費（変動製造原価＋変動販売費）を標準原価で計算し，固定費については標準原価で計算しないのが一般的である。

2 損益計算書の表示と勘定連絡図

原価計算制度として全部標準原価計算あるいは直接標準原価計算を採用している場合について，実績損益計算書の作成と勘定連絡図を示せば以下のようになる。各ケースにおいて，損益計算書のひな型と，把握される原価差異の違いについて注意が必要である。

1. 全部標準原価計算の損益計算書と勘定連絡図

(1) 損益計算書

全部標準原価計算は，売上高から標準原価で計算した売上原価を差し引いて標準売上総利益を計算し，これに原価差異を調整して実際売上総利益を計算する。続いて販売費及び一般管理費を差し引いて営業利益を計算する。

全部標準原価計算では，製造原価（変動費＋固定費）に対して原価標準を設定しているため，製造原価に関する原価差異が算出される。

```
          損益計算書（全部標準原価計算方式）

Ⅰ  売  上  高                      ××××
Ⅱ  標準売上原価
  1. 期首製品棚卸高          ××
  2. 当期製品製造原価        ×××
        合      計          ×××
  3. 期末製品棚卸高          ××      ×××  ← 標準原価で計算
        標準売上総利益               ×××
Ⅲ  標準原価差異
  1. 価  格  差  異          ××
  2. 数  量  差  異          ××
  3. 賃  率  差  異          ××
  4. 時  間  差  異          ××          製造原価（変動費＋
  5. 予  算  差  異          ××          固定費）の差異
  6. 能  率  差  異          ××
  7. 操  業  度  差  異      ××       ××
        実際売上総利益               ×××
Ⅳ  販売費及び一般管理費               ××
        営  業  利  益               ××
```

(2) 勘定連絡図

　　全部標準原価計算の勘定連絡図をパーシャル・プランにより示せば次のようになる。

（注）Ⓥ＝変動費，Ⓕ＝固定費を示す。

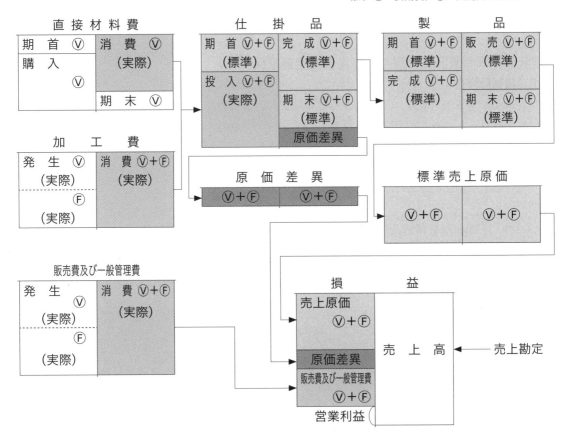

2. 直接標準原価計算の損益計算書と勘定連絡図

(1) 損益計算書

　　直接標準原価計算は，売上高から標準原価で計算した変動費を差し引いて標準貢献利益を計算し，これに原価差異を調整して実際貢献利益を計算する。この際，いったん標準変動売上原価を差し引いて標準変動製造マージンを表示し，さらに標準変動販売費を差し引く。続いて，全額期間原価となる固定費（固定製造原価＋固定販売費及び一般管理費）を差し引いて営業利益を計算する。

　　直接標準原価計算では，変動費（変動製造原価＋変動販売費）に対して原価標準を設定するため，変動費に関する原価差異が算出される。

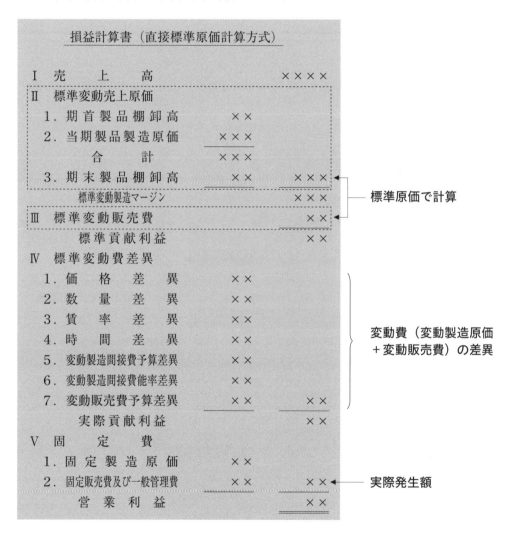

損益計算書（直接標準原価計算方式）

Ⅰ　売　上　高		××××
Ⅱ　標準変動売上原価		
1．期首製品棚卸高	××	
2．当期製品製造原価	×××	
合　　計	×××	
3．期末製品棚卸高	××	×××	← 標準原価で計算
標準変動製造マージン		×××
Ⅲ　標準変動販売費		××	← 標準原価で計算
標準貢献利益		××
Ⅳ　標準変動費差異		
1．価　格　差　異	××	
2．数　量　差　異	××	
3．賃　率　差　異	××	
4．時　間　差　異	××	
5．変動製造間接費予算差異	××	
6．変動製造間接費能率差異	××	
7．変動販売費予算差異	××	××
実際貢献利益		××
Ⅴ　固　　定　　費		
1．固定製造原価	××	
2．固定販売費及び一般管理費	××	××	← 実際発生額
営　業　利　益		××

変動費（変動製造原価＋変動販売費）の差異

35

補足　固定費の表示について

　直接（標準）原価計算では，固定費は実際発生額が全額，発生した期間に費用計上される。しかし，固定製造間接費についてもあらかじめ予算を設定している場合には，損益計算書は次のように表示をすることもある（単位：円）。

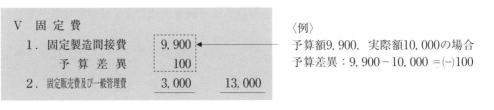

Ⅴ　固定費		
1．固定製造間接費	9,900	
予 算 差 異	100	
2．固定販売費及び一般管理費	3,000	13,000

〈例〉
予算額9,900，実際額10,000の場合
予算差異：9,900 − 10,000 ＝ (−)100

(2)　勘定連絡図

　直接標準原価計算の勘定連絡図をパーシャル・プランにより示せば次のようになる。

（注）Ⓥ＝変動費，Ⓕ＝固定費を示す。

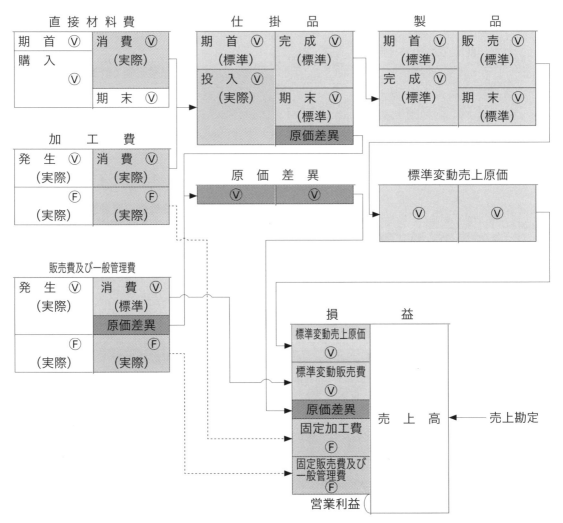

3 直接標準原価計算制度における固定費調整

　原価計算制度として直接標準原価計算を採用している場合にも，直接実際原価計算の場合と同様に，（外部報告用である）全部標準原価計算の営業利益に修正するための手続きとして固定費調整が必要となる。固定費調整の基本的な計算方法は直接実際原価計算の場合と同じであり，期首・期末の製品・仕掛品に含まれる固定製造原価を調整することで，直接標準原価計算の営業利益を全部標準原価計算の営業利益に修正することができる。

　なお，標準原価計算における製品原価や仕掛品原価は標準原価を用いて計算されるため，固定費調整額をより簡単に算出することができる。

〈固定費調整の一般式〉

$$\begin{aligned}
\frac{\text{全部標準原価計算}}{\text{の営業利益}} &= \frac{\text{直接標準原価計算}}{\text{の営業利益}} + \left(\begin{array}{c}\text{期末製品・期末}\\\text{仕掛品に含まれる}\\\text{標準固定製造原価}\end{array} - \begin{array}{c}\text{期首製品・期首}\\\text{仕掛品に含まれる}\\\text{標準固定製造原価}\end{array}\right)\\
&= \frac{\text{直接標準原価計算}}{\text{の営業利益}} + \underbrace{\frac{\text{製品1個あたりの}}{\text{標準固定製造原価}} \times \left(\begin{array}{c}\text{期末製品・}\\\text{期末仕掛品の}\\\text{完成品換算量}\end{array} - \begin{array}{c}\text{期首製品・}\\\text{期首仕掛品の}\\\text{完成品換算量}\end{array}\right)}_{\text{固定費調整額}}
\end{aligned}$$

　製品Qを製造・販売するＴ製作所の下記資料にもとづき，(A)全部標準原価計算方式の損益計算書と(B)直接標準原価計算方式の損益計算書を作成し，さらに(C)固定費調整を行って直接標準原価計算方式の営業利益を全部標準原価計算方式の営業利益に一致させなさい。

　なお，標準原価差異はすべて標準売上総利益または標準貢献利益に加減算するものとする。

（資　料）

1．原価標準（製品Q1個あたり）

　　　直接材料費：200円/kg×3kg/個＝　　600円
　　　直接労務費：700円/時×2時/個＝1,400円
　　　製造間接費
　　　変　動　費：330円/時×2時/個＝　660円
　　　固　定　費：470円/時×2時/個＝　940円
　　　　　　合　　計　　　　　3,600円

　　（注）製造間接費の配賦率は，次の製造間接費月次予算と月間正常直接作業時間にもとづいて算定されている。

　　　変動製造間接費　712,800円　　固定製造間接費　1,015,200円
　　　正常直接作業時間　2,160時

2．当月の生産・販売データ

月初仕掛品量	100個 (0.6)	月初製品在庫量	400個
当月投入量	1,060	当月完成量	1,000
投入量合計	1,160個	合計	1,400個
月末仕掛品量	160 (0.5)	月末製品在庫量	200
当月完成量	1,000個	当月販売量	1,200個

　　（注）直接材料（変動費）は工程の始点で投入される。上記（　）内は加工費の進捗度を示す。

3．当月の実際原価データ

(1)　当月製造費用

　　　直接材料費 ………… 212円/kg×3,200kg＝　678,400円
　　　直接労務費 ………… 735円/時×2,000時＝1,470,000円
　　　製造間接費
　　　変　動　費 …………　　631,200円
　　　固　定　費 ………… 1,020,000円

(2) 当月の実際販売価格および実際販売費及び一般管理費のデータ

  製品販売価格 …………　4,800円/個

  変 動 販 売 費 …………　　350円/個

  固 定 販 売 費 …………　160,000円

  一般管理費（固定費）…　320,000円

4．その他の計算条件

(1)　全部標準原価計算においては，製造間接費の差異分析は変動予算による予算差異，変動費および固定費からなる能率差異，および操業度差異に分析する。

(2)　直接標準原価計算においては，変動販売費についても原価標準が設定されており，その金額は製品1個あたり340円である。

  また，直接標準原価計算方式の損益計算書における固定製造間接費の表示は，実際額を直接計上するのではなく，いったん予算額を計上し，さらに固定製造間接費予算差異を加減算したうえで実際発生額を表示する。

(3)　損益計算書の標準原価差異には，借または貸を記入すること。

【解　答】

(A)　全部標準原価計算方式

損益計算書（全部標準原価計算方式）

（単位：円）

Ⅰ	売　上　高				5,760,000
Ⅱ	標準売上原価				
	1．月初製品棚卸高		1,440,000		
	2．当月製品製造原価		3,600,000		
	合　　計		5,040,000		
	3．月末製品棚卸高		720,000		4,320,000
	標準売上総利益				1,440,000
Ⅲ	標準原価差異				
	1．価　格　差　異	〔借〕	38,400		
	2．数　量　差　異	〔借〕	4,000		
	3．賃　率　差　異	〔借〕	70,000		
	4．時　間　差　異	〔貸〕	28,000		
	5．予　算　差　異	〔貸〕	24,000		
	6．能　率　差　異	〔貸〕	32,000		
	7．操　業　度　差　異	〔借〕	75,200	〔借〕	103,600
	実際売上総利益				1,336,400
Ⅳ	販売費及び一般管理費				900,000
	営　業　利　益				436,400

(B) 直接標準原価計算方式

損益計算書（直接標準原価計算方式）

（単位：円）

Ⅰ	売　上　高		5,760,000
Ⅱ	標準変動売上原価		
	1．月初製品棚卸高	1,064,000	
	2．当月製品製造原価	2,660,000	
	合　　計	3,724,000	
	3．月末製品棚卸高	532,000	3,192,000
	標準変動製造マージン		2,568,000
Ⅲ	標準変動販売費		408,000
	標準貢献利益		2,160,000
Ⅳ	標準変動費差異		
	1．価　格　差　異　〔借〕	38,400	
	2．数　量　差　異　〔借〕	4,000	
	3．賃　率　差　異　〔借〕	70,000	
	4．時　間　差　異　〔貸〕	28,000	
	5．変動製造間接費予算差異　〔貸〕	28,800	
	6．変動製造間接費能率差異　〔貸〕	13,200	
	7．変動販売費予算差異　〔借〕	12,000	〔借〕54,400
	実　際　貢　献　利　益		2,105,600
Ⅴ	固　　定　　費		
	1．固定製造間接費	1,015,200	
	予　算　差　異　〔借〕	4,800	
	2．固定販売費及び一般管理費	480,000	1,500,000
	営　業　利　益		605,600

(C) 固定費調整

（単位：円）

直接標準原価計算方式の営業利益		605,600
＋）加算項目		
月末製品に含まれる固定製造原価	188,000	
月末仕掛品に含まれる固定製造原価	75,200	263,200
－）減算項目		
月初製品に含まれる固定製造原価	376,000	
月初仕掛品に含まれる固定製造原価	56,400	432,400
全部標準原価計算方式の営業利益		436,400

【解　説】

1．生産・販売データの整理（生産データの（　　　）内は，加工費の完成品換算量）

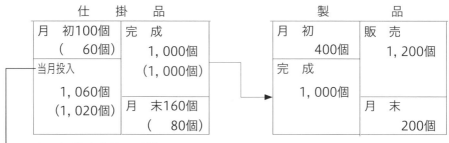

　　　当月標準消費量の計算
　　　　直接材料消費量：1,060個×3kg/個＝3,180kg
　　　　直接作業時間：1,020個×2時/個＝2,040時

2．全部標準原価計算方式の損益計算書
　(1)　売　上　高：4,800円/個×1,200個＝5,760,000円
　(2)　標準売上原価
　　　全部標準原価計算では，全部製造原価（変動費＋固定費）の3,600円/個で製品原価を計算する。
　　　　月初製品棚卸高：3,600円/個×　400個＝1,440,000円
　　　　当月製品製造原価：3,600円/個×1,000個＝3,600,000円
　　　　月末製品棚卸高：3,600円/個×　200個＝　720,000円
　(3)　標準原価差異の分析
　　　全部標準原価計算では，製造原価に関する原価差異が把握され，損益計算書に賦課される。なお，製造原価の差異は当月投入量に対して計算されることに注意してほしい。
　　　〈総差異の把握〉
　　　標　準　原　価：600円/個×1,060個＋(1,400円/個＋660円/個＋940円/個)×1,020個
　　　　　　　　　　　直接材料費　　　　　　直接労務費　　　　製造間接費
　　　　　　　　　　＝3,696,000円
　　　実際発生額：678,400円＋1,470,000円＋631,200円＋1,020,000円＝3,799,600円
　　　標準原価差異：3,696,000円－3,799,600円＝(−)103,600円〔借方〕
　　　〈差異分析〉
　　　①　直接材料費
　　　　　価格差異：(200円/kg−212円/kg)×3,200kg＝(−)38,400円〔借方〕
　　　　　数量差異：200円/kg×(3,180kg−3,200kg)＝(−)4,000円〔借方〕

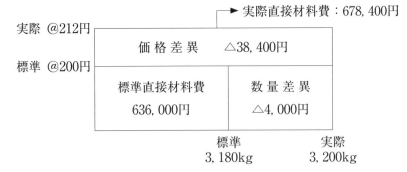

② 直接労務費

賃率差異：(700円/時 − 735円/時) × 2,000時 = (−)70,000円〔借方〕

時間差異：700円/時 × (2,040時 − 2,000時) = (+)28,000円〔貸方〕

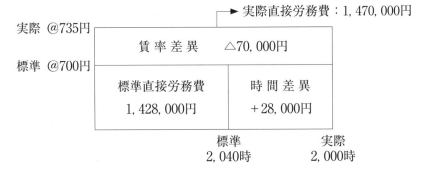

③ 製造間接費

予　算　差　異：1,675,200円(*) − (631,200円 + 1,020,000円) = (+)24,000円〔貸方〕

（＊）実際操業度における予算許容額：330円/時 × 2,000時 + 1,015,200円 = 1,675,200円

能　率　差　異：800円/時 × (2,040時 − 2,000時) = (+)32,000円〔貸方〕

操業度差異：470円/時 × (2,000時 − 2,160時) = (−)75,200円〔借方〕

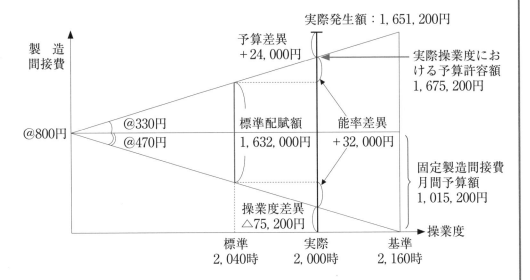

（4） 販売費及び一般管理費

全部標準原価計算では，実際発生額を計上する。

販　売　費：350円/個×1,200個＋160,000円＝580,000円

一般管理費：　　　　　　　　　　　　　320,000円

合　　計　　　　　　　　　　　　　900,000円

3．直接標準原価計算方式の損益計算書

（1）　売　上　高：全部標準原価計算方式と同じ … 5,760,000円

（2）　標準変動売上原価

直接標準原価計算では，標準変動製造原価の2,660円/個で製品原価を計算する。

月初製品棚卸高：2,660円/個×　400個＝1,064,000円

当月製品製造原価：2,660円/個×1,000個＝2,660,000円

月末製品棚卸高：2,660円/個×　200個＝　532,000円

（3）　標準変動販売費

340円/個×1,200個〈販売量〉＝408,000円

（4）　標準変動費差異の分析

直接標準原価計算では，変動製造原価と変動販売費についての原価差異が把握され，損益計算書に賦課される。なお，変動製造原価の差異は当月投入量に対して計算され，変動販売費の差異は当月販売量に対して計算されることに注意してほしい。

〈総差異の把握〉

標　準　原　価：600円/個×1,060個＋(1,400円/個＋660円/個)×1,020個＋340円/個

直接材料費　　　　　　直接労務費　変動製造間接費　　　　変動販売費

×1,200個＝3,145,200円

実　際　発　生　額：678,400円＋1,470,000円＋631,200円＋350円/個×1,200個

＝3,199,600円

標準変動費差異：3,145,200円－3,199,600円＝(−)54,400円〔借方〕

〈差異分析〉
① 直接材料費：全部標準原価計算と同じ
② 直接労務費：　　　　　〃
③ 変動製造間接費：
　　予算差異；330円/時×2,000時－631,200円＝(+)28,800円〔貸方〕
　　能率差異；330円/時×(2,040時－2,000時)＝(+)13,200円〔貸方〕

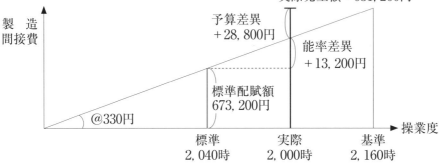

④ 変動販売費予算差異：(340円/個－350円/個)×1,200個＝(－)12,000円〔借方〕
　　　　　　　　　　　　　　　　　　　　　　　　実際販売量

(5) 固定費
　　直接（標準）原価計算では，固定費は全額期間原価として実際発生額を計上する。
① 固定製造間接費：1,015,200円〈予算額〉＋4,800円〈予算差異〉＝1,020,000円〈実際額〉
　　(注) 固定費予算差異：1,015,200円－1,020,000円＝(－)4,800円〔借方〕
② 固定販売費及び一般管理費：160,000円＋320,000円＝480,000円
4. 固定費調整……製品1個あたりの標準固定製造間接費940円/個を用いて計算する。
　　加算）月末製品に含まれる固定製造原価：940円/個×200個＝188,000円
　　　　　月末仕掛品に含まれる固定製造原価：940円/個× 80個＝ 75,200円　(+)263,200円
　　減算）月初製品に含まれる固定製造原価：940円/個×400個＝376,000円
　　　　　月初仕掛品に含まれる固定製造原価：940円/個× 60個＝ 56,400円　(－)432,400円
　　　　　　　　　　　　　　　　　　　　　　固定費調整額　　　　　 (－)169,200円

　　上記の計算は，次のように一括して行うことができる。
　　　固定費調整額：940円/個×｛(200個＋80個)－(400個＋60個)｝＝(－)169,200円

MEMO

直接標準原価計算

04 企業予算の編成

Theme

Check ここでは，経営活動を円滑に実行するための経営管理手法として，多くの企業で採用されている予算管理について学習する。そのうち企業予算の編成が本テーマの中心論点である。

1 企業予算総論

1. 企業予算とは

　企業予算（business budget）とは，企業の翌年1年間における業務活動の計画を計数化して総合的に編成したものであり，業務計画の財務的裏付けを会計数値によって表した正式な短期経営計画である。

> 企業予算 … 次年度における業務計画を会計数値により裏付けたもの

2. 経営管理の体系

(1) 計画と統制

　　ここで企業予算を理解するために，まず企業の経営管理の体系全般について考察しておく。

　　経営管理活動の基本となるのは，計画（planning）と統制（control）である。企業経営における計画とは，業務活動に先立って経営の目標を決定し，それを達成するための方法をあらかじめ決定しておくことをいう。

　　また統制とは，業務活動を実行すると同時に，その活動が計画に沿って実行されているかを把握し，必要があれば是正するとともに，さらに次の計画に向けたフィードバックを行うことをいう。

(2) 長期計画と短期計画

　　企業が将来にわたって発展していくためには目先のことだけでなく，長期的な視点による計画が必要なのはいうまでもないであろう。

　　それぞれの企業には，経営者自らが経営活動に対して抱く考え方や信念といえる経営理念があり，それは企業文化や社風などに反映されている。企業は，この経営理念にもとづいて，将来にわたって進むべき大きな方向性である経営戦略を決定する。経営戦略とは，企業を取り巻く環境や，自社の経営資源などを検討し，将来にわたる持続的競争優位を確保するための，長期的な目的と目標の決定，さらにそのための資源配分を決定することをいう。

　　これを受けて3～5年間からなる中長期の経営計画を設定し，その第1年度目の具体的な業務計画として短期経営計画が設定される。

　　これらの経営計画を会計数値で表現したものを利益計画といい，短期利益計画では，翌年度の目標利益額を出発点に，それをいかにして実現するかを計画するのである。企業予算とは，この短期利益計画を総合編成したものである。

またこれらの計画は，実行段階においてそのつど是正措置が講じられ，随時次の計画へとフィードバックされていく。

これらの関係を単純な図で示せば次のようになる。

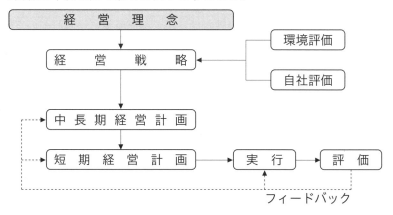

3. 予算管理のプロセスと役割

企業予算には，前述のとおり，翌年度の経営活動についての計画と統制という経営管理機能があり，企業予算による経営活動の管理手法のことを特に予算管理という。

したがって予算管理は，予算編成（＝計画）と予算統制の2つのプロセスにもとづき，短期間のサイクルにおける経営活動の計画機能と統制機能（業績測定）という役割を担っている。

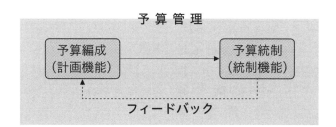

4. 予算管理の体系

企業の予算管理のシステムは，一般的に次のような体系により構成されている。

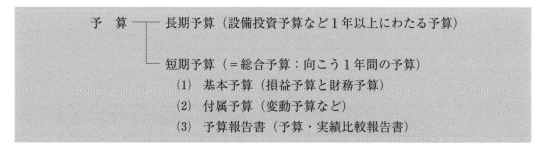

なお，本テーマでは基本予算の編成について学習し，予算統制の具体的手法である予算実績差異分析については「テーマ08」において学習する。

2 基本予算の編成手続

　予算管理の中心をなす基本予算の編成手続を図解すれば次のようになる。翌年度の利益計画にもとづき，販売→製造→購買の各活動に関する計画が，具体的な会計数値により編成されていく。同時に，その活動により生じる資金の動きは，現金収支予算に反映していき財務予算としてまとめられる。

　以上により，編成された基本予算をとりまとめて予定損益計算書や予定貸借対照表などを作成し，企業の正式な短期の経営計画が示される。

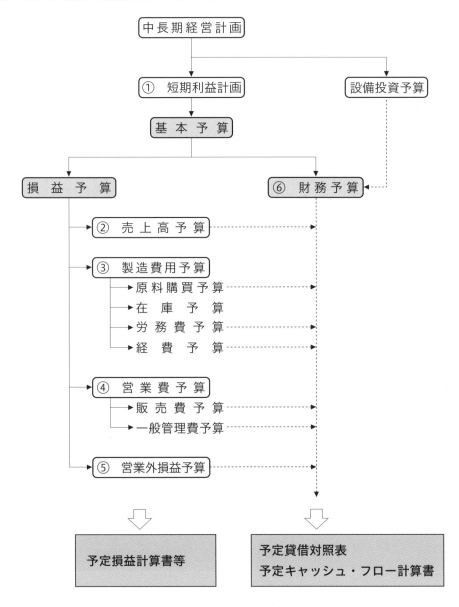

① ＣＶＰ分析などの計算，社長の方針などを受けて基本予算の編成作業に入る。

② 基本予算はまず，売上高予算の策定から始まる。販売予測にもとづいて，次年度の販売計画案を策定し売上高予算を決定する。

③ 売上高予算が決定されれば，その販売計画にもとづいて次年度の計画生産量（＊1）を計算し製造費用予算を決定する。

  （＊1）計画生産量＝計画販売量＋期末在庫量－期首在庫量

 また原材料の計画購入量（＊2）を計算し，購買予算を決定する。

  （＊2）計画購入量＝計画生産量に必要な原材料消費量＋期末原材料在庫量－期首原材料在庫量

 なお，在庫に関しては期首＝期末とすることが多い。

④⑤ このほか販売費・一般管理費予算，営業外損益予算を決定する。

 上記までの計算により損益予算が集計され，これをもとに直接原価計算または全部原価計算による予定損益計算書が作成される。また予想される剰余金の配当および処分にもとづき，予定株主資本等変動計算書も作成される。

⑥ 上記の損益予算の編成に併行して，財務予算が編成される。財務予算の主要部分は，資本予算，資金予算，予定貸借対照表からなる。

 (イ)資　本　予　算… 長期経営計画にもとづいて計画された設備投資計画などのうち，次年度に関する部分をいう。

 (ロ)資　金　予　算… 経営者は，その事業や信用販売の性質により，資金の最低保有残高を決定したうえで，期中の必要資金総額と利用可能資金総額を比較しながら，資金不足や不要な遊休資金を手許に保有しないように資金調達計画を策定する。これらの内容をもとに予定キャッシュ・フロー計算書などを作成する。

 (ハ)予定貸借対照表… 損益予算ならびに資本予算，資金予算にもとづいて資産・負債・資本項目の期末予想残高をまとめて予定貸借対照表を作成する。

補足 ころがし予算 （rolling budget）

 予算の編成は，対象期間を固定的に設定するだけでなく，1か月が終了するごとに，その月を除いて次の1か月を追加することにより継続的に今後12か月間の予算を編成していく方式が採られることも多い。これをころがし予算，または継続予算（continuous budget）という。これにより経営管理者は，1年間の残りの期間だけでなく，つねにこの先12か月分について注意を向けることができ，予算管理に役立てることができる。

 また新しい月をころがし予算に追加する際には，残りの11か月についても更新を行うことで，月次の実績についてもつねに最新のデータと比較することができるのである。

　　製品Ｙを量産するＨ社は，直接標準原価計算を採用しており，現在，次期（×2年度）の予算を編成中である。そこで下記の条件にもとづき，次期の年間予算を編成し，直接原価計算ベースの予定損益計算書と予定貸借対照表を作成しなさい。

１．製品Ｙ１個あたりの標準変動製造原価

　　　　直接材料費：100円/kg×10kg/個 ＝ 1,000円
　　　　変動加工費：150円/時×2時/個　＝　 300円
　　　　変動製造原価合計　　　　　　　　　1,300円

２．×1年度期末貸借対照表（単位：万円）

流　動　資　産		流　動　負　債	
現　　　　　　金	1,200	買　　掛　　金	1,200
売　　掛　　金	1,620	借　　入　　金	0
製　　　　　品	130	流　動　負　債　合　計	1,200
原　　材　　料	150	固　定　負　債	
そ　　の　　他	900	社　　　　　　債	1,500
流　動　資　産　合　計	4,000	負　債　合　計	2,700
固　定　資　産		純　資　産	
土　　　　　　地	1,800	資　　本　　金	2,000
建　物　・　設　備	2,500	利　益　準　備　金	500
差引：減価償却		任　意　積　立　金	1,500
累　計　額	(800)	繰　越　利　益　剰　余　金	800
固　定　資　産　合　計	3,500	純　資　産　合　計	4,800
資　産　合　計	7,500	負債・純資産合計	7,500

　　（注）製品は変動製造原価で計上されている。

３．×1年度の繰越利益剰余金は，配当金を支払った後，100万円を任意積立金とする。

４．×2年度予算データ

　　(1) 年間計画生産・販売量

期　首　製　品　在　庫　量	1,000個
年間製品計画生産量	60,000
合　　　　計	61,000個
期末製品所要在庫量	1,000
年間製品計画販売量	60,000個

　　　（注）① 　製品販売単価は2,000円/個（すべて掛売り）
　　　　　　② 　仕掛品の在庫は無視する。

(2) 原材料購買予算

期首原料在庫量	15,000kg
年間原料計画購入量	600,000 （仕入単価は100円/kg，すべて掛買い）
合　計	615,000kg
期末原料所要在庫量	15,000
年間原料計画消費量	600,000kg

(3) 加工費予算（公式法変動予算）

変動費　　150円/時×直接作業時間

固定費　　600万円

なお，固定費のうち50万円は減価償却費であって，それ以外の固定費および変動費は，すべて現金支出原価である。

(4) 販売費・一般管理費予算（公式法変動予算）

変動販売費　　160円/個×製品販売量

固定販売費・一般管理費　　1,340万円

なお，固定販売費・一般管理費のうち70万円は減価償却費であって，それ以外の固定費および変動費はすべて現金支出原価である。

(5) 予想現金収支（単位：万円）

	四	半	期		
	1	2	3	4	合　計
売掛金回収	2,270	2,630	2,300	3,080	10,280
支　払					
原料費	1,580	1,160	1,090	1,750	5,580
労務費	760	620	950	1,020	3,350
その他経費	310	240	270	410	1,230
社債利息		30		30	60
機械購入				600	600
配当金	500				500
合　計	3,150	2,050	2,310	3,810	11,320

　各四半期末に保有すべき最低現金残高は，1,000万円である。四半期末の現金残高が1,000万円に満たないと予想される場合は，あらかじめその四半期の期首に，銀行から年利４％で，500万円の整数倍で借り入れておく。その後，各四半期の期末資金に余裕があると予想される場合には，借りた元金はできるだけ早く，500万円の倍数額で各四半期末に返済する。なおその場合，利息は返済する元金分の利息だけを，元金とともに支払う。ただし，借入金が１年を超える場合は，借り換えなければならない。

×2年度　予定損益計算書

(単位：万円)

売　上　高	12,000
変 動 売 上 原 価	7,800
変 動 製 造 マ ー ジ ン	4,200
変 動 販 売 費	960
貢 献 利 益	3,240
固　　定　　費	
製　　造　　費	600
販売費・一般管理費	1,340
計	1,940
営 業 利 益	1,300
支 払 利 息	100
経 常 利 益	1,200

×2年度末　予定貸借対照表

(単位：万円)

流　動　資　産		流　動　負　債	
現　　　　　金	1,130	買　掛　金	1,620
売　掛　金	3,340	借　入　金	1,000
製　　　品	130	未　払　費　用	10
原　材　料	150	流 動 負 債 合 計	2,630
そ　の　他	900	固　定　負　債	
流 動 資 産 合 計	5,650	社　　　　　債	1,500
固　定　資　産		負　債　合　計	4,130
土　　　地	1,800	純　資　産	
建 物・設 備	3,100	資　本　金	2,000
差引：減価償却		利 益 準 備 金	500
累 計 額	(920)	任 意 積 立 金	1,600
固 定 資 産 合 計	3,980	繰越利益剰余金	1,400
		純 資 産 合 計	5,500
資　産　合　計	9,630	負債・純資産合計	9,630

【解　説】

1．×2年度予定損益計算書の作成

　　×2年度の製品計画販売量60,000個にもとづいて，損益計算書の各金額を算定していく。なお，変動製造マージン，貢献利益，営業利益，経常利益は差引計算で求める。

⑴　売　上　高　…　2,000円/個×60,000個＝12,000万円

(2) 変動売上原価 … 1,300円/個 × 60,000個 = 7,800万円

(3) 変動販売費 … 160円/個 × 60,000個 = 960万円

(4) 固 定 費

製 造 費 　　600万円

販売費・一般管理費 　1,340万円

計 　　1,940万円

(5) 支 払 利 息 … 60万円〈社債利息〉+ 40万円〈借入金利息(注)〉= 100万円

(注) 借入金利息（現金残高の計算〈解説2.(4)〉を参照のこと）

第2四半期の期末返済分：500万円 × 4％ × 2期/4期 ＝10万円〈現金払い〉

第4四半期の期末返済分：500万円 × 4％ × 4期/4期 ＝20万円〈 〃 〉

第4四半期の期首借入分：1,000万円 × 4％ × 1期/4期＝10万円〈未払費用〉

計 　40万円

2．×2年度予定貸借対照表の作成

×1年度末の貸借対照表価額が×2年度の期首残高となり，これに各科目の増減等を加減算して，×2年度の期末残高を算定していく。

(1) 製品，原材料

期 末 製 品：1,300円/個 × 1,000個 ＝130万円

期末原材料：100円/kg × 15,000kg ＝150万円

(2) 売掛金

売 掛 金		
期 首	当期回収 ②	
1,620万円	10,280万円	
当期増加 ①		
12,000万円	期 末 ③	
	3,340万円	

① 当期増加：2,000円/個 × 60,000個〈販売量〉= 12,000万円

② 当期回収：10,280万円
〈売掛金の回収／第1四半期から第4四半期の合計〉

③ 期 末：貸借差引

(3) 買掛金

買 掛 金	
当期支払 ②	期 首
5,580万円	1,200万円
	当期増加 ①
期 末 ③	6,000万円
1,620万円	

① 当期増加：100円/kg × 600,000kg〈購入量〉= 6,000万円

② 当期支払：5,580万円
〈原料費の支払い／第1四半期から第4四半期の合計〉

③ 期 末：貸借差引

(4) 現　金

　　現金期末残高は，予想現金収支にもとづいて計算する。本問では，各四半期末に保有すべき最低現金残高が1,000万円であることと，借入期間は1年以内であることに注意する。

　　そのため，いったん借入れと返済を考慮しない仮残高を計算し，残高不足であれば不足分を借り入れ，逆に仮残高に余裕があれば借入金を利息とともに返済する。

〈第1四半期〉

期首	1,200万円	支出合計	
収入（売掛金回収）		3,150万円	
	2,270万円		
借入	1,000万円		

｝ 仮残高 320万円

最低保有残高の1,000万円に満たないため，1,000万円を借り入れておく。

∴　期末残高：320万円＋1,000万円＝1,320万円

〈第2四半期〉

期首	1,320万円	支出合計	
収入（売掛金回収）		2,050万円	
	2,630万円	返済	510万円
		期末	1,390万円

｝ 仮残高 1,900万円

余裕があるので，借入金のうち500万円を利息10万円とともに返済する（＊）。

（＊）支払利息：500万円×4％×2期／4期(注)＝10万円
（注）借入れは第1四半期の期首に行い，返済は第2四半期の期末であるため，借入期間は2期分となる。

〈第3四半期〉

期首	1,390万円	支出合計	
収入（売掛金回収）		2,310万円	
	2,300万円	期末	1,380万円

｝ 仮残高 1,380万円

残高不足はないが，返済する余裕もない。

〈第4四半期〉

期首	1,380万円	支出合計	
収入（売掛金回収）		3,810万円	
	3,080万円	返済	520万円
借入	1,000万円		

｝ 仮残高 650万円

残高不足を解消する必要借入額は500万円であるが，第1四半期借入分の残り500万円の返済（＊）が必要なため，新たに1,000万円の借入れが必要となる。

（＊）支払利息：500万円×4％×4期／4期(注)＝20万円
（注）借入れは第1四半期の期首に行い，返済は第4四半期の期末であるため，借入期間は4期分となる。

∴　期末残高：650万円＋1,000万円－520万円＝1,130万円

(5)　建　物　・　設　備　…　2,500万円〈前期末B/S〉＋600万円〈機械購入〉＝3,100万円

(6)　減価償却累計額　…　800万円〈前期末B/S〉＋（50万円＋70万円）＝920万円

(7) 借入金

借　入　金

当期返済　②	期　首
1,000万円	0万円
	当期借入　①
期　末	2,000万円
1,000万円	

① 当期借入：1,000万円〈第1四半期期首に借入れ〉
　　　　　　1,000万円〈第4四半期期首に借入れ〉
　　　計　　2,000万円
② 当期返済：　500万円〈第2四半期期末に返済〉
　　　　　　　500万円〈第4四半期期末に返済〉
　　　計　　1,000万円

(8)　未　払　費　用　… 10万円〈解説1.(5)参照〉

(9)　任　意　積　立　金　… 1,500万円＋100万円＝1,600万円

(10)　繰越利益剰余金　… 800万円－600万円〈配当と処分〉＋1,200万円〈経常利益〉＝1,400万円

その他の科目は増減がないため，×1年度末の貸借対照表価額がそのまま記入される。

[参　考]

　本設例の「資料4.(5)予想現金収支」における「労務費」と「その他経費」は，製造活動だけでなく販売・一般管理活動も含めた人件費と諸経費を意味している。このことは，次のように確認することができる。

・「資料4.(3)と(4)」より

　加工費予算のうち現金支出原価

　　150円/時×120,000時間(＊)＋600万円－50万円＝2,350万円

　販売費・一般管理費予算のうち現金支出原価

　　160円/個×60,000個＋1,340万円－70万円　　　　＝2,230万円

　　　　　　　　　　　　　　　　　　　　計　4,580万円

・「資料4.(5)」より

　労　務　費　　3,350万円

　その他経費　　1,230万円

　　　計　　　　4,580万円 ←　一致

（＊）直接作業時間：60,000個×2時/個＝120,000時間

　製品Ｓ（予算販売単価7,200円/個）を製造・販売する当社は，直接標準原価計算を採用している。下記の資料にもとづき，当社の20×8年度第２四半期中の７月および８月の予算編成を行い，直接原価計算ベースの予定損益計算書と予定貸借対照表を作成しなさい。なお，直前６月の活動はすべて予算（計画）どおりに行われた。

1．製品原価標準

　　　直 接 材 料 費　　500円/kg× 6 kg/個・・・・・・・・・3,000円/個

　　　直 接 労 務 費　　1,500円/時× 1 時間/個・・・・・・1,500

　　　変動製造間接費　　1,000円/時× 1 時間/個・・・・・・1,000

　　　変動製造原価合計　　　　　　　　　　　　　5,500円/個

2．貸借対照表（20×8年６月30日）（単位：千円）

流 動 資 産		流 動 負 債	
現　　　　　金	30,000	買　　掛　　金	24,648
売　　掛　　金	151,200	借　　入　　金	15,000
製　　　　　品	44,000	計	39,648
原　　　　　料	23,400	固 定 負 債	0
計	248,600	純 資 産	
固 定 資 産		資　　本　　金	900,000
土　　　　　地	465,600	資 本 剰 余 金	225,000
建 物・設 備	500,000	利 益 剰 余 金	49,552
計	965,600	計	1,174,552
資 産 合 計	1,214,200	負債・純資産合計	1,214,200

　　　（注）製品は標準変動製造原価で計上されている。建物・設備は減価償却累計額控除後の金額である。

3．20×8年予算データ

　⑺　製品Ｓの月別販売数量

　　　７月　４万個　　　８月　3.5万個　　　９月　3.5万個　　　10月　４万個

　⑻　売上高の現金回収

　　　月間売上高の50％は当月末に回収，残り50％は売掛金として翌月末に回収する。貸倒れはない。

　⑼　各月末の製品および原料の所要在庫量

　　　各月末の製品所要在庫量および原料所要在庫量は，それぞれ，翌月の製品計画販売量および原料計画消費量の20％である。仕掛品の在庫はない。

　㈬　原料購入の現金支払

　　　月間原料購入額の80％は当月末に支払い，残り20％は買掛金として翌月末に支払う。

　㈭　固定製造間接費予算

　　　固定製造間接費の月次予算は26,200千円である。26,200千円のうち8,500千円は

建物・設備減価償却費であり，残りは現金支出費用である。

㋕ 販売費・一般管理費予算

変動販売費の予算は製品１個あたり220円，固定販売費・一般管理費の月次予算は24,500千円である。24,500千円のうち1,550千円は建物・設備減価償却費であり，残りは現金支出費用である。

㋖ 各月末の現金所要残高は30,000千円である。

㋗ 資金調達と返済計画

各月の営業活動および投資活動による収支の結果，月末に保有すべき金額に現金が足りない月は，月末にその不足額を借り入れる。現金が超過する月には，月末にその超過額を借入金の返済に当てる。各月の支払利息は，計算を簡略にするため本問の解答に当たっては，その月の月初借入残高に月利１％を乗じて計算し，その金額を月末に現金で支払う。

㋘ 予想現金収支（借入れに伴う収支は除く）（単位：千円）

	7月	8月
収　入：		
現 金 売 上	？	？
売 掛 金 回 収	？	？
支　出：		
原 料 購 入 代 金	？	？
給　　　　　与	110,350	105,255
諸　経　費	36,600	30,595
機 械 購 入 代 金	46,772	0

（注）機械の取得日は７月１日であるが，代金は７月末日に支払われる。当該機械の減価償却費は，資料㋔の減価償却費8,500千円に含まれている。

【解　答】

1．20×8年　予定損益計算書（単位：千円）

	7月	8月
売　上　高	288,000	252,000
変 動 売 上 原 価	220,000	192,500
変 動 製 造 マ ー ジ ン	68,000	59,500
変 動 販 売 費	8,800	7,700
貢　献　利　益	59,200	51,800
固　　定　　費		
製　造　費	26,200	26,200
販売費・一般管理費	24,500	24,500
計	50,700	50,700
営　業　利　益	8,500	1,100
支　払　利　息	150	300
経　常　利　益	8,350	800

2．20×8年　予定貸借対照表（単位：千円）

	7月末	8月末
流 動 資 産		
現　　　金	30,000	30,000
売　掛　金	144,000	126,000
製　　　品	38,500	38,500
原　　　料	21,000	21,600
計	233,500	216,100
固 定 資 産		
土　　　地	465,600	465,600
建 物 ・ 設 備	536,722	526,672
計	1,002,322	992,272
資 産 合 計	1,235,822	1,208,372
流 動 負 債		
買　掛　金	22,920	21,120
借　入　金	30,000	3,550
計	52,920	24,670
固 定 負 債	0	0
純 資 産		
資　本　金	900,000	900,000
資 本 剰 余 金	225,000	225,000
利 益 剰 余 金	57,902	58,702
計	1,182,902	1,183,702
負債・純資産合計	1,235,822	1,208,372

【解　説】

1．予定損益計算書の作成

	7月	8月
売 上 高	7,200円/個×40,000個＝288,000千円	7,200円/個×35,000個＝252,000千円
変 動 売 上 原 価	5,500円/個×40,000個＝220,000千円	5,500円/個×35,000個＝192,500千円
変 動 販 売 費	220円/個×40,000個＝ 8,800千円	220円/個×35,000個＝ 7,700千円
固 定 費		
製 造 費	26,200千円	26,200千円
販 管 費	24,500千円　50,700千円	24,500千円　50,700千円
支 払 利 息	150千円[注]	300千円[注]

　（注）解説2．(5)(6)参照

２．予定貸借対照表の作成

（1）製品（変動製造原価5,500円/個）

７月

月初在庫量(＊1)	当月販売
8,000個	40,000個
当月完成(＊3)	
39,000個	**月末在庫量**(＊2)
	7,000個

（＊1）44,000千円〈6月末B/S〉÷5,500円/個＝8,000個
　　　または，40,000個〈7月計画販売量〉×20％＝8,000個
（＊2）35,000個〈8月計画販売量〉×20％＝7,000個
　　　∴　5,500円/個×7,000個＝38,500千円
（＊3）貸借差引

８月

月初在庫量(＊1)	当月販売
7,000個	35,000個
当月完成(＊3)	
35,000個	**月末在庫量**(＊2)
	7,000個

（＊1）7,000個〈7月末在庫量〉
（＊2）35,000個〈9月計画販売量〉×20％＝7,000個
　　　∴　5,500円/個×7,000個＝38,500千円
（＊3）貸借差引

９月

月初在庫量(＊1)	当月販売
7,000個	35,000個
当月完成(＊3)	
36,000個	**月末在庫量**(＊2)
	8,000個

（＊1）7,000個〈8月末在庫量〉
（＊2）40,000個〈10月計画販売量〉×20％＝8,000個
（＊3）貸借差引

（2）原料（500円/kg）

７月

月初在庫量(＊1)	当月消費(＊2)
46,800kg	234,000kg
当月購入(＊4)	
229,200kg	**月末在庫量**(＊3)
	42,000kg

（＊1）23,400千円〈6月末B/S〉÷500円/kg＝46,800kg
　　　または，234,000kg〈7月消費量〉×20％＝46,800kg
（＊2）39,000個〈7月完成量〉×6kg/個＝234,000kg
（＊3）210,000kg〈8月消費量〉×20％＝42,000kg
　　　∴　500円/kg×42,000kg＝21,000千円
（＊4）貸借差引

８月

月初在庫量(＊1)	当月消費(＊2)
42,000kg	210,000kg
当月購入(＊4)	
211,200kg	**月末在庫量**(＊3)
	43,200kg

（＊1）42,000kg〈7月末在庫量〉
（＊2）35,000個〈8月完成量〉×6kg/個＝210,000kg
（＊3）36,000個×6kg/個×20％＝43,200kg
　　　　　　9月消費量
　　　∴　500円/kg×43,200kg＝21,600千円
（＊4）貸借差引

Theme
04

企業予算の編成

59

(3) 買掛金

7　月

当月支払 24,648千円	月初残高(＊1) 24,648千円
	当月増加(＊2) 22,920千円
月末残高 22,920千円	

（＊1）24,648千円〈6月末B/S〉
（＊2）500円/kg×229,200kg〈7月原料購入量〉×20%
　　　＝22,920千円

8　月

当月支払 22,920千円	月初残高(＊1) 22,920千円
	当月増加(＊2) 21,120千円
月末残高 21,120千円	

（＊1）22,920千円〈7月末B/S〉
（＊2）500円/kg×211,200kg〈8月原料購入量〉×20%
　　　＝21,120千円

(4) 売掛金

7　月

月初残高(＊1) 151,200千円	当月回収 151,200千円
当月増加(＊2) 144,000千円	月末残高 144,000千円

（＊1）151,200千円〈6月末B/S〉
（＊2）288,000千円〈7月売上高〉×50%＝144,000千円

8　月

月初残高(＊1) 144,000千円	当月回収 144,000千円
当月増加(＊2) 126,000千円	月末残高 126,000千円

（＊1）144,000千円〈7月末B/S〉
（＊2）252,000千円〈8月売上高〉×50%＝126,000千円

(5) 現　金

	7月	8月
月初残高	30,000千円(＊1)	30,000千円
（収　入）		
現金売上高	（＋）144,000千円(＊2)	（＋）126,000千円(＊2)
売掛金回収	（＋）151,200千円(＊3)	（＋）144,000千円(＊3)
（支　出）		
現金仕入高	（－）91,680千円(＊4)	（－）84,480千円(＊4)
買掛金支払	（－）24,648千円(＊5)	（－）22,920千円(＊5)
給与諸経費	（－）146,950千円(＊6)	（－）135,850千円(＊6)
機械購入	（－）46,772千円	－千円
支払利息	（－）150千円(＊7)	（－）300千円(＊7)
仮残高	15,000千円	56,450千円
（調達・返済）		
借入金	（＋）15,000千円(＊8)	－千円
借入返済	－千円	（－）26,450千円(＊9)
月末残高	30,000千円	30,000千円

（＊1）月初残高〈6月末B/S〉
（＊2）現金売上高：
　　　　7月：288,000千円×50％＝144,000千円
　　　　8月：252,000千円×50％＝126,000千円
（＊3）売掛金勘定より（解説2.⑷参照）
（＊4）現金仕入高：
　　　　7月：500円/kg×229,200kg×80％＝91,680千円
　　　　8月：500円/kg×211,200kg×80％＝84,480千円
（＊5）買掛金勘定より（解説2.⑶参照）
（＊6）給与諸経費（資料3.㈱参照）

	7月	8月
給　　　　与	110,350千円	105,255千円
諸　経　費	36,600千円	30,595千円
計	146,950千円	135,850千円

（＊7）支払利息（月初借入残高に1％を乗じる）
　　　　7月：15,000千円〈6月末B/S〉×1％＝150千円
　　　　8月：30,000千円〈7月末B/S〉×1％＝300千円
（＊8）現金の月末残高が30,000千円〈現金所要残高〉になるように不足額を月末に借り入れる。
（＊9）借入金返済額：56,450千円－30,000千円＝26,450千円

(6) 借入金（現金の計算を参照のこと）

7　月

当月返済	月初残高
0円	15,000千円
	当月借入
月末残高	15,000千円
30,000千円	

8　月

当月返済	月初残高
26,450千円	30,000千円
	当月借入
月末残高	0円
3,550千円	

(7) 建物・設備

7月：500,000千円 + 46,772千円 − (8,500千円 + 1,550千円) = 536,722千円

（減価償却費）

8月：536,722千円 − (8,500千円 + 1,550千円) = 526,672千円

(8) 利益剰余金

7月：49,552千円〈6月末B/S〉+ 8,350千円〈経常利益〉= 57,902千円

8月：57,902千円〈7月末B/S〉+ 800千円〈経常利益〉= 58,702千円

他の項目は，6月末B/Sと同一の金額が記入される。

【検　証】

　本問は，当社全体の予算を編成する問題である。すなわち，資料3.㋘「予想現金収支」の支出欄における「給与」や「諸経費」は，加工費たる労務費や経費のみならず，販売費・一般管理費たる人件費や経費をも含んでいる。

　したがって，資料3.㋘の「予想現金収支」における「給与」と「諸経費」の合計と，直接労務費，製造間接費，販売費・一般管理費のうちの現金支出額合計は，必ず一致する。

　以下，7月のデータを使用して検証する。

1．7月における加工費（直労，製間）・販管費の現金支出額の集計

直 接 労 務 費：1,500円/個×投入換算量3.9万個	=	58,500千円
変動製造間接費：1,000円/個×　〃　　3.9万個	=	39,000千円
固定製造間接費：26,200千円−減価償却費8,500千円	=	17,700千円
変 動 販 売 費：220円/個×販売量4万個	=	8,800千円
固定販売管理費：24,500千円−減価償却費1,550千円	=	22,950千円
		146,950千円

2．資料3.㋘「予想現金収支」の「給与」，「諸経費」の合計

給与110,350千円 + 諸経費36,600千円 = 146,950千円　◄── 必ず一致

　なお，この関係を利用して問題資料の「予想現金収支」データにおける「給与・諸経費」を推定する問題が本試験で出題されている。

MEMO

05 原価・営業量・利益関係の分析
Theme

Check ここでは，原価の変動費と固定費への分解と，企業の短期利益計画に役立つ原価・営業量・利益関係の分析（CVP分析）を学習する。

1 原価予測の方法

1. 原価の固変分解

「テーマ02」で学習したように，企業は直接原価計算を採用することにより，短期利益計画に役立つ情報を入手することができる。すなわち，生産量や販売量の増減に対して原価の発生がどのように変化するのかについて知ることで，将来の原価の発生額を予測できるのである。そのためには，あらかじめ原価を変動費と固定費に分類しておくことが必要であり，これを原価の固変分解という。

原価の固変分解の方法は，基本的にはＩＥ法（技術的予測法）と過去の実績データにもとづく方法とに大別され，後者はさらに，費目別精査法，スキャッター・チャート法，高低点法，回帰分析法（最小自乗法）などに分類される。

> ＩＥ法（技術的予測法）
> 過去の実績データにもとづく方法
> 　費目別精査法
> 　スキャッター・チャート法
> 　**高低点法**
> 　**回帰分析法（最小自乗法）**

(1) 費目別精査法

費目別精査法は，過去の経験にもとづいて，費目分類表を精査して費目ごとに変動費と固定費とに分類する方法である。この方法は勘定科目別精査法ともいわれる。

費目別精査法による原価の分解例

費　　目	総　　額	変動費の割合	固定費の割合	変　動　費	固　定　費
主 要 材 料	600,000円	100%	——	600,000円	0円
補 助 材 料	40,000	60%	40%	24,000	16,000
賃　　　　金	350,000	80%	20%	280,000	70,000
給　　　　料	70,000	——	100%	0	70,000
減 価 償 却 費	60,000	——	100%	0	60,000
電 　力　 料	80,000	70%	30%	56,000	24,000
合　　計	1,200,000円			960,000円	240,000円

(2) スキャッター・チャート法

スキャッター・チャート法は，原価の実績データをグラフに記入し，これらの点の真ん中を通る原価直線を目分量で引く方法である。散布図表法やビジュアル・フィット法ともいわれる。この方法は簡単であるが，目分量で原価直線を決定するため客観性に欠けるという短所をもつ。

2. 高低点法

　高低点法（high-low point method）は，数学的分解法の一種であり，過去の実績データのうち，その費目の最高の営業量のときの実績データと最低の営業量のときの実績データから，原価の推移を直線とみなし，変動費と固定費とに分解する方法である。

$$変動費率 = \frac{最高の営業量のときの実績データ - 最低の営業量のときの実績データ}{最高の営業量 - 最低の営業量}$$

$$固\ 定\ 費 = 最高の営業量のときの実績データ - 変動費率 \times 最高の営業量$$
$$または$$
$$最低の営業量のときの実績データ - 変動費率 \times 最低の営業量$$

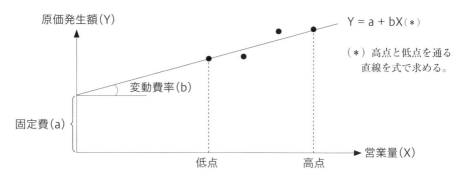

3. 最小自乗法

　最小自乗法（method of least squares）は，回帰分析法の一種であり，原価の推移を営業量（たとえば直接作業時間）の変化に関係づけられる直線と考え，原価の実績データの平均線（回帰線）を求める方法である。すなわち，スキャッター・チャート法では，原価の平均線を目分量で引いたが，この平均線を計算で求めるのが最小自乗法である。

　平均線と原価の実績データとの距離を偏差というが，最小自乗法は偏差の自乗の和が最小になるという性質を用いた計算である。計算のプロセスは煩雑なので示さないが，最終的には次のような連立方程式になる。この方程式を解き変動費と固定費に分解する。

Ｙ：原価発生額，Ｘ：営業量，ａ：固定費，ｂ：変動費率，ｎ：データ数，Σ：合計
$$\Sigma Y = n \cdot a + b\Sigma X \cdots\cdots ①$$
$$\Sigma XY = a\Sigma X + b\Sigma X^2 \cdots\cdots ②$$
（注）この2つの方程式を最小自乗法の正規方程式という。

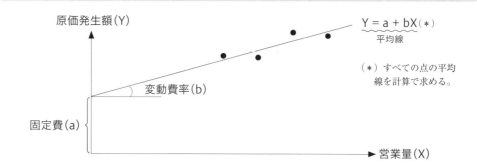

当社の直接作業時間（X）と補助材料費（Y）に関する過去4か月間の実績データは，下記のとおりである。これらはすべて正常なデータである。よって，以下の各問いに答えなさい。

月	直接作業時間（X）	補助材料費（Y）
1	100時間	1,400千円
2	50	1,200
3	150	2,400
4	200	2,700
合　計	500時間	7,700千円

〔問1〕補助材料費の原価線は，Y＝a＋bX で表せるものとして，上記データにもとづき，高低点法によってa（固定費）とb（変動費率）を計算しなさい。

〔問2〕同じデータにもとづき，最小自乗法によってa（固定費）とb（変動費率）を計算しなさい。計算にあたっては，下記の表を利用するのが便利でよい。

月	X	Y	X・Y	X^2
1	100	1,400		
2	50	1,200		
3	150	2,400		
4	200	2,700		
合　計	500	7,700		

【解　答】

〔問1〕　a＝　700千円　　b＝　10千円/時

〔問2〕　a＝　550千円　　b＝　11千円/時

【解　説】

過去の実績データにもとづいて固変分解する場合，利用できるデータは正常なものに限られ，異常なデータは除外される。

〔問1〕高低点法

資料において，最高の営業量（高点）は4月の200時間であり，最低の営業量（低点）は2月の50時間である。したがって，

$$\text{変動費率：}\frac{2,700\text{千円}-1,200\text{千円}}{200\text{時間}-50\text{時間}}=10\text{千円/時}$$

固　定　費：2,700千円－10千円/時×200時間＝700千円

または，

1,200千円－10千円/時×　50時間＝700千円

〔問2〕最小自乗法

〈Step 1 〉 計算のための表を作成する。

月	X	Y	X・Y	X^2
1	100	1,400	140,000	10,000
2	50	1,200	60,000	2,500
3	150	2,400	360,000	22,500
4	200	2,700	540,000	40,000
合　計	$\Sigma X = 500$	$\Sigma Y = 7,700$	$\Sigma X \cdot Y = 1,100,000$	$\Sigma X^2 = 75,000$

〈Step 2 〉 最小自乗法の正規方程式に表の合計欄の値を代入して連立方程式を立て，
その連立方程式を解く。

$$\begin{cases} \Sigma Y \ = n \cdot a + b\Sigma X \ \longleftarrow Y = a + bX \text{ に } \Sigma \text{ を付けた式}(\Sigma a \langle a \text{ の合計} \rangle = n \cdot a) \\ \Sigma XY = a\Sigma X + b\Sigma X^2 \longleftarrow XY = aX + bX^2 \text{ に } \Sigma \text{ を付けた式} \end{cases}$$

$$\begin{cases} 7,700 = 4a + 500b \quad \cdots\cdots\cdots\cdots ① \\ 1,100,000 = 500a + 75,000b \quad \cdots\cdots ② \end{cases}$$

$\downarrow$ ①式を変形する

$7,700 - 500b = 4a$

$\downarrow$ 両辺を4で割る

$1,925 - 125b = a \cdots ①'$

$\downarrow$ ①'式を②式に代入する

$1,100,000 = 500 \times (1,925 - 125b) + 75,000b \cdots ②'$

$\downarrow$ ②'をまとめる

$1,100,000 = 962,500 - 62,500b + 75,000b$

$1,100,000 - 962,500 = -62,500b + 75,000b$

$137,500 = 12,500b$

$b = 11$（千円/時）

$\downarrow$ b = 11を①'式に代入する

$1,925 - 125 \times 11 = a$

$a = 550$（千円）

2 CVP分析

1. CVP分析とは

　売上高が2倍になったとき利益がどう変化するか，また翌年度の目標利益を獲得するためにはどれくらいの売上高が必要かなどの短期利益計画のための分析をCVP分析という。

　CVPとは，Cost（原価），Volume（営業量：売上高や販売量），Profit（利益）の頭文字を取ったものであり，CVP分析とは，これら三者の関係を明らかにするための分析手法である。

2. CVP分析と損益分岐図表

　損益分岐図表は，営業量を示す売上高が増減したとき，原価および利益はどのように変化するかを1枚の図表の上に示したものであり，CVPの関係を動的かつ総合的に観察することができる。

　損益分岐図表にはさまざまな形式のものがあるが，一般的には次のようになる。

(1) 売上高線

　縦軸，横軸ともに売上高をとれば，傾き45度の右上がりの直線で売上高線が描ける。

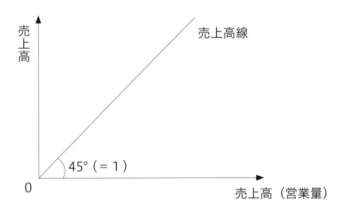

(2) 総原価線

　総原価は変動費と固定費の合計であり，総原価線は次のように描ける。

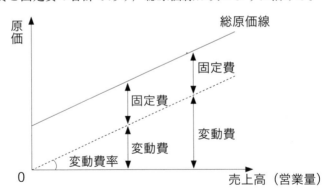

(3) **損益分岐図表**

売上高線と総原価線を１つの図に描くことで，損益分岐図表が描ける。

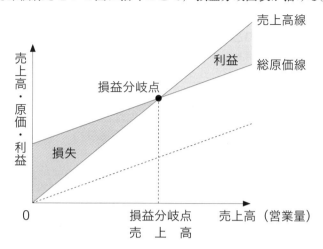

この図表の売上高線と総原価線の交わるところが，売上高と総原価が等しい状態，すなわち営業利益がゼロになる点であり，この点を損益分岐点（break-even point）という。この損益分岐点を境にして，さらに売上高を増加させていけば営業利益が発生することがわかる。

また，この図の利益のゾーンに，目標利益をとれば，希望営業利益を達成するための売上高を求めることもできる。

参考までに後述の［設例５－２］の資料により損益分岐図表を描き，損益分岐点を示してみると，次のようになる。

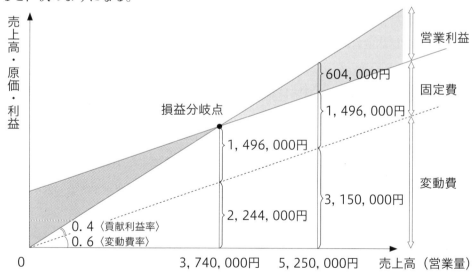

変動費率：$\dfrac{@3,000円〈変動費〉}{@5,000円〈販売価格〉}=0.6$　　貢献利益率：$\dfrac{@2,000円〈貢献利益〉}{@5,000円〈販売価格〉}=0.4$

69

3. ＣＶＰ分析の計算公式

損益分岐図表により簡単なCVP分析を示したが，正確なCVP分析は計算によって，以下のように行う。

(1) 損益分岐点売上高（とそのときの販売量）

損益分岐点売上高は，営業利益がちょうどゼロになる（損もなければ益もない）売上高であり，最低目標の売上高といえる。これは，次の公式によって計算することができる。

$$損益分岐点売上高 = \frac{固定費}{貢献利益率}$$

また，損益分岐点における販売量を損益分岐点販売量といい，これは損益分岐点売上高を販売価格で割ることによって計算するか，または次の公式によって計算することができる。

$$損益分岐点販売量 = \frac{固定費}{製品単位あたり貢献利益}$$

(2) 目標営業利益を達成する売上高

目標営業利益を達成する売上高は，損益分岐点売上高の計算に目標営業利益を加味し，次の公式によって計算することができる。

$$目標営業利益を達成する売上高 = \frac{固定費＋目標営業利益}{貢献利益率}$$

また，目標営業利益を達成する販売量は，上の売上高を販売価格で割ることによって計算するか，または次の公式によって計算することができる。

$$目標営業利益を達成する販売量 = \frac{固定費＋目標営業利益}{製品単位あたり貢献利益}$$

(3) 目標売上高営業利益率を達成する売上高

目標売上高営業利益率を達成する売上高は，次の公式によって計算することができる。

なお，売上高営業利益率とは $\frac{営業利益}{売上高}$ で表される，売上高に対する営業利益の割合をいう。

$$目標売上高営業利益率を達成する売上高 = \frac{固定費}{貢献利益率－目標売上高営業利益率}$$

また，目標売上高営業利益率を達成する販売量は，上の売上高を販売価格で割ることによって計算するか，または次の公式によって計算することができる。

$$目標売上高営業利益率を達成する販売量 = \frac{固定費}{製品単位あたり貢献利益－販売価格×目標売上高営業利益率}$$

(4) 安全余裕率（安全率）と損益分岐点比率

　安全余裕率（margin of safety；M/S）とは，予想売上高が損益分岐点売上高からどのく
らい離れているかを示す比率をいう。この比率が高ければ高いほど，予想売上高が損益分岐
点売上高より離れていることになり，収益力があることを意味するので，安全であると判断
できる。安全余裕率は次の公式によって計算できる。

$$安全余裕率(\%) = \frac{予想売上高 - 損益分岐点売上高}{予想売上高} \times 100$$

　また，予想売上高に対する損益分岐点売上高の比率を損益分岐点比率といい，次の公式に
よって計算することができる。

$$損益分岐点比率(\%) = \frac{損益分岐点売上高}{予想売上高} \times 100$$

　なお，安全余裕率と損益分岐点比率には，次のような関係がある。

$$安全余裕率(\%) + 損益分岐点比率(\%) = 100(\%)$$

設例 5-2

　当社の次年度の計画財務データは次のとおりである。この資料にもとづいて，次年度
の(1)損益分岐点の売上高と販売量，(2)目標営業利益604,000円を達成するための売上高，
(3)目標売上高営業利益率18％を達成するための売上高，(4)安全余裕率を求めなさい。
（資　料）
1．次年度予想売上高

　　　　　　　　　　@ 5,000円×1,000個……5,000,000円

2．次年度予想総原価
　(1)　変動費

直 接 材 料 費	@ 　600円×1,000個 ……	600,000円
直 接 労 務 費	@ 1,400円×1,000個 ……	1,400,000円
変動製造間接費	@ 　660円×1,000個 ……	660,000円
変 動 販 売 費	@ 　340円×1,000個 ……	340,000円
合　　　計	@ 3,000円	3,000,000円

　(2)　固定費

固定製造間接費	1,015,200円
固定販売費・一般管理費	480,800円
合　　　計	1,496,000円

3．期首・期末の仕掛品，製品在庫は無視する。

【解 答】

(1) 損益分岐点売上高   3,740,000円
    損益分岐点販売量   748個
(2) 目標営業利益達成売上高   5,250,000円
(3) 目標売上高営業利益率達成売上高   6,800,000円
(4) 安全余裕率   25.2%

【解 説】

(1) 損益分岐点売上高

  ① 貢献利益率：$\dfrac{@5,000円〈販売価格〉-@3,000円〈変動費〉}{@5,000円〈販売価格〉}=\dfrac{@2,000円}{@5,000円}=0.4$

  ② 損益分岐点売上高：$\dfrac{1,496,000円〈固定費〉}{0.4〈貢献利益率〉}=3,740,000円$

  ③ 損益分岐点販売量：3,740,000円〈損益分岐点売上高〉÷@5,000円〈販売価格〉= 748個

    または,

$$\dfrac{1,496,000円〈固定費〉}{@2,000円〈製品1個あたり貢献利益〉}=748個$$

(2) 目標営業利益 604,000円を達成するための売上高

$$\dfrac{1,496,000円〈固定費〉+604,000円〈目標営業利益〉}{0.4〈貢献利益率〉}=\dfrac{2,100,000円}{0.4}=5,250,000円$$

(3) 目標売上高営業利益率 18%を達成するための売上高

$$\dfrac{1,496,000円〈固定費〉}{0.4〈貢献利益率〉-0.18〈目標売上高営業利益率〉}=\dfrac{1,496,000円}{0.22}=6,800,000円$$

(4) 安全余裕率

$$\dfrac{5,000,000円〈予想売上高〉-3,740,000円〈損益分岐点売上高〉}{5,000,000円〈予想売上高〉}\times100=25.2\%$$

参考 **ＣＶＰ分析の公式について**

  さきに示した,(1)損益分岐点売上高,(2)目標営業利益を達成する売上高,(3)目標売上高営業利益率を達成する売上高の計算公式はすべて,直接原価計算を利用することで導き出された公式である。

(1) 損益分岐点売上高

  損益分岐点売上高は,営業利益がゼロとなる売上高であり,次のように公式を導くことができる。

営業利益がゼロとなる売上高

↓

売上高 −（変動費＋固定費）= 0

       ↓   **式を変形すると，**

売上高－変動費＝固定費

       ↓   **売上高－変動費＝貢献利益　であり，**

貢献利益＝固定費

       ↓   **貢献利益＝売上高×貢献利益率　で求められるので，**

売上高×貢献利益率＝固定費

       ↓   **したがって，**

$$損益分岐点売上高 = \frac{固定費}{貢献利益率}$$

(2)　目標営業利益を達成する売上高

　目標営業利益を達成する売上高は，売上高－（変動費＋固定費）＝目標営業利益　となる売上高であり，前述の損益分岐点の売上高と同様に公式を導くことができる。

　　売上高－（変動費＋固定費）＝目標営業利益

　　貢献利益＝固定費＋目標営業利益

　　売上高×貢献利益率＝固定費＋目標営業利益

$$目標営業利益を達成する売上高 = \frac{固定費 + 目標営業利益}{貢献利益率}$$

(3)　目標売上高営業利益率を達成する売上高

　目標売上高営業利益率を達成する売上高は，売上高－（変動費＋固定費）＝売上高×目標売上高営業利益率　となる売上高であり，次のように公式を導くことができる。

　　売上高－（変動費＋固定費）＝売上高×目標売上高営業利益率

　　貢献利益－売上高×目標売上高営業利益率＝固定費

　　売上高×貢献利益率－売上高×目標売上高営業利益率＝固定費

　　売上高×（貢献利益率－目標売上高営業利益率）＝固定費

$$目標売上高営業利益率を達成する売上高 = \frac{固定費}{貢献利益率 - 目標売上高営業利益率}$$

4.　ＣＶＰ分析とその解法

　これまでは，CVP分析とその計算のための公式を学習したが，実際にCVP分析を行う際に，上記［参考］の(1)から(3)までの計算のための公式は暗記していなくてもよい。

　なぜならば，直接原価計算方式の損益計算を利用することにより，公式を暗記していなくてもCVP分析を行うことができるからである。このことを［設例５－２］と同じ資料で確認する。

　当社の次年度の計画財務データは次のとおりである。この資料にもとづいて，次年度の(1)損益分岐点の売上高と販売量，(2)目標営業利益604,000円を達成するための売上高，(3)目標売上高営業利益率18%を達成するための売上高，(4)安全余裕率を求めなさい。

（資　料）

1．次年度予想売上高

　　　　　　　　　　　　　　@5,000円×1,000個 …… 5,000,000円

2．次年度予想総原価

（1）変動費

直 接 材 料 費	@　600円×1,000個 ……	600,000円
直 接 労 務 費	@1,400円×1,000個 ……	1,400,000円
変動製造間接費	@　660円×1,000個 ……	660,000円
変 動 販 売 費	@　340円×1,000個 ……	340,000円
合　　　　計	@3,000円	3,000,000円

（2）固定費

固定製造間接費	1,015,200円
固定販売費・一般管理費	480,800円
合　　　　計	1,496,000円

3．期首・期末の仕掛品，製品在庫は無視する。

【解　答】

(1)	損益分岐点売上高	3,740,000円
	損益分岐点販売量	748個
(2)	目標営業利益達成売上高	5,250,000円
(3)	目標売上高営業利益率達成売上高	6,800,000円
(4)	安全余裕率	25.2%

【解　説】

　直接原価計算方式により次年度の予想損益計算書を作成してみると，次年度の予想売上高5,000,000円のときに，営業利益は504,000円であることがわかる。

　そこで予想損益計算書にもとづき，売上高をS（円）とするか，または販売量をX（個）として当社のCVPの関係を示してみると，次のようになる。

	予想損益計算書		売上高をS（円）	販売量をX（個）
売 上 高	5,000,000円	(@5,000円)	S	5,000X
変 動 費	3,000,000	(@3,000円)	(＊1) 0.6S	3,000X
貢 献 利 益	2,000,000円	(@2,000円)	(＊2) 0.4S	2,000X
固 定 費	1,496,000		1,496,000	1,496,000
営 業 利 益	504,000円		0.4S－1,496,000	2,000X－1,496,000

　　（＊1）変動費率　　　（＊2）貢献利益率

(1) 損益分岐点の売上高と販売量

損益分岐点の売上高と販売量は，営業利益がゼロとなる売上高と販売量を計算することになるので，売上高を S（円），または販売量を X（個）として示した当社の営業利益をゼロとおくことで計算することができる。

	売上高を S（円）	販売量を X（個）
売 上 高	S	5,000X
変 動 費	0.6S	3,000X
貢 献 利 益	0.4S	2,000X
固 定 費	1,496,000	1,496,000
営 業 利 益	0.4S − 1,496,000 ← これが0円 →	2,000X − 1,496,000

したがって，損益分岐点の売上高と販売量は，営業利益＝0として，

$0.4S - 1,496,000 = 0$

$0.4S = 1,496,000$

$S = \dfrac{1,496,000}{0.4}$

∴ S = 3,740,000（円）〈損益分岐点売上高〉

↓ ÷@5,000円〈販売価格〉

748（個）〈損益分岐点販売量〉

$2,000X - 1,496,000 = 0$

$2,000X = 1,496,000$

$X = \dfrac{1,496,000}{2,000}$

∴ X = 748（個）〈損益分岐点販売量〉

↓ ×@5,000円〈販売価格〉

3,740,000（円）〈損益分岐点売上高〉

(2) 目標営業利益達成売上高

目標営業利益 604,000円を達成するための売上高は，売上高を S（円），または販売量を X（個）として示した当社の営業利益を 604,000円とおくことで計算することができる。

	売上高を S（円）	販売量を X（個）
売 上 高	S	5,000X
変 動 費	0.6S	3,000X
貢 献 利 益	0.4S	2,000X
固 定 費	1,496,000	1,496,000
営 業 利 益	0.4S − 1,496,000 ← これが 604,000円 →	2,000X − 1,496,000

したがって，目標営業利益 604,000円を達成するための売上高は，

$0.4S - 1,496,000 = 604,000$

$0.4S = 1,496,000 + 604,000$

$S = \dfrac{1,496,000 + 604,000}{0.4}$

∴ S = 5,250,000（円）〈目標利益達成売上高〉

$2,000X - 1,496,000 = 604,000$

$2,000X = 1,496,000 + 604,000$

$X = \dfrac{1,496,000 + 604,000}{2,000}$

∴ X = 1,050（個）〈目標利益達成販売量〉

↓ ×@5,000円〈販売価格〉

5,250,000（円）〈目標利益達成売上高〉

Theme 05

原価・営業量・利益関係の分析

75

(3) 目標売上高営業利益率達成売上高

目標売上高営業利益率18%を達成するための売上高は，売上高をS（円），または販売量をX（個）として示した当社の営業利益を売上高の18%とおくことで計算することができる。

	売上高をS（円）	販売量をX（個）
売 上 高	S	5,000X
変 動 費	0.6S	3,000X
貢 献 利 益	0.4S	2,000X
固 定 費	1,496,000	1,496,000
営 業 利 益	0.4S − 1,496,000	2,000X − 1,496,000

これが　←　売上高の18%　→

したがって，目標売上高営業利益率18%を達成するための売上高は，

$0.4S - 1,496,000 = S \times 0.18$

$0.4S - 0.18S = 1,496,000$

$S = \dfrac{1,496,000}{0.4 - 0.18}$

$\therefore S = 6,800,000（円）〈目標利益率達成売上高〉$

$2,000X - 1,496,000 = 5,000X \times 0.18$

$2,000X - 900X = 1,496,000$

$X = \dfrac{1,496,000}{2,000 - 900}$

$\therefore X = 1,360（個）〈目標利益率達成販売量〉$

$\downarrow \times @5,000円〈販売価格〉$

$6,800,000（円）〈目標利益率達成売上高〉$

(4) 安全余裕率

$$\dfrac{5,000,000円 - 3,740,000円}{5,000,000円} \times 100 = 25.2\%$$

5. 営業外損益の取扱い

CVP分析において，営業外損益はどのように取り扱うべきであろうか。営業外損益は営業量とは無関係であるから，通常，CVP分析からは除外されるべき性質の損益である。

しかしながら，経常利益を目標利益にする場合など，営業外損益をCVP分析に含める必要がある場合には，固定費の修正項目として扱う。すなわち，営業外収益は固定費から控除し，営業外費用は固定費に加算する。

ただし，営業外損益を加味した場合には，営業利益ではなく経常利益を用いて各種分析を行うことに注意しなければならない。

設例 5-4

［設例5−3］に次の資料を追加する。

1．次年度予想使用総資本は13,500,000円であり，税引後の年間目標使用総資本経常利益率（＝税引後年間目標経常利益÷年間予想使用総資本×100）は4%である。ただし，法人税等の税率は40%とする。

2．次年度において，営業外収益は120,000円，営業外費用は180,000円発生する見込みである。これらは固定費総額の修正項目として処理する。

　上記資料にもとづき，次年度について，⑴この目標使用総資本経常利益率を達成する税引前の目標経常利益額，および⑵その目標経常利益額を達成する販売量を求めなさい。

【解　答】
⑴　税引前の目標経常利益額　　　　　900,000円
⑵　目標経常利益額を達成する販売量　　1,228個

【解　説】
　本問では，目標利益として使用総資本経常利益率を用いている。使用総資本経常利益率は資本利益率$\left(=\dfrac{利益}{投下資本}\right)$の一形態で，企業の収益性（資本の運用効率）を示す指標である。分母の投下資本に使用総資本（＝総資産）を用い，分子の利益に経常利益を用いることで，経常的な企業活動全体の収益力を表しているといえる。
　資本利益率の式を次のように変形すれば，目標利益額を逆算することができる。

$$\frac{利益}{投下資本} = 資本利益率 \implies 利益 = 投下資本 \times 資本利益率$$

⑴　税引前の目標経常利益額の算定
　　税引後の年間目標使用総資本経常利益率4％，次年度の予想使用総資本13,500,000円より，次年度における税引後の目標経常利益額を算定する。
　　　税引後の目標経常利益額：13,500,000円×4％＝540,000円
　　次に，法人税等の税率40％より，税引前の目標経常利益額を逆算する。
　　　税引前の目標経常利益額：540,000円÷（1－0.4）＝900,000円
⑵　目標経常利益額を達成する販売量
　　販売量をX（個）として，当社のCVPの関係を示すと次のようになる（単位:円）。

	販売量をX（個）
売　上　高	5,000X
変　動　費	3,000X
貢　献　利　益	2,000X
固　定　費	1,496,000
営　業　利　益	2,000X － 1,496,000
営業外収益	120,000
営業外費用	180,000
税引前経常利益	2,000X － 1,556,000　◀─ これが900,000円
法　人　税　等	800X － 622,400
税引後経常利益	1,200X － 933,600　◀─ これが540,000円

したがって,

 2,000X − 1,556,000 = 900,000　　∴　X = 1,228(個)

または,

 1,200X − 933,600 = 540,000　　∴　X = 1,228(個)

補足　**変動的資本と固定的資本について**

　前述の［設例5−4］では, 資本の額（年間予想使用総資本13,500,000円）は一定のものとして計算を行ったが, 資本についても, 原価と同じように営業量の増加にともなって増加する部分（＝変動的資本）と営業量が増加しても変化しない部分（＝固定的資本）がある。

> 変動的資本の例 … 決済用の現預金, 売掛金等への投資額
> 固定的資本の例 … 棚卸資産等の恒常在庫や固定資産への投資額

次の設例で確認してみよう。

■設　例

　［設例5−4］において, 次年度予想使用総資本の条件を変更し, 13,500,000円ではなく「売上高の45％＋8,295,000円」とする。他の条件は変更しないものとして税引後の年間目標使用総資本経常利益率4％を達成する販売量を求めなさい。

【解　答】

　目標経常利益率を達成する販売量　　<u>1,140個</u>

【解　説】

(1)　税引前の目標経常利益額の算定

　　目標経常利益率を達成する販売量をX（個）とすると, 次のようになる。

　　　税引後の目標経常利益額：(5,000X × 0.45 + 8,295,000) × 4 ％ = 90X + 331,800

　　　税引前の目標経常利益額：(90X + 331,800) ÷ (1 − 0.4) = 150X + 553,000

(2) 目標経常利益額を達成する販売量

	販売量をX（個）
売　上　高	5,000 X
変　動　費	3,000 X
貢　献　利　益	2,000 X
固　定　費	1,496,000
営　業　利　益	2,000X − 1,496,000
営業外収益	120,000
営業外費用	180,000
税引前経常利益	2,000X − 1,556,000 ← これが150 X + 553,000
法　人　税　等	800X − 622,400
税引後経常利益	1,200X − 933,600 ← これが90 X + 331,800

したがって，

$$2,000 X - 1,556,000 = 150 X + 553,000$$
$$2,000 X - 150 X = 553,000 + 1,556,000$$
$$1,850 X = 2,109,000 \qquad \therefore \ X = 1,140 \ (個)$$

または，

$$1,200 X - 933,600 - 90 X + 331,800$$
$$1,200 X - 90 X = 331,800 + 933,600$$
$$1,110 X = 1,265,400 \qquad \therefore \ X = 1,140 \ (個)$$

6．ＣＶＰの感度分析

　感度分析（sensitivity analysis）とは，当初の予測データが変化したら結果はどうなるかを分析することをいう。つまり，CVPの感度分析とは，製品の販売価格，販売量，変動費，固定費などの変化が営業利益や損益分岐点売上高などに対してどのような影響を与えるかを分析することをいう。

　将来の予測計算にはこのような諸変化がつきものであるため，CVPの感度分析はきわめて重要である。

設例 5-5

　S社は，製品Ａを製造・販売しており，20×7年度の計画財務データは次のとおりであった。

1．販売価格　　@1,400円
2．変動費　　原　料　費　@520円
　　　　　　　変動加工費　@350円
　　　　　　　変動販売費　@ 40円
3．固定費　　固定加工費　1,426,000円
　　　　　　　固定販売費・一般管理費　1,122,000円

〔問1〕以上のデータにもとづいて、20×7年度の損益分岐点販売量を求めなさい。

　ここで、次の条件を追加する。
(20×8年度の利益計画上、予想される事項)
4．競争相手が製品の販売価格を値下げしたので、当社も製品A1個あたりの販売価格を5％値下げせざるをえない。
5．輸入原料の値下がりで、製品A1個あたりの原料費は2％引き下げる。
6．電力料金が値上がりしたので、製品Aの変動加工費は10％引き上げる。
7．運賃が値上がりしたので、製品Aの変動販売費は1個あたり1％引き上げる。
8．火災保険料、賃借料が値上がりしたので、固定加工費は90,000円、固定販売費・一般管理費は48,000円だけ、前年度より増加する。

〔問2〕以上のデータにもとづいて、20×8年度の損益分岐点販売量を求めなさい。

【解　答】
〔問1〕　5,200個　　　〔問2〕　6,800個

【解　説】
〔問1〕20×7年度の損益分岐点販売量
　販売量を x（個）として、20×7年度におけるCVP関係を示すと次のようになる（単位：円）。

<table>
<tr><td></td><td>販売量をX（個）</td><td></td></tr>
<tr><td>売　上　高</td><td>1,400 x</td><td></td></tr>
<tr><td>変　動　費</td><td>910 x</td><td>←@520円＋@350円＋@40円</td></tr>
<tr><td>貢　献　利　益</td><td>490 x</td><td></td></tr>
<tr><td>固　定　費</td><td>2,548,000</td><td>←1,426,000円＋1,122,000円</td></tr>
<tr><td>営　業　利　益</td><td>490 x － 2,548,000</td><td></td></tr>
</table>

　したがって、
　490 x － 2,548,000 ＝ 0　　∴　x ＝ 5,200（個）

〔問2〕20×8年度の損益分岐点販売量
　修正項目：
　1．販売価格　　@1,400円×(100％ － 5％) ＝ @1,330円
　2．原　料　費　@520円×(100％ － 2％) ＝ @509.6円 ⎫
　3．変動加工費　@350円×(100％ ＋ 10％) ＝ @385円 ⎬ 変動費@935円
　4．変動販売費　@ 40円×(100％ ＋ 1％) ＝ @40.4円 ⎭
　5．固　定　費　2,548,000円 ＋ 90,000円 ＋ 48,000円 ＝ 2,686,000円

以上より，販売量を x（個）として，20×8年度におけるＣＶＰ関係を示すと次のようになる（単位：円）。

	販売量をX（個）
売上高	1,330 x
変動費	935 x
貢献利益	395 x
固定費	2,686,000
営業利益	395 x − 2,686,000

したがって，

$$395\,x - 2,686,000 = 0 \quad \therefore \quad x = 6,800（個）$$

7. 経営レバレッジ係数

CVP分析のひとつとして，経営レバレッジ係数（operating leverage factor）が説明されることがある。

経営レバレッジ係数とは，企業経営における固定費の利用を測定する指標をいい，次の式で計算することができる。

$$経営レバレッジ係数 = \frac{貢献利益}{営業利益}$$

経営レバレッジ係数は，固定費の割合の高い企業ほど大きくなる。なぜならば，この係数の分子の貢献利益は，固定費と営業利益の合計だからである。

また，この係数は売上高が変化したときに営業利益がどの程度変化するかを示す比率でもあり，この係数を利用すれば，次の式により，売上高の増減率による営業利益の増減額を計算することができる。

$$営業利益増減額 = 営業利益 \times \underline{売上高増減率 \times 経営レバレッジ係数}$$
$$営業利益増減率（注）$$

（注）展開式

売上高増減率 × 経営レバレッジ係数

$$= 売上高増減率 \times \frac{貢献利益}{営業利益}$$

$$= \frac{貢献利益増減額（＝営業利益増減額）}{営業利益}$$

$$= 営業利益増減率$$

　当年度の売上高と営業利益が同じであった甲社と乙社の以下の資料にもとづいて，(1)両社の経営レバレッジ係数を計算し，(2)両社の次年度の売上高が20％増加したときの営業利益増加額を，経営レバレッジ係数を用いて速算しなさい。

（資　料）

	甲　　社	乙　　社
売　上　高	2,000,000円	2,000,000円
変　動　費	800,000円	1,400,000円
貢　献　利　益	1,200,000円	600,000円
固　定　費	1,080,000円	480,000円
営　業　利　益	120,000円	120,000円

【解　答】

	(1)　経営レバレッジ係数	(2)　営業利益増加額
甲　社	10	240,000円
乙　社	5	120,000円

【解　説】

(1)　経営レバレッジ係数

$$甲社：\frac{1,200,000円}{120,000円} = 10 \qquad 乙社：\frac{600,000円}{120,000円} = 5$$

　甲社と乙社は，売上高も営業利益も同規模であるが，固定費の利用の多い甲社では，相対的に変動費率が低くなり（＝貢献利益率は逆に高くなる），売上高が増減したときの営業利益の増減の幅は大きくなる。

　これに対して，固定費の利用の少ない乙社では，相対的に変動費率が高くなり（＝貢献利益率は逆に低くなる），売上高が増減したときの営業利益の増減の幅は小さくなる。

　このように，固定費の利用の程度により，売上高の増減が営業利益に及ぼす影響が異なる現象のことを経営レバレッジといい，その様子を図解により示せば次のようになる。

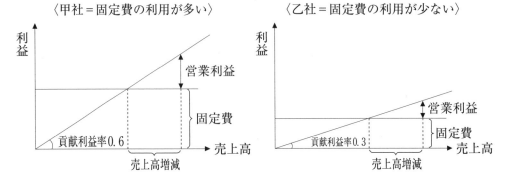

(2) 営業利益増加額の速算

売上高が20%増加したときの営業利益増加額は，経営レバレッジ係数を利用して次のように求めることができる。

甲社：120,000円× 20%×10 = 240,000円 … 増加幅が大きい

営業利益増加率200%

乙社：120,000円× 20%× 5 = 120,000円 … 増加幅が小さい

営業利益増加率100%

【検　証】経営レバレッジ係数と安全余裕率について

経営レバレッジ係数と安全余裕率は逆数の関係にある。以下，甲社を例に検証する。

1．甲社の当年度における損益分岐点売上高と安全余裕率

(1) 損益分岐点売上高

	売上高をS（円）	
売 上 高	S	
変 動 費	0.4S	変動費率：800,000円÷2,000,000円 = 0.4
貢 献 利 益	0.6S	貢献利益率：1,200,000円÷2,000,000円 = 0.6
固 定 費	1,080,000	
営 業 利 益	0.6S − 1,080,000	

以上より，損益分岐点の売上高は，下記のように求められる。

$$0.6S - 1,080,000 = 0$$
$$0.6S = 1,080,000$$
$$\therefore \quad S = 1,800,000 \text{（円）}$$

(2) 安全余裕率

$$\frac{2,000,000円 - 1,800,000円}{2,000,000円} \times 100 = 10（\%）$$

2．経営レバレッジ係数と安全余裕率が逆数の関係であることの証明

逆数とは，ある数に掛けると結果が1になる数のことである。例えば，2の逆数は $\frac{1}{2}$ である。すなわち，分数の形にしたときに，分母と分子が入れ替われば逆数である。

経営レバレッジ係数：$10 = \boxed{\dfrac{10}{1}}$

逆数の関係 ⇨ $\dfrac{10}{1} \diagdown\diagup \dfrac{1}{10}$

安 全 余 裕 率：$10\% = \boxed{\dfrac{1}{10}}$

分母と分子が入れ替わる関係

Theme
05

原価・営業量・利益関係の分析

83

（証明）

　　S：売上高, v：変動費率, F：固定費とすると, CVP 関係は次のとおりである。

売　上　高	S
変　動　費	vS
貢　献　利　益	$(1-v)S$
固　定　費	F
営　業　利　益	$(1-v)S-F$

損益分岐点売上高は「営業利益＝0」とおけば, 次のとおりである。

$$(1-v)S-F=0 \quad \therefore \quad S=\frac{F}{1-v}$$

また, 安全余裕率は次のようになる。

$$安全余裕率=\frac{S-\dfrac{F}{1-v}}{S}=1-\frac{\dfrac{F}{1-v}}{S}=1-\frac{F}{(1-v)S} \quad \cdots\cdots ①$$

一方, 経営レバレッジ係数は次のとおりである。

$$経営レバレッジ係数=\frac{(1-v)S}{(1-v)S-F}$$

この逆数は次のようになる。

$$\frac{(1-v)S-F}{(1-v)S}=1-\frac{F}{(1-v)S}$$

これは①の安全余裕率の式と同じとなる。

ＣＶＰ分析の仮定

CVP分析では，暗黙のうちに，次のようなことが仮定されている。

> ① 販売価格は，営業量に関係なく一定である。
> ② 直線的なコスト・ビヘイビアを想定している。
> ③ 複数製品が存在する場合，セールス・ミックスは一定である。
> ④ 生産量と販売量は等しい。

　①～③は，売上高線および総原価線を直線で表現するための仮定である。この仮定により，CVPの関係を損益分岐図表や簡単な計算公式で分析していくことができる。

　④の仮定は，直接原価計算を利用する場合には特に問題とならないが，全部原価計算を利用する場合のCVP分析に影響を及ぼす。なぜなら全部原価計算では，計算される利益額は販売量だけでなく生産量によっても影響を受けるからであり，生産量が変化することで在庫量が変化すると，同一の販売量であっても利益額が異なってくるからである。

　したがって，これらの仮定は必ずしも現実的ではないが，むしろ問題状況を単純化してくれる有用な仮定であるといえる。

8. 多品種製品のＣＶＰ分析

　製品が多品種の場合のCVP分析では，製品の販売量が増減しても，そのなかに占める各製品の構成割合，すなわちセールス・ミックスは一定という仮定を導入して分析する。この場合には，各製品の販売量の割合を一定としたり，各製品の売上高の割合を一定とする。

> ① 各製品の販売量の割合が一定の場合
> 　この場合は，セールス・ミックスの基本となる最小セットを１セットとして計算を行う。
> ② 各製品の売上高の割合が一定の場合
> 　この場合は，各製品を一定割合の売上高で販売したときの，会社全体の加重平均貢献利益率を求めて計算を行う。

　当社では，製品Aと製品Bを製造・販売している。各製品1個あたりの販売価格と変動費は下記のとおりである。

	製 品 A	製 品 B
1個あたりの販売価格	4,000円	5,000円
1個あたりの変動費	2,800円	3,000円

また，固定費については，両製品に個別に発生する固定費はなく，両製品に共通して発生する固定費は380万円である。

　上記の条件にもとづき，次の問いに答えなさい。
〔問1〕製品Aと製品Bの販売量が3：2の割合となるように販売するものとして，製品Aと製品Bの，損益分岐点の販売量を求めなさい。
〔問2〕製品Aと製品Bの売上高が4：1の割合となるように販売するものとして，製品Aと製品Bの，損益分岐点の売上高を求めなさい。

【解　答】
〔問1〕製品A　　　　　1,500個　製品B　　　　　1,000個
〔問2〕製品A　9,500,000円　製品B　2,375,000円

【解　説】
〔問1〕各製品の販売量の割合が一定の場合
　　製品Aと製品Bの販売量を3：2の割合となるように販売するのであるから，製品A3個と製品B2個を1セットとして計算を行う。

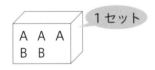

　　1個あたりの貢献利益は，製品Aが1,200円，製品Bが2,000円であるから，1セットの販売から得られる貢献利益は，1,200円×3個＋2,000円×2個＝7,600円である。
　　また，セット販売量をXとおいて，当社のCVPの関係を示すと次のとおりである（単位：円）。

	製 品 A	製 品 B	全 体
売 上 高	4,000 × 3 X	5,000 × 2 X	22,000 X
変 動 費	2,800 × 3 X	3,000 × 2 X	14,400 X
貢 献 利 益	1,200 × 3 X	2,000 × 2 X	7,600 X
固 定 費			3,800,000
営 業 利 益			7,600 X − 3,800,000

したがって，損益分岐点のセット販売量は，

$$7,600 \text{X} - 3,800,000 = 0$$

$$7,600 \text{X} = 3,800,000$$

$$\text{X} = \frac{3,800,000}{7,600} \qquad \therefore \quad \text{X} = 500（セット）$$

$$\begin{cases} 製品 \text{A} \quad 500セット \times 3 個 = 1,500個 \\ 製品 \text{B} \quad 500セット \times 2 個 = 1,000個 \end{cases}$$

〔問2〕各製品の売上高の割合が一定の場合

製品Aと製品Bの売上高を4：1の割合になるように販売するのであるから，会社全体の加重平均貢献利益率は一定になるため，これを求めて計算を行う。

本問においては，各製品の貢献利益率（＝1個あたり貢献利益÷1個あたり販売価格）は，製品Aが0.3（＝1,200円÷4,000円），製品Bが0.4（＝2,000円÷5,000円）であるから，会社全体の加重平均貢献利益率は，$0.3 \times 4/5 + 0.4 \times 1/5 = 0.32$ である。

また，会社全体の売上高をS（内訳：製品A＝4/5S，製品B＝1/5S）とおいて，当社のCVPの関係を示すと次のとおりである（単位：円）。

	製 品 A	製 品 B	全 体
売 上 高	4/5S	1/5S	S
変 動 費	$0.7 \times 4/5S$	$0.6 \times 1/5S$	0.68S
貢 献 利 益	$0.3 \times 4/5S$	$0.4 \times 1/5S$	0.32S
固 定 費			3,800,000
営 業 利 益			0.32 S − 3,800,000

上記のCVP関係において，各製品の貢献利益は，（各製品の貢献利益率）×（各製品の売上高）によって求め，それを合計することで会社全体の貢献利益を求めている。

したがって，損益分岐点の会社全体の売上高は，

$$0.32 \text{S} - 3,800,000 = 0$$

$$0.32 \text{S} = 3,800,000$$

$$\text{S} = \frac{3,800,000}{0.32} \qquad \therefore \quad \text{S} = 11,875,000（円）$$

$$\begin{cases} 製品 \text{A} \quad 11,875,000円 \times 4/5 = 9,500,000円 \\ 製品 \text{B} \quad 11,875,000円 \times 1/5 = 2,375,000円 \end{cases}$$

9. 全部原価計算のCVP分析

通常のCVP分析においては，直接原価計算の利用を仮定するか，あるいは全部原価計算を利用する場合は生産量と販売量が等しいと仮定するため，直接原価計算と全部原価計算のCVP分析の解は一致する。

これに対して，生産量と販売量とが等しくない場合の全部原価計算のCVP分析において，予定操業度差異が生じる場合には，当該予定操業度差異を売上原価に賦課する必要がある。一期間に発生する製造固定費は，直接原価計算の場合でも全部原価計算の場合でも，固定費予算額であることに変わりはない。しかし，全部原価計算では製造固定費も予定配賦されるため，予定操業度差異の分が配賦漏れまたは配賦超過になっている。したがって，全部原価計算の場合の一期間に費用計上される製造固定費は，販売量に係る予定配賦額と操業度差異からなる。

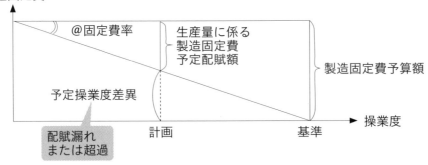

設例 5-8

全部実際正常原価計算を採用する当社の次年度の計画財務データは次のとおりである。

1. 製品1個あたりの予定販売価格　　5,000円
2. 製品1個あたりの予定製造原価

    直接材料費　　　　　600円
    変動加工費　　　　2,060円
    固定加工費　　　　　940円
    合　計　　　　　　3,600円

    なお固定加工費は，年間固定加工費予算1,015,200円を年間正常生産量1,080個で割って計算されており，加工費はこの1,080個を年間基準操業度として予定配賦される。

3. 販売費・一般管理費予算

    製品1個あたりの変動販売費　　　　　　340円
    固定販売費・一般管理費　　　　480,800円

4. 製品の計画生産・販売量

    期首在庫量　　　　400個　　　計画販売量　　　　1,000個
    計画生産量　　　　960個　　　期末在庫量　　　　　360個

5. 予想操業度差異は売上原価に賦課する。

上記の条件にもとづき，次の問いに答えなさい。

〔問1〕次年度の損益分岐点販売量を求めなさい。

〔問2〕次年度の損益分岐点比率は何パーセントか求めなさい。

【解　答】

〔問1〕損益分岐点販売量 ___560個___

〔問2〕損益分岐点比率 ___56%___

【解　説】

〔問1〕次年度の損益分岐点販売量

全部原価計算方式により次年度の予想損益計算書を作成する。そこで，求める販売量をX（個）として，当社のCVPの関係を示してみると，次のようになる（単位：円）。

売　　上　　高	5,000X
売　上　原　価	3,600X + 112,800（＊）
売　上　総　利　益	1,400X − 112,800
販売費・一般管理費	340X + 480,800
営　業　利　益	1,060X − 593,600

（＊）予想操業度差異：@940円×（960個−1,080個）＝（−）112,800円（不利差異）

→ 売上原価に加算

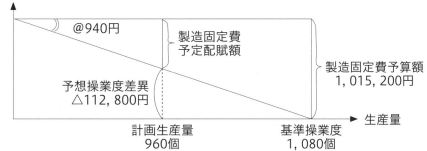

したがって，損益分岐点販売量は次のとおりである。

$$1,060X − 593,600 = 0$$

$$1,060X = 593,600$$

$$X = \frac{593,600}{1,060} \qquad \therefore \ X = 560（個）$$

〔問2〕次年度の損益分岐点比率

$$\frac{5,000円 × 560個〈損益分岐点売上高〉}{5,000円 × 1,000個〈予想売上高〉} × 100 = 56\%$$

補足 「生産量と販売量が異なるケース」と「生産量と販売量が等しいケース」

1. 生産量≠販売量（つまり，期首在庫量≠期末在庫量）のケース

［設例5-8］において，直接原価計算方式により損益分岐点販売量を求めると，次のようになる（単位：円）。

売 上 高	5,000 X		
変 動 費	3,000 X	←600円＋2,060円＋340円	
貢 献 利 益	2,000 X		
固 定 費		1,496,000	←1,015,200円＋480,800円
営 業 利 益	2,000 X − 1,496,000		

したがって，損益分岐点販売量は次のとおりである。

2,000 X − 1,496,000 = 0

2,000 X = 1,496,000

∴ X = 748（個）

このように，生産量と販売量が異なる場合は，全部原価計算方式と直接原価計算方式とでCVP分析の解（損益分岐点販売量の答え）が異なることがわかる。

2. 生産量＝販売量（つまり，期首在庫量＝期末在庫量）のケース

全部原価計算方式によりCVP分析を行う場合であっても，生産量と販売量が等しいケースでは，直接原価計算方式による場合と結果が同じになる（ただし，標準原価計算ではない場合は，前期と当期の単位当たり製造原価が同じであることが必要）。以下，資料4の条件を変更し，生産量と販売量をX（個）として損益分岐点販売量を計算する（単位：円）。

売 上 高	5,000 X	
売 上 原 価	3,600 X −（940 X − 1,015,200）（＊）	
売 上 総 利 益	2,340 X − 1,015,200	
販売費・一般管理費	340 X ＋ 480,800	
営 業 利 益	2,000 X − 1,496,000	

（＊） 予想操業度差異：@940×（X個－1,080個）＝940 X − 1,015,200

したがって，損益分岐点販売量は次のとおりである。

2,000 X − 1,496,000 = 0

2,000 X = 1,496,000

∴ X = 748（個）　← 直接原価計算方式の場合と同じ（［設例5-3］参照）

【予想操業度差異を売上原価から差し引く理由】

予想操業度差異が不利差異（マイナス）の場合には売上原価に加算し，有利差異（プラス）の場合には売上原価から減算する。そこで，売上原価から予想操業度差異を差し引くことで，不利差異を売上原価に加算でき，有利差異を売上原価から減算できる。

原価は，その製品の価格を決定する際の重要な要素である。原価にもとづいて価格を決定する際の方法については，以下のような方法がある。

1. 全部原価基準による価格決定

全部原価基準による価格決定は，基本的には次の方法による。

(1) 総原価を基準とする方法

この方法は，製品の総原価に目標利益を加算することにより，製品の目標価格を決定する方法である。

> 目標価格 ＝ 製品単位あたり総原価 ＋ 製品単位あたり目標営業利益

(2) 製造原価を基準とする方法

この方法は，（売上総利益）÷（売上原価）により，目標マーク・アップ率（＝値入率）を定め，製品の製造原価に目標マーク・アップ率を加算することにより，製品の目標価格を決定する方法である。

> 目標価格 ＝ 製品単位あたり製造原価×(1 ＋ 目標マーク・アップ率)

〔具体例〕

当社は新製品Xの販売価格を決定しようとしている。新製品Xの原価に関する資料は次のとおりである。

変動費

直 接 材 料 費	@	120円
直 接 労 務 費	@	60円
変動製造間接費	@	30円
変 動 販 売 費	@	10円
計	@	220円

固定費

固定製造間接費	@	40円（＝18,000,000円÷450,000個〈計画販売量〉）
固定販売費・一般管理費	@	20円（＝ 9,000,000円÷450,000個〈計画販売量〉）
計	@	60円
原 価 合 計	@	280円

計画販売量のもとで目標営業利益を31,500千円としたとき，全部原価基準により価格決定を行うと，目標価格は次のように@350円になる。

目標価格：$@280円 + \dfrac{31,500千円}{450,000個} = @350円$

または，経験により全部製造原価に対する目標マーク・アップ率が40％であるとすると，目標価格は次のように，やはり@350円になる。

目標価格：@250円×(1 ＋ 0.4)＝@350円

2．直接原価基準による価格決定

(1) 直接原価基準による価格決定の基本

直接原価基準による価格決定は，基本的には次の方法による。

> 目標価格 ＝ 製品単位あたり変動費 ＋ 製品単位あたり目標貢献利益

(2) 弾力的な価格決定

直接原価基準による価格決定は，各製品の貢献利益によって固定費を回収し利益をあげるとする考え方にもとづいており，したがって各製品固有の収益性が明確になる。また，この方法によれば，各製品の収益力に応じて，以下のように弾力的な価格決定を行うことができる。

① 最低価格

最低価格とは，収益力の低い製品であっても，製品の販売を続けるかぎり維持すべき最低の販売価格である。よって，短期的な回収を必要とする自己の変動費によって計算される。

> 最低価格 ＝ 製品単位あたり変動費

② 製品の固有費を回収する価格

製品の固有費を回収する価格とは，やや収益力のある製品に，その製品の製造・販売に固有にかかる原価を回収させるための販売価格である。

> 製品の固有費を回収する価格 ＝ 製品単位あたり変動費 ＋ $\dfrac{個別固定費}{予想販売量}$

③ 目標価格

目標価格とは，収益力の高い製品に，製品の固有の原価のほかに共通固定費の負担額も回収させ，さらに目標利益を獲得する販売価格である。

> 目標価格 ＝ 製品単位あたり変動費 ＋ $\dfrac{個別固定費 ＋ 共通固定費負担額 ＋ 目標営業利益}{予想販売量}$
> 　　　　 ＝ 製品単位あたり変動費 ＋ 製品単位あたり目標貢献利益

〔具体例〕

前記の具体例において，不況時においても製品の製造を続けるかぎり維持すべき最低の販売価格は，変動費を回収する@220円になる。

　　最低価格：@220円〈製品単位あたり変動費〉

固定費のうち，製品Xの製造・販売に固有にかかる金額が13,500,000円だったとして，計画販売量のもとで製品Xの固有費を回収するための価格は，次のように@250円になる。

　　製品Xの固有費を回収するための価格：@220円 ＋ $\dfrac{13,500千円}{450,000個}$ ＝ @250円

92

計画販売量のもとで目標営業利益を31,500千円としたとき，直接原価基準により価格決定を行うと，目標価格は次のように@350円になる。

$$\text{目標価格：@220円} + \frac{18,000\text{千円} + 9,000\text{千円} + 31,500\text{千円}}{450,000\text{個}} = \text{@350円}$$

３．損益分岐分析による価格決定

　全部原価基準や直接原価基準による価格決定のほかに，たとえば損益分岐分析によって価格決定を行うこともある。

原価・営業量・利益関係の分析

06 最適セールス・ミックスの決定
Theme

> **Check** ここでは，複数の製品を製造・販売している企業における，最適な製品販売量の組み合わせについて学習する。特に，リニアー・プログラミング（LP）が重要である。

1 最適セールス・ミックスの決定とは

　短期利益計画において予想利益を計算したところ，目標利益を下回った場合，経営管理者としては，予想利益の計算の前提となっている諸要素を再検討し，予想利益の改善を図らなければならない。

　最適セールス・ミックスの決定とは，企業が取り扱う複数の製品について，販売量の組み合わせを変更することにより予想利益の改善を行い，営業利益を最大にする販売量の組み合わせを決定することをいう。

> 最適セールス・ミックス … 営業利益を最大にする製品販売量の組み合わせ

　なお，最適セールス・ミックスの決定にあたり，営業利益を最大にする問題は，貢献利益を最大にする問題に置き換えることができる。

　なぜなら，固定費は，製品販売量の組み合わせの変更にかかわらず一定額が発生するからである。

　また，獲得できる利益を最大にするには，企業内外に存在する制約条件のもとで，企業が所有する希少資源をどのように各製品に配分するかが問題となる。

　そこで，各製品に共通する制約条件の数により以下の2つのケースに分けることができる。

2 共通する制約条件が1つだけの場合の最適セールス・ミックスの決定

　最適セールス・ミックスの決定とは，製品を製造・販売するうえで制約条件となっている希少資源を最適に各製品に配分することにほかならない。

　したがって，各製品に共通する制約条件が1つだけの場合には，その制約条件となっている希少資源を1単位利用した場合，最も大きな貢献利益が得られる製品の製造・販売を優先すればよい。

> 　各製品に共通する制約条件が1つだけの場合は，共通する制約条件単位あたりの貢献利益額が大きい製品の製造・販売を優先する。

設例 6-1

　当社では，製品Aと製品Bを製造・販売しており，直接標準原価計算を採用している。次年度の予算編成に際し，現在までに次の情報を入手している。

1. 各製品1個あたりの販売価格, 変動費, 組立時間

	製 品 A	製 品 B
1個あたりの販売価格	4,000円	5,000円
1個あたりの変動費	2,800円	3,000円
1個あたりの組立時間	1時間	2時間

　　また, 固定費については, 両製品に個別に発生する固定費はなく, 両製品に共通して発生する固定費は380万円である。

2. 組立部の生産能力は6,000時間である。

3. 当社の市場占拠率の関係から, 製品Aに対する需要限度は3,500個, 製品Bに対する需要限度は2,500個であって, それを超えて製造・販売することはできない。

　上記の条件にもとづき, (1)最適セールス・ミックスと, そのときの(2)年間営業利益を求めなさい。

【解　答】

(1)　最適セールス・ミックス　製品A　　3,500個　製品B　　1,250個

(2)　年間営業利益　　2,900,000円

【解　説】

　製品の製造・販売上, 各製品に共通する制約条件が1つある場合（本問では組立部の生産能力）には, 共通する制約条件単位あたりの貢献利益額が大きい製品を優先して製造・販売する。

	製 品 A	製 品 B	
1個あたり貢献利益	1,200円/個	2,000円/個	
組立時間1時間 あたりの貢献利益額	1,200円/時間 (1,200円÷1時間)	1,000円/時間 (2,000円÷2時間)	⇨製品Aを優先すべき

　1個あたり貢献利益　1,200円/個　　2,000円/個

　したがって, 組立時間1時間あたりの貢献利益額が大きい製品Aを優先して製造・販売すべきである。

　そこで, 希少資源である組立部の生産能力6,000時間をフルに利用して営業利益（貢献利益）を最大にするには, 製品Aを需要限度の3,500個まで製造・販売する。

　そして, 残りの組立時間2,500時間（＝6,000時間－3,500個×1時間）を製品Bの製造・販売に振り向け, 製品Bを1,250個（＝2,500時間÷2時間）製造・販売すればよい。このときの営業利益は次のようになる。

	全　　体	製品A（3,500個）	製品B（1,250個）
売 上 高	20,250,000円	14,000,000円	6,250,000円
変 動 費	13,550,000円	9,800,000円	3,750,000円
貢 献 利 益	6,700,000円	4,200,000円	2,500,000円
固 定 費	3,800,000円		
営 業 利 益	2,900,000円		
組 立 時 間	6,000時間	3,500時間	2,500時間

3 共通する制約条件が2つ以上の場合の最適セールス・ミックスの決定

　前述の〔設例6-1〕では，各製品に共通する制約条件は1つであったが，実際には企業が直面する制約条件は多数である。この場合，もはや直接原価計算の手法のみでは最適セールス・ミックスを決定できない。そこで登場するのが，経営科学の領域で開発されたリニアー・プログラミングである。

1. リニアー・プログラミング

　最適セールス・ミックスの決定において，リニアー・プログラミングは，各製品に共通する制約条件が2つ以上ある場合の，営業利益を最大にする各製品の販売量の組み合わせを求める手法である。

　リニアー（linear）とは「直線の」，プログラミング（programming）とは「計画すること」という意味であり，したがって，リニアー・プログラミングとは，線型計画法と訳され，その頭文字をとってLPともいわれる。

　なお，最適セールス・ミックスの決定において，このリニアー・プログラミングを利用する場合には，与えられた情報を整理し，目的関数，制約条件および非負条件といった情報を収集，数式化する必要がある。

> 目的関数 … 最大にすべき貢献利益あるいは営業利益を示す関数
> 制約条件 … 各製品の制約条件を不等式で示したもの
> 非負条件 … 製品の生産・販売の性質による条件であり，通常は各製品の生産・販売量
> 　　　　　　は0個以上として明示される

2. グラフによる解法

　リニアー・プログラミングにおいては，与えられた情報を収集，数式化したのち数学的手法により最適解を決定することになるが，変数が2つのとき，すなわち2種類の製品の販売量の組み合わせを決定する場合に限っては，グラフを使って解を求めることができる。

　これがリニアー・プログラミングのグラフによる解法であり，平面グラフを描くことにより最適セールス・ミックスを決定する。

設例 6-2

　当社では，製品Aと製品Bを製造・販売しており，直接標準原価計算を採用している。次年度の予算編成に際し，現在までに次の情報を入手している。
　1．各製品1個あたりの販売価格と変動費

	製 品 A	製 品 B
1個あたりの販売価格	4,000円	5,000円
1個あたりの変動費	2,800円	3,000円

　また，固定費については，両製品に個別に発生する固定費はなく，両製品に共通して発生する固定費は380万円である。

2. 両製品とも，機械加工部を経て組立部で完成する。両品種の部門別標準作業時間は次のとおりである。

	機械加工部	組 立 部
製品Ａ１個あたりの標準作業時間	3時間	1時間
製品Ｂ１個あたりの標準作業時間	2時間	2時間
各部門の年間生産能力	12,000時間	6,000時間

3. 当社の市場占拠率の関係から，製品Ａに対する需要限度は3,500個，製品Ｂに対する需要限度は2,500個であって，それを超えて製造・販売することはできない。

上記の条件にもとづき，次の問いに答えなさい。

〔問1〕製品Ａおよび製品Ｂを年間何個ずつ製造・販売すれば，最大の営業利益が得られるか，すなわち年間の最適セールス・ミックスを求めなさい。

〔問2〕最適セールス・ミックスのときの年間営業利益はいくらか。

〔問3〕製品Ｂについては，将来さらに競争が激化し，値下げをする可能性が予想される。そこで他の条件に変化はないものとして，この製品１個あたりの貢献利益が，いくらより少なくなれば，〔問1〕で求めた最適セールス・ミックスが変化するであろうか。

【解　答】

〔問1〕　最適セールス・ミックス　製品Ａ　3,000個　製品Ｂ　1,500個

〔問2〕　最適セールス・ミックスのときの年間営業利益　2,800,000円

〔問3〕　製品Ｂ１個あたりの貢献利益が　800　円より少なくなれば，最適セールス・ミックスは変化する。

【解　説】

〔問1〕最適セールス・ミックスの決定

1. 制約条件単位あたりの貢献利益額の比較

　　製品の製造・販売上，各製品に共通する制約条件がある場合には，共通する制約条件単位あたりの貢献利益額が大きい製品を優先して製造・販売する。

	製　品　Ａ	製　品　Ｂ	
１個あたり貢献利益	1,200円/個	2,000円/個	
機械加工部１時間あたりの貢献利益額	400円/時間 (1,200円÷3時間)	＜　1,000円/時間 (2,000円÷2時間)	⇨製品Ｂを優先すべき
組立部１時間あたりの貢献利益額	1,200円/時間 (1,200円÷1時間)	＞　1,000円/時間 (2,000円÷2時間)	⇨製品Ａを優先すべき

　　制約条件によって優先すべき製品が異なるため，LPの手法によって最適な製造・販売量の組み合わせを決定する。

２．問題の定式化

(1) 目的関数

製品ＡをＡ個，製品ＢをＢ個製造・販売するとして，貢献利益をＺとすれば，

$$\mathrm{MaxZ} = \mathrm{Max}\,(1{,}200\mathrm{A} + 2{,}000\mathrm{B})$$

(2) 制約条件

3Ａ＋2Ｂ≦12,000……①（機械加工部作業時間の制約）

Ａ＋2Ｂ≦6,000………②（組立部作業時間の制約）

Ａ≦3,500……………③（製品Ａの需要量の制約）

Ｂ≦2,500……………④（製品Ｂの需要量の制約）

(3) 非負条件

Ａ，Ｂ≧0

３．グラフによる解法

(1) 可能領域の図示

上記制約条件のすべてを満足する解を『可能解』といい，可能解の集合を『可能領域』という。この可能領域の中で，目的関数を最大化する製品Ａと製品Ｂの販売量の組み合わせが最適セールス・ミックスとなる。

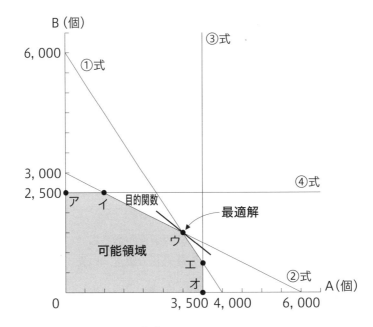

(2) 最適セールス・ミックスの決定

本問の可能領域のようなへこんでいる部分のない集合を『凸集合』といい，また，図形の端の点を『端点』という。可能領域の中で目的関数を原点から徐々に遠ざけていけば，遠ざかるにつれて製品Ａと製品Ｂの販売量の組み合わせは大きくなっていき，貢献利益も大きくなっていく。したがって，貢献利益が最大となるのは可能領域の端点のいずれかになることがわかる。

【解法１】端点の座標を代入する方法

①　端点の座標

　　　　　　　　　　　　　　　　　製品Ａ　　　製品Ｂ

　　ア点（縦軸と④式の交点）⇨（　　　　0個，2,500個）

　　イ点（②式と④式の交点）⇨（1,000個，2,500個）

　　ウ点（①式と②式の交点）⇨（3,000個，1,500個）

　　エ点（①式と③式の交点）⇨（3,500個，　　750個）

　　オ点（③式と横軸の交点）⇨（3,500個，　　　0個）

②　最適セールス・ミックス

　　目的関数に端点の座標を代入する。

　　　ア点：1,200円×　　　0個＋2,000円×2,500個＝5,000,000円

　　　イ点：1,200円×1,000個＋2,000円×2,500個＝6,200,000円

　　ウ点：1,200円×3,000個＋2,000円×1,500個＝6,600,000円 … 貢献利益最大

　　　エ点：1,200円×3,500個＋2,000円×　750個＝5,700,000円

　　　オ点：1,200円×3,500個＋2,000円×　　0個＝4,200,000円

　　したがって，最適セールス・ミックスは次の組み合わせとなる。

　　　製品Ａ：3,000個，製品Ｂ：1,500個

【解法２】直線の傾きにより判断する方法

　　目的関数は，　Z＝1,200 A＋2,000 B

　　　　　　　↓ 両辺を÷2,000して，　B＝に直す

$$B＝-\frac{1,200}{2,000}A＋\frac{Z}{2,000} \quad \therefore B＝-0.6A＋\frac{Z}{2,000}$$

　すなわち，目的関数は傾きが－0.6，縦軸との切片（Ｂ切片）が$\frac{Z}{2,000}$の直線であることがわかる。

　ところで，目的関数Ｚを最大にすることは，Ｂ切片$\frac{Z}{2,000}$を最大にすることにほかならない。そこで，傾きが－0.6の目的関数を可能領域の中で外側へと平行移動させ，原点から徐々に遠ざけていき，目的関数と可能領域が共有点をもつぎりぎりの点を探していけば，ウ点が最適であることがわかる。

　　したがって，最適セールス・ミックスは次の組み合わせとなる。

　　　製品Ａ：3,000個，製品Ｂ：1,500個

〔問２〕最適セールス・ミックスのときの年間営業利益

　最適セールス・ミックスのときの営業利益は，ウ点での組み合わせによって得られる貢献利益から固定費を差し引けばよい。

　1,200円×3,000個＋2,000円×1,500個－3,800,000円＝2,800,000円

〔問3〕製品Bの値下げによる最適セールス・ミックスの変更

【解法1】端点の座標を代入する方法

製品Bの値下げを行い，製品Aよりも収益性が悪くなると，最大の営業利益（＝貢献利益）を獲得する端点の位置は，より製品Aの販売量が多い端点に変化することになる。したがって，最適セールス・ミックスは前述のグラフのウ点からエ点へと変化するはずである。

そこで，変化後の製品B1個あたりの貢献利益をXとおくと，次のような関係が導きだせる。

ウ点の貢献利益：$1,200$円$\times 3,000$個$+ X$円$\times 1,500$個$= 1,500 X + 3,600,000$

エ点の貢献利益：$1,200$円$\times 3,500$個$+ X$円$\times \quad 750$個$= \quad 750 X + 4,200,000$

であり，ウ点の貢献利益よりもエ点の貢献利益のほうが大きくなるXを求める。

$$\underbrace{1,500 X + 3,600,000}_{\text{ウ点の貢献利益}} < \underbrace{750 X + 4,200,000}_{\text{エ点の貢献利益}}$$

$$\therefore \quad X < 800 \text{（円）}$$

したがって，製品Bの1個あたりの貢献利益が800円よりも少なくなれば，最適セールス・ミックスは（エ点へと）変化する。

【解法2】直線の傾きにより判断する方法

製品Bのさらなる値下げを行えば，目的関数の傾きはより急な傾きになる（目的関数は時計回りに回転する）。このとき，最適セールス・ミックスは可能領域の端点で達せられるので，目的関数の傾きが制約条件①式の傾きより急になると，最適セールス・ミックスはウ点からエ点へと変化する。

そこで，変化後の製品B1個あたりの貢献利益をXとおくと，次のような関係が導きだせる。

目的関数の傾き$\cdots\cdots -\dfrac{1,200}{X}$ $\left(B = -\dfrac{1,200}{X} A + \dfrac{Z}{X} \right)$

①式の傾き$\cdots\cdots\cdots -1.5$ $(B = -1.5 A + 6,000)$

$-\dfrac{1,200}{X} < -1.5$ を解いて，$X < 800$ （円）

1. 直線の図示のしかた

リニアー・プログラミングにおいて，グラフを使って解を求め最適セールス・ミックスを決定する場合には，グラフ上に可能領域を図示する必要がある。

また可能領域は，制約条件のすべてを満足する可能解の集合であるから，可能領域を図示するためには，すべての制約条件をグラフ上に直線で表すことになる。

それでは，制約条件をグラフ上に直線で表すためにはどうすればよいであろうか。これには，2つの方法がある。

【方法1】

横軸をX軸，縦軸をY軸とすると，直線の式は，$Y = aX + b$（a：傾き，b：Y切片）と表すことで，Y軸上の点（0，b）を通り，傾きがaの直線として，グラフ上に表すことができる。

したがって，［設例6－2］の制約条件を，（不等号を取り）次のように変形することによって，横軸をA軸，縦軸をB軸とするグラフ上に直線で表すことができる。

$3 A + 2 B = 12,000$ ‥‥‥‥①

∴ $B = -1.5 A + 6,000$（傾き－1.5，縦軸切片6,000の直線）

$A + 2 B = 6,000$ ‥‥‥‥‥‥①②

∴ $B = 0.5 A + 3,000$（傾き－0.5，縦軸切片3,000の直線）

$A = 3,500$ ‥‥‥‥‥‥‥‥③

∴ $A = 3,500$（A軸上の点（3,500，0）を通り，A軸に垂直な直線）

$B = 2,500$ ‥‥‥‥‥‥‥‥④

∴ $B = 2,500$（B軸上の点（0，2,500）を通り，B軸に垂直な直線）

【方法2】

直線の式は，任意の2点，特に縦軸上と横軸上のどこの点を通るかを求めることによって，その2点を結ぶ直線として，グラフ上に表すことができる。

したがって，［設例6－2］の制約条件を，（不等号を取り）A軸上とB軸上のどこの点を通るかを計算（A，Bのどちらかをゼロとおいたときのもう片方の値を計算）することにより，その2点をグラフ上に記入し，その2点を結ぶことによりグラフ上に直線で表すことができる。

$3 A + 2 B = 12,000$ ‥‥‥‥①

A＝0で，B＝6,000。また，B＝0で，A＝4,000。したがって，

点（0，6,000）と点（4,000，0）の2点を結ぶ。

$A + 2 B = 6,000$ ‥‥‥‥‥‥②

A＝0で，B＝3,000。また，B＝0で，A＝6,000。したがって，

点（0，3,000）と点（6,000，0）の2点を結ぶ。

$A = 3,500$ ‥‥‥‥‥‥‥‥③

これは，A軸上の点（3,500，0）を通り，A軸に垂直な直線である。

$B = 2,500$ ‥‥‥‥‥‥‥‥④

これは，B軸上の点（0，2,500）を通り，B軸に垂直な直線である。

2．端点の座標の求め方

イ点：②式と④式の交点の座標

$B = 2,500$ を②式（$A + 2 B = 6,000$）に代入する。

$A + 2 \times 2,500 = 6,000$

$A = 6,000 - 5,000$ ∴ $A = 1,000$

ウ点：①式と②式の交点の座標

②式より $A = 6,000 - 2 B$ …… ②'

②'式を①式に代入する。

$3 \times (6,000 - 2 B) + 2 B = 12,000$

$18,000 - 6 B + 2 B = 12,000$

$4 B = 6,000$ ∴ $B = 1,500$

$B = 1,500$ を②'式に代入して

$A = 6,000 - 2 \times 1,500$ ∴ $A = 3,000$

エ点：①式と③式の交点の座標

$A = 3,500$ を①式（$3 A + 2 B = 12,000$）に代入する。

$3 \times 3,500 + 2 B = 12,000$

$2 B = 12,000 - 10,500$ ∴ $B = 750$

補足 ## プロダクト・ミックス

「セールス・ミックス」に近い概念として，「プロダクト・ミックス」がある。

セールス・ミックスが複数製品についての販売量の組み合わせであるのに対し，プロダクト・ミックスは複数製品についての生産量の組み合わせである。

MEMO

07 事業部の業績測定
Theme

Check ここでは，企業を構成する各部分ごとに，その収益性を測定するためのセグメント別損益計算と，事業部制組織を採用している場合の業績測定について学習する。

1 セグメント別収益性の測定

1. セグメント別損益計算

これまでの説明により，直接原価計算を利用すると，企業は短期の利益計画にとって有用な原価・営業量・利益（＝CVP）に関する情報を入手できることがわかった。

この直接原価計算を工夫し，製品品種別など，セグメント（注）単位で直接原価計算を適用すれば，企業全体のCVP分析を可能にするのみならず，企業全体の利益獲得に対し各セグメントがどれほど貢献しているか，すなわちセグメント別の収益性を正しく判断することができ，また，これを利用して利益計画や業績測定を有効に実施することが可能となる。

（注）セグメント… 企業の収益単位を製品品種別，販売地域別，顧客別，事業部別などに区分したものをいう。

2. 固定費の分類と段階的差引計算

(1) 個別固定費と共通固定費

セグメント別の損益計算を行うにあたり，売上高や変動費については，どのセグメントで発生したかが明らかであるが，固定費は，どのセグメントで発生したかが明らかなものもあれば，明らかでないものもある。各セグメントがどの程度の利益を獲得したかを正しく把握するためには，特定のセグメントに直接跡づけられる固定費は各セグメントの収益から直接控除すべきであろう。そこで，固定費は各セグメントに直接跡づけられるか否かにより，個別固定費と共通固定費に分類することができる。

固　定　費 ── 個別固定費：各セグメントに直接跡づけられる固定費
　　　　　　 └─ 共通固定費：各セグメントに共通して発生する固定費

〈例〉 個別固定費 … (イ) 特定の製品品種の製造に必要な設備の減価償却費
　　　　　　　　　　 (ロ) 事業部長の給料
　　　　共通固定費 … (イ) 本社建物の減価償却費や固定資産税
　　　　　　　　　　 (ロ) 本社役員の給料

(2) 固定費の段階的差引計算とセグメント・マージン

　セグメント別損益計算において，固定費を貢献利益から一括的に差し引かずに，個別固定費と共通固定費を段階的に差し引けば，セグメント・マージンを把握することができる。セグメント・マージンとは，共通固定費を回収し，全社的利益を獲得するのに各セグメントがどの程度貢献したかを示す各セグメント固有の利益のことをいう。

> ### セグメント・マージン … 各セグメント固有の利益

　(注) セグメント・マージンは，セグメントの区分の仕方により，さまざまな名称で表現することができる。その一例を示せば次のとおりである。

セグメントの区分	セグメント・マージンの名称
製　品　品　種	製　品　貢　献　利　益
販　売　地　域	地　域　別　貢　献　利　益
事　業　部	事　業　部　貢　献　利　益

〈例〉 製品品種別損益計算書（直接原価計算方式）

製品品種別損益計算書			（単位：千円）
	製品X	製品Y	製品Z	合計
売　上　高	6,000	3,000	5,000	14,000
変動売上原価	3,500	1,200	2,350	7,050
変動製造マージン	2,500	1,800	2,650	6,950
変動販売費	700	300	450	1,450
貢　献　利　益	1,800	1,500	2,200	5,500
個　別　固　定　費	900	600	1,300	2,800
製品貢献利益	900	900	900	2,700
共　通　固　定　費				1,050(注)
営　業　利　益				1,650
貢　献　利　益　率	30%	50%	44%	（39.3%）

　(注) セグメント別損益計算書において，共通固定費を各セグメントに配賦する場合があるが，これは共通固定費の回収に対する経営者の方針を表したものと考えればよい。

　また，上記の損益計算書において製品品種別の貢献利益率を計算すれば，各製品品種ごとの収益性を明らかにすることができ，どの製品品種に企業資源を優先して配分すべきか，あるいは改善対象となる製品品種はどれかなどの判断資料を得ることができる。

(3) 個別固定費の細分

前述のように，直接原価計算によるセグメント別損益計算を行い，固定費を個別固定費と共通固定費に区別すれば各セグメント固有の利益（セグメント・マージン）を把握することができた。

そこで，さらに固定費を細分すれば，短期利益計画や短期利益統制（＝業績評価）など，原価計算の目的に応じた有用な情報を入手することができる。

① 短期利益計画に有用な固定費の細分

短期利益計画のためには，短期的視点からみて原価発生額を変化させられるか否かにより固定費を細分するのが有用であり，固定費は自由裁量固定費（マネジド・コストまたはプログラムド・コスト）と拘束固定費（コミッティッド・コスト）に分類できる。

短期利益計画用の固定費 ＜ 自由裁量固定費
　　　　　　　　　　　　　　拘 束 固 定 費

(イ) 自由裁量固定費 … 経営管理者の方針によって，その発生額を年度予算の中で定める，短期的管理が可能な固定費
〈例〉広告費，交際費，従業員訓練費，研究開発費など

(ロ) 拘 束 固 定 費 … 物的生産販売設備や基礎的組織の維持費など，過去の意思決定の結果として長期にわたり生じる固定費
〈例〉減価償却費，固定資産税，長期契約の賃借料など

② 短期利益統制に有用な固定費の細分

短期利益統制（＝業績評価）のためには，原価の発生が，そのセグメントの責任者にとって管理可能か否かにより固定費を細分するのが有用であり，固定費は管理可能固定費と管理不能固定費に分類できる。また，貢献利益から管理可能固定費を差し引いて得られる利益を管理可能利益という。

管理可能利益は，そのセグメントの責任者にとって責任を負うべき利益といえ，セグメントの責任者の業績評価は，管理可能利益にもとづく予算・実績比較などにより行われる。

短期利益統制用の固定費 ＜ 管理可能固定費
　　　　　　　　　　　　　　管理不能固定費

(イ) 管理可能固定費 … そのセグメントの責任者にとって管理可能な固定費
(ロ) 管理不能固定費 … そのセグメントの責任者にとって管理不能な固定費

管理可能利益 … セグメントの責任者の業績評価用の利益

③ 両者の関係

　自由裁量固定費，拘束固定費と，管理可能固定費，管理不能固定費は，原価計算目的の違いにより，固定費を異なる視点で分類したものである。

　自由裁量固定費は，そのセグメントの責任者の方針で決定できるため管理可能固定費となるが，拘束固定費の一部はセグメントの責任者に与えられた権限により管理可能固定費となる場合がある。

自由裁量固定費	拘束固定費
管理可能個別固定費	管理可能個別固定費（注）
	管理不能個別固定費

　（注）たとえば，事業部長がその事業部における特定設備について，投資の決定権および使用権を有している場合，その設備に関連する拘束固定費は事業部長にとって管理可能固定費となる。

　ただし，検定試験では，自由裁量固定費＝管理可能固定費，拘束固定費＝管理不能固定費と考えて差し支えないと思われる。

〈例〉製品品種別損益計算書（直接原価計算方式）

	製品品種別損益計算書			（単位：千円）
	製品X	製品Y	製品Z	合計
売　上　高	6,000	3,000	5,000	14,000
変　動　費	4,200	1,500	2,800	8,500
貢　献　利　益	1,800	1,500	2,200	5,500
個別自由裁量固定費	500	350	600	1,450
管理可能利益	1,300	1,150	1,600	4,050	←責任者の業績評価用の利益
個別拘束固定費	400	250	700	1,350
製品貢献利益	900	900	900	2,700	←セグメント固有の利益
共通固定費配賦額	450	225	375	1,050
営　業　利　益	450	675	525	1,650

　H工業では，製品Xと製品Yを生産・販売しており，直接標準原価計算制度を採用している。責任を明確にするため，各製品に責任ある経営管理者を割り当て，それぞれを利益の集計単位（＝利益センター）として管理している。

　下記に示す次年度の予算データにもとづいて，各問いに答えなさい。

（資　料）

1．各製品の販売単価と生産・販売数量および製品単位あたり変動費に関するデータ

	製 品 X	製 品 Y
販　売　単　価	10,000円	5,000円
生産・販売数量	20,000個	45,000個
直 接 材 料 費	2,500円	500円
直 接 労 務 費	3,000円	1,000円
変動製造間接費	2,000円	1,000円
変 動 販 売 費	500円	200円

2．予算固定製造原価は75,000千円であり，そのうち60,000千円は個別固定費（製品Xが18,000千円，製品Yが42,000千円），残りは共通固定費である。個別固定費のうち，25％が自由裁量固定費である。個別固定費の残り75％と共通固定費はすべて拘束固定費である。

3．予算固定販売費・一般管理費は33,000千円であり，すべて共通費である。そのうち40％が自由裁量固定費，60％が拘束固定費である。

〔問1〕製品別の予算損益計算書を作成しなさい。

〔問2〕条件に照らし合わせ，下記の文章の ☐ 内に適切な語句を語群から選択し，補充しなさい。

　「H工業の販売員には，製品Xと製品Yの両方を販売する機会が与えられ，その受注金額（売上高）によって賞与の査定が行われている。そのため，販売員には ① の販売に力を注ぐ意識が働いている可能性がある。なぜなら， ① のほうが ② が ③ からである。そうであるとすると， ① のほうが，単位あたり ④ が ⑤ から，他の事情はすべて等しいとして，企業全体の収益性に対して ⑥ の効果が働いている。」

（語群）

　製造原価，販売費・一般管理費，販売単価，製品X，製品Y，変動費，固定費，管理可能性，高い，低い，プラス，マイナス，貢献利益

【解　答】
〔問1〕

	製品別予算損益計算書		（単位：千円）
	製 品 X	製 品 Y	合 計
売 上 高	200,000	225,000	425,000
変 動 費			
売 上 原 価	150,000	112,500	262,500
販 売 費	10,000	9,000	19,000
計	160,000	121,500	281,500
貢 献 利 益	40,000	103,500	143,500
個別自由裁量製造固定費	4,500	10,500	15,000
管 理 可 能 利 益	35,500	93,000	128,500
個別拘束製造固定費	13,500	31,500	45,000
製 品 貢 献 利 益	22,000	61,500	83,500
共 通 固 定 費			
拘 束 製 造 固 定 費			15,000
自由裁量販売・一般管理固定費			13,200
拘束販売・一般管理固定費			19,800
計			48,000
営 業 利 益			35,500

〔問2〕

①	製品X	②	販売単価	③	高い
④	貢献利益	⑤	低い	⑥	マイナス

【解　説】
〔問1〕

1．売上高

製品X：10,000円/個× 20,000個 = 200,000千円

製品Y： 5,000円/個× 45,000個 = 225,000千円

2．変動費

(1) 売上原価

製品X：7,500円/個（＊1）× 20,000個 = 150,000千円

製品Y：2,500円/個（＊2）× 45,000個 = 112,500千円

（＊1）製品Xの製品単位あたり変動製造原価
2,500円/個 + 3,000円/個 + 2,000円/個 = 7,500円/個

（＊2）製品Yの製品単位あたり変動製造原価
500円/個 + 1,000円/個 + 1,000円/個 = 2,500円/個

(2) 販 売 費

製品X：500円/個× 20,000個 = 10,000千円

製品Y：200円/個× 45,000個 ＝ 9,000千円

3．固定費の細分

固定費は，まず個別固定費と共通固定費とに分けられ，次いで自由裁量固定費（管理可能固定費）と拘束固定費（管理不能固定費）とに細分される。

(1) 個別固定費（固定製造原価のうち60,000千円）

		自由裁量固定費	拘束固定費
製 品 X		25%	75%
製 品 Y		25%	75%

60,000千円 → 18,000千円 → 製品X
60,000千円 → 42,000千円 → 製品Y

① 個別自由裁量製造固定費

製品X：18,000千円× 25% ＝ 4,500千円

製品Y：42,000千円× 25% ＝ 10,500千円

② 個別拘束製造固定費

製品X：18,000千円× 75% ＝ 13,500千円

製品Y：42,000千円× 75% ＝ 31,500千円

(2) 共通固定費

① 拘束製造固定費

75,000千円 － 60,000千円 ＝ 15,000千円

② 自由裁量販売・一般管理固定費

33,000千円〈予算総額〉× 40% ＝ 13,200千円

③ 拘束販売・一般管理固定費

33,000千円〈予算総額〉× 60% ＝ 19,800千円

〔問2〕

直接原価計算方式によりセグメント別の損益計算を行えば，企業全体の収益性の測定のみならず，各セグメントの収益性を測定することができる。

本問では，売上金額による販売員の評価は，販売単価の高い製品Xをより多く売ろうとする誘因となるが，それは，必ずしも企業の収益性を向上させるわけではない。

いま，各製品の単位あたり貢献利益を計算すると，

製品X：10,000円/個〈販売単価〉－ 8,000円/個〈変動費〉＝ 2,000円/個

製品Y： 5,000円/個〈販売単価〉－ 2,700円/個〈変動費〉＝ 2,300円/個

となり，製品Yのほうが単位あたり貢献利益が高く，製品Yをより多く販売したほうが企業利益が改善することは明らかだからである。

② 資本コスト率の計算

1. 資本コストとは

企業が経営活動を行っていくためには当然ながら資金が必要となり，それは株式の発行，銀行からの借入れなどによって調達されて経営活動に投下される（＝投下資本）。

これらの資金はもちろん無償で調達できるわけではなく，株式であれば株主への配当金が，借入金や社債であれば利息の支払いが資金調達の見返りとして必要になる。

このように，経営活動に投下される資金に必要なコストのことを資本コスト（cost of capital）といい，資本コストを比率で表したものを資本コスト率という。

資本コストは，資本を調達し利用することにともなう価値犠牲であるため，企業は最低でも資本コストを上回る利益を獲得しなければならない。たとえば，借入金100,000円（利率年10％）および資本金100,000円（配当率12％）を調達し，合計200,000円を元手に活動を行う場合，企業は最低でも（利息および配当金の合計と同額の）22,000円の利益を獲得しなければ，利息および配当金が払えないことになる。よって，資本コストは，資金調達にかかるコストであるが，企業が最低限獲得しなければならない利益であるともいえる（資本コスト率は，企業が最低限獲得しなければならない利益率となる）。

貸 借 対 照 表

最低限獲得
すべき利益
22,000円⇦

資　　産	負　　債
200,000円	借入金 100,000円
	純 資 産
	資本金 100,000円

支払利息 10,000円
（＝100,000円×10％）

配 当 金 12,000円
（＝100,000円×12％）

よって，資本コスト率は，その投資案が最低限獲得すべき必要投下資本利益率（最低所要利益率）の意味をもち，各投資案のハードル・レート（跳び越さなければならないレート）ないし，不利な投資案を棄却する切捨率の役割を果たす。

資本コスト率 … 最低限獲得すべき必要投下資本利益率
資本コスト ＝ 投下資本×資本コスト率

また，株主の立場からすれば配当金は企業の業績によって左右されることになるため，資本コスト率は株主の要求する最低所要利益率でもある。

2. 加重平均資本コスト率

上記の資本コスト率は，株式発行，借入れ，社債などの調達源泉別の資本コスト率と全社的な資本コスト率に分けることができるが，業績測定や投資案の採否の決定を行うためには，全社的な資本コスト率を使用するのが一般的である。

そこで，調達源泉別の資本コスト率を，総資本中の各資本源泉の占める割合で加重平均した，加重平均資本コスト率（weighted average cost of capital；WACC）が使用される。

この加重平均資本コスト率の計算では，資金の源泉が負債（＝他人資本）か資本（＝自己資本）かによって計算方法が異なることに注意する。

111

⑴ 負債の資本コスト率

　借入金や社債など，負債の資本コスト（支払利息や社債利息）は，損益計算において費用として計上され，税務上も損金（＝税務上の費用）として扱われる。そのため，負債の資本コストには企業利益（税務上は課税所得）を減少させ，法人税等による支出を節約する効果がある。そこで，負債の税引後資本コスト率は，次のように法人税等の節約額を考慮に入れた実効利子率によって計算する。

> 負債の税引後資本コスト率 ＝ 税引前支払利子率×（ 1 － 法人税等の税率）

⑵ 自己資本の資本コスト率

　それに対して，自己資本の資本コストからは法人税等の節約効果は得られない。たとえば，株式発行による資本コスト(株主への配当金)は剰余金の処分項目であって，損益計算における費用ではない。そのため，自己資本の資本コスト率は税引前でも税引後でも変わらない。

　また，自己資本の資本コストには，配当されずに内部留保された当期利益に対する資本コストも考慮しなければならないことに注意する。この留保利益からは資金の調達面での資本コストは生じないものの，資金の運用面での資本コストが機会原価としてかかっているからである。これについては，その資金を他の用途に使用していれば得られたはずの利益を犠牲にしていると考えればよい。

　なお，自己資本の資本コスト率の算定方法にはいくつかの方法が考えられるが，日商1級の検定試験では数値が与えられるため，このテキストでは説明を省略する。

⑶ 税引後加重平均資本コスト率の計算

　上記の調達源泉別の資本コスト率にもとづき，次の式により全社的な加重平均資本コスト率を計算する。

> 税引後加重平均資本コスト率 ＝ 負債の構成割合×負債の税引後資本コスト率
> 　　　　　　　　　　　　　　＋ 自己資本の構成割合×自己資本の資本コスト率

設例 7-2

　次の資料により，税引後加重平均資本コスト率を算定しなさい。ただし法人税率は40％とする。

調達源泉	構成割合	資本コスト率
負　　債	50％	6 ％（税引前）
普 通 株	30％	10％
留保利益	20％	11％
	100％	

【解　答】
　税引後加重平均資本コスト率 <u>　7.0％　</u>

【解　説】

税引後加重平均資本コスト率は次のように計算される。

調達源泉	税引後資本コスト率	
負　　債	$50\% \times 6\% \times (1 - 0.4)$	$= 1.8\%$
普 通 株	$30\% \times 10\%$	$= 3.0\%$
留保利益	$20\% \times 11\%$	$= 2.2\%$
合計：税引後加重平均資本コスト率		$\underline{7.0\%}$

3 業績測定の指標

前述のように，企業はさまざまな手段により調達した資本を利用して経営活動を行う。そこで，経営活動に投下された資本からどの程度の利益を獲得できたのか，すなわち経営活動の業績を測定するにはどのような指標があるだろうか。

ここで注意しなければならないのは，業績測定は，単に利益額の大小で判断するのではなく，投下された資本と関連づけることが望ましいということである。なぜなら，資本を多く使用すれば利益額が多くなるのは当然だからである。

一般的に，投下資本と関連づけた業績測定の指標としては以下の2つがあげられる。

1．比率による指標（資本利益率）

比率による業績測定指標は，（投下）資本利益率（rate of return on investment；ROI）といい，活動に投下した資本が効率よく使用されているかどうかを比率で表したものである。

$$資本利益率(\%) = \frac{利益額}{投下資本} \times 100$$

なお，資本利益率は，最低限資本コスト率を上回ることが必要である。なぜなら，資本コスト率は，投下資本に対する最低所要利益率を意味するからである。

また，資本利益率は，売上高を関連づけることで，さらに次の2つの比率に分解することができる。

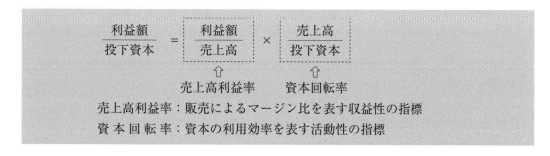

$$\frac{利益額}{投下資本} = \frac{利益額}{売上高} \times \frac{売上高}{投下資本}$$

売上高利益率　　資本回転率

売上高利益率：販売によるマージン比を表す収益性の指標
資　本　回　転　率：資本の利用効率を表す活動性の指標

2. 金額による指標 (残余利益)

　金額による業績測定指標は, 残余利益 (residual income；RI) という。残余利益は, 資本コストを控除した後の利益を計算するものであり, 次の式で計算される。

$$\text{残余利益 = 利益額 − 資本コスト}$$

　なお, 残余利益は, 投下資本に対する費用を差し引いた後に残る利益であるため, プラスになることが必要である。

　また, 残余利益は, 歴史的にみると資本利益率の短所を克服するために開発された指標であるが, どちらの指標にも長所と短所があり, これらの指標は相互に補完して使用すべきものといえる。

	資 本 利 益 率	残 余 利 益
長　所	・業績が比率で表示されるので規模に関係なく比較できる。 ・業績の良否を売上収益性と資本効率性に分解して把握できる。	・業績測定の際, 関心が利益額の増大へ向くため, 全社的な利害と特定部門の利害が対立しない。
短　所	・業績測定の際, 関心が利益額の増大よりも利益率の増大へ向いてしまい, 全社的な利害と特定部門の利害が対立するおそれがある。	・規模の異なる部門間の比較には適さない。 ・業績の良否を売上収益性と資本効率性に分解して把握できず, それぞれについての有用な情報が入手できない。

補足 投下資本と利益額について

　資本利益率や残余利益の計算において用いられる「投下資本」と「利益額」については, 業績測定の目的や対象に依存しており, 画一的なものではないことに注意する。

　たとえば, 全社的な業績測定を前提にして投下資本と利益額の種類を示せば次のような例があり, その組み合わせにより総資本経常利益率, 株主資本 (＝自己資本) 経常利益率, 経営資本営業利益率などの組み合わせがある。

「投下資本」の例

・総 資 本 (＝使用総資産) … 企業の活動全体の業績を測定する場合

・株主資本 (＝自己資本)　… 株主の提供した資本の業績を測定する場合

・経営資本 (注)　　　　　… 経営活動 (生産・販売) の業績を測定する場合

　(注) 経営資本：総資本から生産・販売に使用しないと推定される資産を差し引いたもので, 通常は次のように計算される。

　　　　　経営資本 ＝ 総資本−(建設仮勘定 ＋ 投資その他の資産 ＋ 繰延資産)

「利益額」の例

・経常利益 … 財務活動を含む企業の経常的な活動による利益

・営業利益 … 経営活動 (生産・販売) による利益

4 事業部の業績測定

1において，直接原価計算がセグメント別の収益性の測定に有用な資料を提供することを学習したが，ここでは，企業にとって重要なセグメントの例である事業部の業績測定について説明する。

1. 事業部の本質

企業の規模が拡大し，経営の複雑化，競争の激化などにより，経営管理上の責任や権限の下位委譲が行われる。その際，責任や権限の下位委譲の仕方により，企業の組織構造は，職能別組織と事業部制組織の2つに分けることができる。

(1) 職能別組織

企業における組織を，製造，販売，人事，経理などの職能区分にもとづいて分類し，この区分を基礎として組織されるような組織構造のことを職能別組織という。

職能別組織では，意思決定権が比較的上位の経営管理者に集中していることが多く，各職能区分には通常，原価責任あるいは収益責任が負わされることになり，利益責任まで負わされることはない。

(2) 事業部制組織

企業における組織を，事業部と称する製品別，地域別，市場別などに分類し，それぞれの事業部があたかも独立した企業のように製造，販売，調達活動などを行うように区分された組織構造を事業部制組織という。事業部制組織では，企業の基本的な業務活動に関する意思決定権が各事業部長に委譲されている場合が多く，各事業部長はその事業部についての包括的な利益責任を負う。

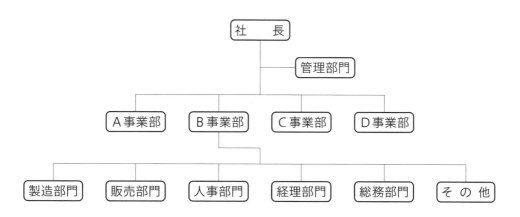

115

事業部制組織の長所・短所

事業部制組織を採用した場合の長所と短所は次のとおりである。

〈長　所〉

① 本社の社長よりも事業部長のほうが担当事業部の特殊事情に精通しているので，適切かつ迅速な意思決定が行える。

② 利益責任を明確化することによって，事業部長のやる気を出させる動機づけとなる。

③ 意思決定権を分散させることにより，本社の社長は戦略的な意思決定に時間を割くことができる。

④ 事業部長に将来，より上級の経営管理者になるための経験を積ませることができる。

〈短　所〉

① 事業部の利益と全社的な利益が一致しない場合がある。

② 事業部間で各職能が重複することにより管理費用がかさむ場合が多い。

③ 各事業部の業績測定・評価の基準について共通の尺度を作るのが困難である。

2. 事業部長および事業部自体の業績測定

(1) 事業部長の業績測定

事業部長の業績を適切に測定するのに重要な概念は，その事業部の収益・原価・利益・投資額に対する事業部長にとっての管理可能性である。なぜなら，事業部長は自らが管理不能な原価や投資額については責任を負えないからである。

したがって，事業部長の業績測定において前述の資本利益率や残余利益は，事業部長にとって管理可能な利益と投資額を用いて計算され，これらの予算・実績比較によりその評価が行われる。

> 事業部長の業績測定用の利益 … 管理可能利益

① 管理可能投下資本利益率

$$\text{管理可能投下資本利益率（％）} = \frac{\text{管理可能利益}}{\text{管理可能投資額}} \times 100$$

② 管理可能残余利益

> 管理可能残余利益 ＝ 管理可能利益 － 管理可能投資額に対する資本コスト

(2) 事業部自体の業績測定

企業は事業部に対して一定の資本を投下しているため，その投資の対象として事業部の業績を測定し，評価しなければならない。

したがって，事業部自体の業績を適切に測定するのに重要な概念は，収益・原価・利益・

投資額に対する追跡可能性であり，特定の事業部に対して跡づけられる固有の利益と投資額により計算される。

> 事業部自体の業績測定用の利益 … 事業部貢献利益

① **投下資本利益率**

$$投下資本利益率（\%） = \frac{事業部貢献利益}{事業部総投資額} \times 100$$

② **残余利益**

> 残余利益 ＝ 事業部貢献利益 － 事業部総投資額に対する資本コスト

設例 7-3

　H工業では，製品Xと製品Yを製造・販売しており，直接標準原価計算制度を採用している。責任を明確にするため，製品品種ごとに事業部を設け，それぞれの事業部に責任ある経営管理者を割り当て利益を管理している。

　下記に示す翌年度の予算データにもとづいて，各問いに答えなさい。

1．事業部別の損益計算書および投下資本のデータ

事業部別予算損益計算書　（単位：千円）

	X事業部	Y事業部	合　　計
売　　上　　高	200,000	225,000	425,000
変　　動　　費			
売　上　原　価	150,000	112,500	262,500
販　　売　　費	10,000	9,000	19,000
計	160,000	121,500	281,500
貢　　献　　利　　益	40,000	103,500	143,500
個別自由裁量製造固定費	4,500	10,500	15,000
管　理　可　能　利　益	35,500	93,000	128,500
個別拘束製造固定費	13,500	31,500	45,000
事　業　部　貢　献　利　益	22,000	61,500	83,500
共　通　固　定　費　配　賦　額	14,400	33,600	48,000
事　業　部　営　業　利　益	7,600	27,900	35,500
個　別　投　下　資　本	100,000	125,000	

2．上記の損益計算書において，共通固定費配賦額は各事業部の人員数を基準に配賦されたものであり，各事業部の業績と直接の関連はない。

　　また，事業部別の投下資本のうち80％が各事業部長にとって管理可能な投資額である。

3. Ｈ工業の全社的加重平均資本コスト率は税引後で７％である。また，法人税等の税率は40％とし，業績測定用の利益はすべて税引後で計算するものとする。

〔問題１〕次の各数値を算定しなさい。

（問１）事業部長の業績測定に適した資本利益率と残余利益を計算しなさい。

（問２）事業部自体の業績測定に適した資本利益率と残余利益を計算しなさい。

〔問題２〕さらに次の条件を追加する。

〔追加条件〕

　　　新規のプロジェクトとして，新製品Ｚの製造・販売計画の採用が検討されている。仮に新製品Ｚを採用したとしても，当面の間は新しく事業部を設置せず，Ｘ，Ｙ各事業部がそれぞれに製造・販売を行う機会が与えられる。製品Ｚへの年間投資額は20,000千円，年間利益は税引前で9,500千円と見込まれており，投資額，利益額ともに両事業部長にとって管理可能である。

（問１）資本利益率により事業部長の業績が測定されている場合において，新製品Ｚを採用したときの両事業部長の資本利益率を計算し，新製品Ｚの採否に関する判断を示しなさい。

（問２）残余利益により事業部長の業績が測定されている場合において，新製品Ｚを採用したときの両事業部長の残余利益を計算し，新製品Ｚの採否に関する判断を示しなさい。

（問３）（問１）と（問２）によって，採否に関する事業部長の判断が異なる場合がある。このようなケースにおいて，全社的な観点から判断すると，新製品Ｚの製造・販売計画は採用すべきであるか，採用すべきでないかを答えなさい。

【解　答】

〔問題１〕

（問１）事業部長の業績測定に適した資本利益率と残余利益

	Ｘ 事 業 部	Ｙ 事 業 部
資 本 利 益 率	26.625 ％	55.8 ％
残 余 利 益	15,700 千円	48,800 千円

（問２）事業部自体の業績測定に適した資本利益率と残余利益

	Ｘ 事 業 部	Ｙ 事 業 部
資 本 利 益 率	13.2 ％	29.52 ％
残 余 利 益	6,200 千円	28,150 千円

〔問題２〕

（問１）事業部長の業績が資本利益率で測定されている場合

	Ｘ 事 業 部	Ｙ 事 業 部
採用後の資本利益率	27 ％	51.25 ％
製 品 Ｚ の 採 否	採用する・~~採用しない~~	~~採用する~~・採用しない

（問2） 事業部長の業績が残余利益で測定されている場合

	X 事 業 部	Y 事 業 部
採 用 後 の 残 余 利 益	20,000 千円	53,100 千円
製 品 Z の 採 否	採用する・<s>採用しない</s>	採用する・<s>採用しない</s>

（問3） 全社的観点から判断した場合

新製品Zの製造・販売計画は，$\begin{cases} 採用すべきである。 \\ \text{採用すべきでない。} \end{cases}$

【解　説】

〔問題1〕

業績測定を適切に行うためには，その目的に適した利益を選択しなければならない。

事業部長の業績測定に適した利益　⟶　管理可能利益
事業部自体の業績測定に適した利益　⟶　事業部貢献利益（＝セグメント・マージン）

また，本問において共通固定費は各事業部に（人員数を基準にして）配賦されているが，この配賦額は各事業部の業績とは無関係であり，事業部自体の業績測定は共通固定費配賦前の利益で行うべきことに注意する。なお，各事業部に配賦された共通固定費は，共通固定費の回収に関する経営者の方針を示したものにすぎない。

（問1） 事業部長の業績測定に適した資本利益率と残余利益

〈X事業部〉

資本利益率：$\dfrac{35,500千円×（1-0.4）〈税引後管理可能利益〉}{100,000千円×80\%〈管理可能投資額〉}×100 = 26.625\%$

残 余 利 益：$\underbrace{35,500千円×（1-0.4）}_{税引後管理可能利益}-\underbrace{100,000千円×80\%×7\%}_{管理可能投資額に対する資本コスト} = 15,700千円$

〈Y事業部〉

資本利益率：$\dfrac{93,000千円×（1-0.4）〈税引後管理可能利益〉}{125,000千円×80\%〈管理可能投資額〉}×100 = 55.8\%$

残 余 利 益：$\underbrace{93,000千円×（1-0.4）}_{税引後管理可能利益}-\underbrace{125,000千円×80\%×7\%}_{管理可能投資額に対する資本コスト} = 48,800千円$

（問2） 事業部自体の業績測定に適した資本利益率と残余利益

〈X事業部〉

資本利益率：$\dfrac{22,000千円×（1-0.4）〈税引後事業部貢献利益〉}{100,000千円〈事業部総投資額〉}×100 = 13.2\%$

残 余 利 益：$\underbrace{22,000千円×（1-0.4）}_{税引後事業部貢献利益}-\underbrace{100,000千円×7\%}_{事業部総投資額に対する資本コスト} = 6,200千円$

〈Y事業部〉

資本利益率：$\dfrac{61,500千円×（1-0.4）〈税引後事業部貢献利益〉}{125,000千円〈事業部総投資額〉}×100 = 29.52\%$

残 余 利 益：$\underbrace{61,500千円×（1-0.4）}_{税引後事業部貢献利益}-\underbrace{125,000千円×7\%}_{事業部総投資額に対する資本コスト} = 28,150千円$

〔問題2〕

　事業部長の業績測定尺度である管理可能利益と管理可能投資額に，新製品Ｚの投資額と利益を加えて計算する。

（問1）事業部長の業績が資本利益率で測定されている場合

　〈Ｘ事業部〉

$$資本利益率：\frac{(35,500千円＋9,500千円)×(1－0.4)}{100,000千円×80\%＋20,000千円}×100＝27\%$$

　　製品Ｚの採否：採用前と比較して，資本利益率が増加するため採用する。

　〈Ｙ事業部〉

$$資本利益率：\frac{(93,000千円＋9,500千円)×(1－0.4)}{125,000千円×80\%＋20,000千円}×100＝51.25\%$$

　　製品Ｚの採否：採用前と比較して，資本利益率が減少するため採用しない。

（問2）事業部長の業績が残余利益で測定されている場合

　〈Ｘ事業部〉

　　残　余　利　益：(35,500千円＋9,500千円)×(1－0.4)
　　　　　　　　　－(100,000千円×80\%＋20,000千円)×7\%＝20,000千円

　　製品Ｚの採否：採用前と比較して，残余利益が増加するため採用する。

　〈Ｙ事業部〉

　　残　余　利　益：(93,000千円＋9,500千円)×(1－0.4)
　　　　　　　　　－(125,000千円×80\%＋20,000千円)×7\%＝53,100千円

　　製品Ｚの採否：採用前と比較して，残余利益が増加するため採用する。

（問3）全社的観点から判断した場合

　この問いでは，資本利益率の短所（および残余利益の長所）について確認してほしい。

　事業部長の業績が資本利益率によって測定されている場合，新製品Ｚへの投資案について，Ｘ事業部では資本利益率が増加するので採用し，Ｙ事業部では資本利益率が減少するので採用しないことになる。

　しかしながら，新製品Ｚの資本利益率を単独で計算すると，次の計算でわかるように資本コスト率を上回る有利な投資案といえる。

$$資本利益率：\frac{9,500千円×(1－0.4)}{20,000千円}×100＝28.5\%＞7\%〈資本コスト率〉$$

　したがって，Ｙ事業部では有利な投資案をみすみす棄却することになり，利益の増加という全社的な利害と事業部長の利害とが対立することになる。

　これに対して，残余利益によって業績を測定すれば，両事業部とも新製品Ｚから得られる額 (注) だけ残余利益が増加することになる。

　（注）製品Ｚの残余利益：9,500千円×(1－0.4)－20,000千円×7\%＝4,300千円

　この結果，両事業部とも新製品Ｚへの投資案を採用することになり，全社的な利害と事業部長の利害は対立しない。

参考 **事業部投資額の計算とその評価方法**

1. 事業部投資額の計算

(1) 管理可能投資額

> 管理可能投資額 = その事業部に個別に跡づけられる資産合計 − 事業部長にとって管理不能な資産合計

〈事業部長にとって管理不能な資産〉

　管理可能か否かは事業部長に与えられた権限によって異なるが，管理不能資産の例をあげれば次のようなものがある。

　　① 建設仮勘定（現在の利益獲得に貢献していないため）

　　② 遊休固定資産のうち本部の意向により処分できないもの

(2) 事業部総投資額

> 事業部総投資額 = その事業部に個別に跡づけられる資産合計 ＋ 本部資産の配分額

〈本部資産の配分額〉

　本部が保有する資産のうち，事業部別に認識できるものや各事業部で共用されるもの

　　① 本部で売掛金の集中管理を行っている場合の売掛金

　　② 中央研究所や福利厚生施設など共用資産

2. 事業部固定資産の評価方法

　事業部投資額の測定において固定資産の評価をどのような基準で行うかは，さまざまな見解があるが，公開財務諸表との整合性から最も多く利用されているのは正味簿価による方法である。

> 正味簿価 = 取得原価 − 減価償却累計額

〔**具体例**〕

　次の資料によって，(1)X事業部の総投資額，(2)X事業部長にとっての管理可能投資額を計算しなさい。

（資　料）

1．X事業部の資産

流動資産		45,000千円
固定資産		
土地・建物等	45,000千円	
減価償却累計額	21,000	24,000
建設仮勘定		20,000
合　計		89,000千円

2．本部資産

売　掛　金		25,000千円
建　　　物		28,000
子 会 社 株 式		13,000
その他の本部資産		18,000
合　　計		84,000千円

（注1）売掛金は，本部で集中管理している。売掛金のうち，X事業部の活動により生じたものは5,600千円である。

（注2）その他の本部資産は，各事業部の従業員数により配分する。

（注3）本部資産の配分額のうち，売掛金およびその他の本部資産の配分額はX事業部長の管理可能投資額とする。

3．各事業部の従業員数

X事業部　120人，Y事業部　280人

【解　答】

(1)　総 投 資 額　　100,000千円

(2)　管理可能投資額　　80,000千円

【解　説】

(1)　総投資額

事 業 部 資 産		89,000千円
売　掛　金		5,600
その他の本部資産		5,400 （注）
合　　計		100,000千円

（注）その他の本部資産配分額

$$18,000千円 \times \frac{120人}{120人 + 280人} = 5,400千円$$

(2)　管理可能投資額

流 動 資 産		45,000千円
固 定 資 産		24,000
売　掛　金		5,600
その他の本部資産		5,400
合　　計		80,000千円

（注1）建設仮勘定は管理可能投資額に含めない。

（注2）固定資産は正味簿価で評価する。

研究　経済的付加価値（economic value added；EVA®）

　残余利益の一形態として経済的付加価値が用いられることがある。1990年代後半，構造的不況による経済の長期低迷や経済のグローバリゼーション（地球規模化）の進展にともない，デファクト・スタンダード（事実上の標準）を求める機運が高まり，近年，日本においても欧米にならい，株主の意向をより重視する経営が行われるようになった。

　経済的付加価値による業績測定の目的は，企業の所有者たる株主の利益追求行動にもとづき，株主の立場からみた企業価値を高めることにある。

　なお，経済的付加価値の計算は，財務会計のデータをそのまま使用するのではなく，経済的実態に合うようにさまざまな修正が加えられる。

　経済的付加価値の計算式は次のとおりである。

> 経済的付加価値 ＝ 税引後営業利益 − 投下資本の資本コスト
> 　　　　　　　　　または
> 　　　　　　　　　（投下資本利益率 − 資本コスト率）× 投下資本

〈特　徴〉

　(イ)　税引後営業利益はキャッシュ・フローを加味して調整する。

　(ロ)　投下資本は資金使用資産を用いる。

> 資金使用資産 ＝ 総資産 − 流動負債
> 　　　　　　 ＝（正味）運転資本 ＋ 固定資産

〈図　解〉

貸 借 対 照 表

流動資産	流動負債
（＊）	固定負債
固定資産	自己資本

（＊）（正味）運転資本＝流動資産−流動負債

　(ハ)　資本コスト率は，加重平均資本コスト率を使用する。

　なお，日商1級の検定試験では，計算に必要となる特殊な条件については問題に与えられることが多いため，残余利益と区別して覚える必要はない。

5 内部振替価格

1. 内部振替価格とは

　事業部制組織では，たとえば，甲事業部が製造した部品を乙事業部が受け入れて加工し，外部市場に販売するというように，各事業部の活動が部分的に結びついていることが多い。

　この場合の事業部間の製品引渡価格を内部振替価格という。

2. 内部振替価格の例示

　内部振替価格にはいくつかの種類があるが，どの内部振替価格を使用するかは，業績測定目的，意思決定目的など何を主目的におくかにより選択される。

　内部振替価格のうち代表的なものを示せば以下のとおりである。

(1) 市価基準

　市価基準とは，事業部間の製品引渡価格に，その製品の市場価格を用いる方法をいう。企業外部に競争市場が存在し市場価格がある場合には，業績測定のためにも，意思決定のためにも市価基準は最も妥当な基準といえる。なぜなら，市価は外部の仕入先から購入するのと同じ価格になり，受入事業部では独立した会社と同じ条件で利益責任を負うことが可能となるからである。

　市価基準には，次の単純市価基準と市価差引基準とがある。

① 単純市価基準

> 内部振替価格 ＝ 市場価格

② 市価差引基準

　製品を内部振替する場合には不要となる，荷造運送費，掛売集金費，広告費，交際費などの販売費（の一部または全部）を市価から差し引いた振替価格をいう。

> 内部振替価格 ＝ 市場価格 － 内部振替で不要になる販売費

(2) 原価基準

　原価基準は，製品の製造原価または総原価をもって内部振替価格とする方法をいう。また，実際原価による場合と標準原価による場合とがあるが，供給事業部の不能率を含まない標準原価によるほうがより望ましい。原価基準は，一般に外部の競争市場が存在せず，妥当な市価が得られない場合に利用される。

　原価基準には，次の全部原価基準と変動費（直接原価）基準がある。

① 全部原価基準

> 内部振替価格 ＝ その製品の全部製造原価

② 変動費（直接原価）基準

> 内部振替価格 ＝ その製品の変動製造原価

⑶　原価加算基準

原価加算基準は，前述の原価基準における全部製造原価または変動製造原価に，マーク・アップ率などによって一定割合の利益を加算した金額を内部振替価格とする方法をいう。

①　全部原価加算基準

内部振替価格 ＝ その製品の全部製造原価 ＋ 利益加算額

②　変動費（直接原価）加算基準

内部振替価格 ＝ その製品の変動製造原価 ＋ 利益加算額

設例 7-4

H社では事業部制を採用し，甲事業部で製造した部品Pを乙事業部に供給し，乙事業部では，部品Pに加工を行い製品Qとして外部市場に販売している。そこで，次の資料により，各問いごとに部品Pの内部振替価格を求めなさい。

（資　料）

1．甲事業部における部品Pの年間生産量は1,000個である。これをすべて乙事業部に供給し，乙事業部では1,000個の製品Qを生産し外部市場に販売する。

2．部品P1個あたりの標準製造原価および市場価格に関するデータ

	変 動 費	固 定 費	市場価格
部 品 P	90円	30円	200円

〔問1〕単純市価基準による場合。なお，部品Pには外部の競争市場が存在する。

〔問2〕市価差引基準による場合。なお，部品Pには外部の競争市場が存在するが，乙事業部に販売した場合，販売費の一部が不要になり1個あたりの変動費が30円節約される。

〔問3〕全部原価基準による場合。なお，部品Pには外部の競争市場が存在しないものとする（問4，問5も同じ）。

〔問4〕変動費基準による場合。

〔問5〕全部原価加算基準による場合。ただし，部品Pに関係する使用資本は30万円であり年間目標使用資本利益率は10％とする。

【解　答】

〔問1〕単 純 市 価 基 準	200円/個
〔問2〕市 価 差 引 基 準	170円/個
〔問3〕全 部 原 価 基 準	120円/個
〔問4〕変 動 費 基 準	90円/個
〔問5〕全部原価加算基準	150円/個

【解　説】

〔問1〕単純市価基準

内部振替価格＝市場価格
＝200円/個

〔問2〕市価差引基準

内部振替価格＝市場価格−内部振替で不要になる販売費
＝200円/個−30円/個＝170円/個

〔問3〕全部原価基準

内部振替価格＝全部原価
＝90円/個＋30円/個＝120円/個

〔問4〕変動費基準

内部振替価格＝変動費
＝90円/個

〔問5〕全部原価加算基準

内部振替価格＝全部原価＋目標利益
＝120円/個＋30円/個（＊）＝150円/個

（＊）目標利益

$$\frac{目標利益}{使用資本}＝10\%　　　　∴　目標利益＝使用資本×10\%$$

したがって

$$\frac{30,000円（＝300,000円×10\%）}{1,000個}＝30円/個〈1個あたりの目標利益〉$$

設例 **7-5**

H社では事業部制を採用し，甲事業部で製造した部品Pを乙事業部に供給し，乙事業部では，部品Pに加工を行い製品Qとして外部市場に販売している。そこで，以下の資料にもとづき，問1～4の場合の事業部別の損益計算書を作成しなさい。

（資　料）

1．甲事業部における部品Pの年間計画生産量は1,000個である。これをすべて乙事業部に供給し，乙事業部では1,000個の製品Qを生産し外部市場に販売する。

2．部品Pに関するデータ

	市 場 価 格	変動製造原価	固定製造原価	変動販売費	固定販売費
部　　品　　P	200円/個	90円/個	30円/個	30円/個	10,000円

（注）固定製造原価は年間計画生産量にもとづき算定されている。なお，固定販売費は部品Pの保管費である。

3．製品Qに関するデータ

	市 場 価 格	変動製造原価	固定製造原価	変動販売費	固定販売費
製　　品　　Q	500円/個	100円/個	50円/個	40円/個	30,000円

（注）製品Qの変動製造原価には，部品Pの原価は含まれていない。なお，固定製造原価は年間計画生産量にもとづき算定されている。また，固定販売費は製品Qの保管費である。

4．期首・期末に仕掛品および製品はない。また，各事業部の固定製造原価は回避不能である。

〔問1〕部品Pには外部の競争市場が存在し，部品Pの内部振替価格に単純市価基準を採用している場合。ただし，部品Pはすべて乙事業部に供給するものとして計算すること（問2も同様）。

〔問2〕部品Pには外部の競争市場が存在し，部品Pの内部振替価格に市価差引基準を採用している場合。なお，乙事業部に販売した場合，変動販売費の全額が節約されるものとする（以下の問いも同様）。

〔問3〕部品Pには外部市場が存在せず，部品Pの内部振替価格に全部原価基準を採用している場合。

〔問4〕部品Pには外部市場が存在せず，部品Pの内部振替価格に変動費基準を採用している場合。

【解答・解説】

全社の損益計算書では，内部取引である内部振替高は計上しないことに注意すること。

〔問1〕部品Pの内部振替価格に単純市価基準を採用している場合

	甲事業部		乙事業部		全社
売上高					
外部市場への売上高		—	@500円　×1,000個=	500,000円	500,000円
乙事業部への振替高	@200円(*)×1,000個=	200,000円			—
変動費					
部品の変動製造原価	@90円　×1,000個=	90,000円		—	90,000円
製品の変動製造原価		—	@100円　×1,000個=	100,000円	100,000円
甲事業部からの振替高		—	@200円(*)×1,000個=	200,000円	—
変動販売費	@30円　×1,000個=	30,000円	@40円　×1,000個=	40,000円	70,000円
貢献利益		80,000円		160,000円	240,000円
個別固定費					
固定製造原価	@30円　×1,000個=	30,000円	@50円　×1,000個=	50,000円	80,000円
固定販売費		10,000円		30,000円	40,000円
事業部貢献利益		40,000円		80,000円	120,000円

（＊）単純市価基準による部品Pの内部振替価格：200円／個

　内部振替価格に単純市価基準を採用することにより，当社全体の利益120,000円が両事業部に配分され，どちらの事業部でも利益が計上されており，業績測定を行ううえで望ましい。

〔問2〕部品Pの内部振替価格に市価差引基準を採用している場合

	甲事業部		乙事業部		全社
売上高					
外部市場への売上高		—	@500円　×1,000個=	500,000円	500,000円
乙事業部への振替高	@170円(*)×1,000個=	170,000円			—
変動費					
部品の変動製造原価	@90円　×1,000個=	90,000円		—	90,000円
製品の変動製造原価		—	@100円　×1,000個=	100,000円	100,000円
甲事業部からの振替高		—	@170円(*)×1,000個=	170,000円	—
変動販売費		—	@40円　×1,000個=	40,000円	40,000円
貢献利益		80,000円		190,000円	270,000円
個別固定費					
固定製造原価	@30円　×1,000個=	30,000円	@50円　×1,000個=	50,000円	80,000円
固定販売費		10,000円		30,000円	40,000円
事業部貢献利益		40,000円		110,000円	150,000円

（＊）市価差引基準による部品Pの内部振替価格：200円／個－30円／個＝170円／個

内部振替価格に市価差引基準を採用することにより，当社全体の利益150,000円が両事業部に配分され，どちらの事業部でも利益が計上されており，業績測定を行ううえで望ましい。

なお，全社的にみて，甲事業部で部品Pを外部販売し，乙事業部で部品Pを外部から仕入れて製品Qを製造・販売するよりも，甲事業部が製造した部品Pを乙事業部に供給して製品Qを製造・販売した方が部品Pの変動販売費が不要になる分だけ利益が大きくなるため，望ましいと考えられる。

また，各事業部では以下のような意思決定を行うと考えられる。

甲事業部では内部振替することにより変動販売費が全額不要になることから，内部振替の場合でも外部販売した場合と同額の利益が計上されるので，内部振替することに反対しない。一方，乙事業部では内部振替で部品Pを受け入れる方が，外部から仕入れるよりも30円/個安く受け入れることになり利益も増えるため，甲事業部から部品Pを受け入れて製品Qを製造することを選択する。よって，市価差引基準は，全社的意思決定と各事業部での意思決定が一致する望ましい価格ともいえる。

〔問3〕部品Pの内部振替価格に全部原価基準を採用している場合

	甲事業部	乙事業部	全社
売上高			
外部市場への売上高	—	@500円　×1,000個＝ 500,000円	500,000円
乙事業部への振替高	@120円(*)×1,000個＝ 120,000円	—	—
変動費			
部品の変動製造原価	@90円　×1,000個＝ 90,000円	—	90,000円
製品の変動製造原価	—	@100円　×1,000個＝ 100,000円	100,000円
甲事業部からの振替高	—	@120円(*)×1,000個＝ 120,000円	—
変動販売費	—	@40円　×1,000個＝ 40,000円	40,000円
貢献利益	30,000円	240,000円	270,000円
個別固定費			
固定製造原価	@30円　×1,000個＝ 30,000円	@50円　×1,000個＝ 50,000円	80,000円
固定販売費	10,000円	30,000円	40,000円
事業部貢献利益	△10,000円	160,000円	150,000円

（＊）全部原価基準による部品Pの内部振替価格：90円/個＋30円/個＝120円/個（全部製造原価）

内部振替価格に全部原価基準を採用すると，甲事業部（供給事業部）では全部製造原価で振り替えるため利益が計上されず，当社全体の利益がすべて乙事業部（受入事業部）に配分されてしまい，業績測定を行ううえで望ましくない。

〔問4〕部品Pの内部振替価格に変動費基準を採用している場合

	甲 事 業 部		乙 事 業 部		全 社
売 上 高					
外部市場への売上高		—	@500円　×1,000個=	500,000円	500,000円
乙事業部への振替高	@90円(*)×1,000個=	90,000円		—	
変 動 費					
部品の変動製造原価	@90円　×1,000個=	90,000円		—	90,000円
製品の変動製造原価		—	@100円　×1,000個=	100,000円	100,000円
甲事業部からの振替高		—	@90円(*)×1,000個=	90,000円	—
変 動 販 売 費		—	@40円　×1,000個=	40,000円	40,000円
貢 献 利 益		0円		270,000円	270,000円
個別固定費					
固 定 製 造 原 価	@30円　×1,000個=	30,000円	@50円　×1,000個=	50,000円	80,000円
固 定 販 売 費		10,000円		30,000円	40,000円
事業部貢献利益		△40,000円		190,000円	150,000円

（＊）変動費基準による部品Pの内部振替価格：90円/個（変動製造原価）

　　内部振替価格に変動費基準を採用すると，甲事業部（供給事業部）では貢献利益が生じず，事業部貢献利益はマイナスになってしまうため，業績測定を行ううえで望ましくない。

　　なお，全社的には甲事業部で部品Pを製造し，これを乙事業部に振り替えて製品Qを製造・販売すると150,000円の利益が獲得できるが，部品Pおよび製品Qの製造を中止すると，固定製造原価は回避不能であるため，全社的利益は△80,000円となる。よって，全社的には部品Pおよび製品Qの製造・販売を継続した方が望ましいと考えられる。

　　また，乙事業部では製品Qの製造・販売を継続する場合，全社と同額の貢献利益を得られるとともに乙事業部の個別固定費が生じるため，190,000円の利益が獲得できる。しかし，製品Qの製造を中止すると固定製造原価のみが発生するため，利益が△50,000円となり，製品Qの製造・販売を継続する方が望ましいと判断される。よって，全社的な判断と一致した意思決定を行うことができる。

MEMO

08 予算実績差異分析
Theme

Check ここでは，利益計画によって設定した予算利益と実績利益とを比較する，予算実績差異分析について学習する。

1 予算実績差異分析とは

すでに「テーマ04」において説明したように，企業の短期の経営管理は，予算管理によって行われる。予算管理では，事前の計画（＝予算）にもとづいて業務活動が実行されるが，その実行段階において，つねに予算データと実績データとを比較することで，両者の差異を把握し，その原因を分析することにより，その後の業務活動の実行や将来の計画へとフィードバックしていく（＝予算統制）。

予算実績差異分析とは，予算管理の一環として，一定期間の業務活動が終了し実績利益が明らかになったとき，予算利益と実績利益を比較し，差異分析を行うことにより，両者に違いが生じた原因を明らかにする予算統制の具体的手続のひとつである。

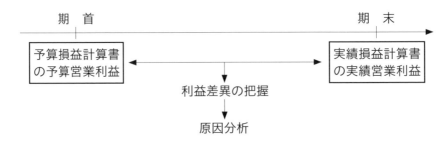

〈例〉A事業部の予算・実績比較損益計算書

	予算・実績比較損益計算書		
	予 算	実 績	差 異
売 上 高	6,000	6,300	(+)300
変 動 費	4,200	4,600	(−)400
貢 献 利 益	1,800	1,700	(−)100
固 定 費	1,350	1,300	(+) 50
営 業 利 益	450	400	(−) 50

なお差異分析では，有利差異が正の値，不利差異が負の値として示されるように差引計算するのがよい。なぜなら計算結果の符号が，そのまま有利・不利の判断に直結するからである。

ところで，予算実績差異分析においては，原価と収益（または利益）の両方についての差異分析を行うが，予算と実績の大小関係が有利・不利のいずれになるのかは，項目の性質によって以下のように異なる。

1. 原価項目の差異分析

　原価項目の差異分析は，予算原価から実績原価をマイナスすることによって，有利差異を正の値，不利差異を負の値として示すことができる。さらに詳細な分析ができる項目については，これを価格面の差異と数量面の差異に分析する。

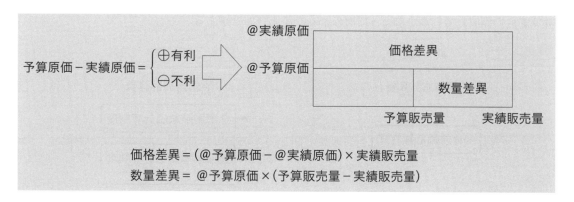

$$価格差異 = (@予算原価 - @実績原価) \times 実績販売量$$
$$数量差異 = @予算原価 \times (予算販売量 - 実績販売量)$$

2. 収益（利益）項目の差異分析

　収益（利益）項目の差異分析は，実績収益（利益）から予算収益（利益）をマイナスすることによって，有利差異を正の値，不利差異を負の値として示すことができる。さらに詳細な分析ができる項目については，これを価格面の差異と数量面の差異に分析する。

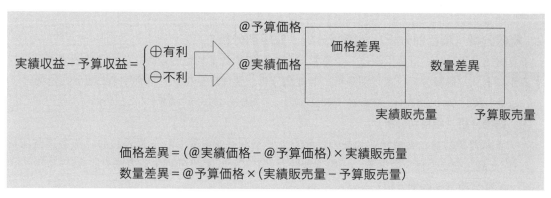

$$価格差異 = (@実績価格 - @予算価格) \times 実績販売量$$
$$数量差異 = @予算価格 \times (実績販売量 - 予算販売量)$$

　（注）上記の式からもわかるように，有利差異を正の値，不利差異を負の値として示すためには，原価の差異分析と収益（利益）の差異分析では，差し引く順番が逆になる。したがって，収益の差異分析のための差異分析図も，縦・横ともに実績値を内側，予算値を外側に配置する（すなわち原価の差異分析のための差異分析図と逆になる）とともに，価格差異と数量差異を区分する線も縦に区切ることになる。

❷ 予算実績差異分析の分類

1. 予算実績差異分析の分類

　予算実績差異分析には，全部原価計算にもとづく分析（純益法）と，直接原価計算にもとづく分析（貢献利益法）がある。また，予算損益計算書と比較する実績損益計算書を，いかなる原価計算制度で作成しているかによって次のような組み合わせがある。

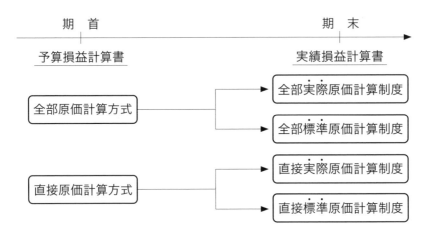

　その際，標準原価計算制度を採用して実績損益計算書を作成している場合には，標準原価差異の計算と表示に注意が必要である。

2. 総額分析（項目別分析）と純額分析（要因別分析）

　予算実績差異分析の計算手法は，予算営業利益と実績営業利益の差異をいかなる視点から分析するかにより，総額分析（項目別分析）と純額分析（要因別分析）に区別することができる。

　　(注) 検定試験の問題では，総額分析か純額分析かは答案用紙の形式から判断することが多い。

　⑴　**総額分析（項目別分析）**

　　　予算営業利益と実績営業利益の差異を，営業利益が計算される過程における各損益項目（売上高，売上原価，販売費，一般管理費など）ごとに差異分析する方法をいう。

　⑵　**純額分析（要因別分析）**

　　　予算営業利益と実績営業利益の差異を，各損益項目ごとの差異として区別せず，直接に営業利益に与える要因として差異分析する方法をいう。

3. 全部原価計算（純益法）による差異分析

　全部原価計算にもとづく差異分析では，予算と実績（または前年度と当年度）の営業利益の比較によって，まず，営業利益差異を売上総利益差異と販売費・一般管理費差異とに分析する。

　それに続いて行う分析は，総額分析と純額分析とで以下のように異なる。

(1) 総額分析（項目別分析）による場合

総額分析の場合には，売上総利益差異をさらに売上高差異と売上原価差異に分析し，それぞれの差異項目についてさらに詳細な分析を行っていく。

営業利益差異 ┤
- 売上総利益差異 ┤
  - 売上高差異 ┤
    - 販売価格差異
    - 販売数量差異
  - 売上原価差異 ┤
    - 売上原価価格差異
    - 売上原価数量差異
- 販売費・一般管理費差異 ┤
  - 販売費差異
  - 一般管理費差異

(2) 純額分析（要因別分析）による場合

純額分析の場合には，直接，売上総利益差異について詳細な分析を行っていく。

営業利益差異 ┤
- 売上総利益差異 ┤
  - 販売価格差異
  - 販売数量差異
  - 売上原価価格差異
- 販売費・一般管理費差異 ┤
  - 販売費差異
  - 一般管理費差異

4. 直接原価計算（貢献利益法）による差異分析

直接原価計算にもとづく差異分析では，予算と実績（または前年度と当年度）の営業利益の比較によって，まず営業利益差異を貢献利益差異と固定費差異とに分析する。それに続いて行う分析は，総額分析と純額分析とで以下のように異なる。

(1) 総額分析（項目別分析）による場合

総額分析の場合には，貢献利益差異をさらに売上高差異，変動売上原価差異，変動販売費差異に分析し，それぞれの差異項目についてさらに詳細な分析を行っていく。

営業利益差異 ┤
- 貢献利益差異 ┤
  - 売上高差異 ┤
    - 販売価格差異
    - 販売数量差異
  - 変動売上原価差異 ┤
    - 変動売上原価価格差異
    - 変動売上原価数量差異
  - 変動販売費差異 ┤
    - 変動販売費予算差異（注）
    - 変動販売費数量差異
- 固定費差異 ┤
  - 製造固定費差異
  - 販売固定費差異
  - 一般管理固定費差異

（注）変動販売費予算差異を，変動販売費価格差異という場合もある。

(2) **純額分析（要因別分析）による場合**

純額分析の場合には，直接，貢献利益差異について詳細な分析を行っていく。

```
                    ┌ 販売価格差異
           ┌ 貢献利益差異 ┤ 販売数量差異
           │         └ 変 動 費 差 異（＝変動売上原価価格差異＋変動販売費予算差異）
営業利益差異 ┤         ┌ 製造固定費差異
           └ 固 定 費 差 異 ┤ 販売固定費差異
                    └ 一般管理固定費差異
```

3 予算実績差異分析の計算手法

ここからは総額分析（項目別分析）を前提に説明し，純額分析（要因別分析）については，［設例］の【解説】において確認することにする。

1. 全部実際原価計算の場合

(1) 差異分析の概要

全部実際原価計算方式により予算損益計算書と実績損益計算書を比較して，まず大まかに差異分析を行っておき，必要に応じてさらに詳細に分析する。

```
                予算Ｐ／Ｌ    実績Ｐ／Ｌ      差      異
Ⅰ. 売  上  高    ×××円      ×××円     売 上 高 差 異   ┌ 販売価格差異
                                              └ 販売数量差異
Ⅱ. 売 上 原 価    ×××       ×××      売 上 原 価 差 異  ┌ 売上原価価格差異
                                              └ 売上原価数量差異
   売 上 総 利 益   ×××円      ×××円     売 上 総 利 益 差 異
Ⅲ. 販  売  費・
   一 般 管 理 費
      販  売  費    ××        ××       販 売 費 差 異
      一 般 管 理 費  ××        ××       一 般 管 理 費 差 異
   営  業  利  益    ××円       ××円      営 業 利 益 差 異
```

(2) **営業利益差異分析表**

最終的な営業利益差異の分析結果は，営業利益差異分析表によって報告される。

営業利益差異分析表

1. 予算営業利益 ………………………………………… ×××円
2. 売上高差異
   (1) 販売価格差異 　　　　　　××円
   (2) 販売数量差異 　　　　　　×× ………………… ××
3. 売上原価差異
   (1) 売上原価価格差異 　　　　××円
   (2) 売上原価数量差異 　　　　×× ………………… ××
4. 売上総利益差異 ………………………………………… ××円
5. 販売費・一般管理費差異
   (1) 販売費差異 　　　　　　　××円
   (2) 一般管理費差異 　　　　　×× ………………… ××
6. 実績営業利益 ………………………………………… ×××円

(注) 売上原価価格差異は工場に責任がある差異であるため，営業所（販売所）の純粋な業績を評価したいときには分析しないこともある。

設例 8-1

製品Xを製造・販売し，全部実際原価計算を採用している当社の，当年度の予算統制関係資料は次のとおりである。

	予算損益計算書	実績損益計算書
売 上 高	@5,000円×1,080個=5,400,000円	@4,800円×1,200個=5,760,000円
売 上 原 価	@3,600円×1,080個=3,888,000	@3,670円×1,200個=4,404,000
売上総利益	@1,400円×1,080個=1,512,000円	@1,130円×1,200個=1,356,000円
販 売 費	528,000	580,000
一般管理費	320,000	320,000
販売費・一般管理費計	848,000円	900,000円
営 業 利 益	664,000円	456,000円

以上の資料にもとづき，営業利益の差異分析表を完成させなさい。

【解　答】

営業利益差異分析表

1．予算営業利益 ……………………………………………… 664,000円
2．売上高差異
　(1)　販売価格差異 ………………… 〔－〕240,000円
　(2)　販売数量差異 ………………… 〔＋〕600,000 …… 〔＋〕360,000
3．売上原価差異
　(1)　売上原価価格差異 ………………… 〔－〕 84,000円
　(2)　売上原価数量差異 ………………… 〔－〕432,000 …… 〔－〕516,000
4．売上総利益差異 ……………………………………………… 〔－〕156,000円
5．販売費・一般管理費差異
　(1)　販売費差異 ………………………… 〔－〕 52,000円
　(2)　一般管理費差異 ………………… 〔 〕　0 …… 〔－〕 52,000
6．実績営業利益 ……………………………………………… 456,000円

【解　説】

1．差異分析の概要

　予算損益計算書と実績損益計算書を比較して，大まかな差異分析を行う。

	予算 P/L	実績 P/L	差　異	
Ⅰ．売　上　高	5,400,000円	5,760,000円	(＋)360,000円	{ 販売価格差異 販売数量差異
Ⅱ．売　上　原　価	3,888,000	4,404,000	(－)516,000	{ 売上原価価格差異 売上原価数量差異
売上総利益	1,512,000円	1,356,000円	(－)156,000円	
Ⅲ．販　売　費・ 一般管理費				
販　売　費	528,000	580,000	(－) 52,000	…販売費差異
一般管理費	320,000	320,000	0	…一般管理費差異
営　業　利　益	664,000円	456,000円	(－)208,000円	

2．詳細な差異分析（総額分析）

(1)　売上高差異

　販売価格差異：(4,800円/個－5,000円/個)×1,200個 ＝(－)240,000円〔不利〕
　販売数量差異：5,000円/個×(1,200個－1,080個)　　　＝(＋)600,000円〔有利〕
　売　上　高　差　異： (＋)360,000円〔有利〕

	予算 @5,000円	販売価格差異 △240,000円	販売数量差異 ＋600,000円
	実績 @4,800円		
		実績販売量 1,200個	予算販売量 1,080個

(2) 売上原価差異

売上原価価格差異：$(3,600円/個 - 3,670円/個) \times 1,200個 = (-)84,000円$〔不利〕

売上原価数量差異：$3,600円/個 \times (1,080個 - 1,200個) = (-)432,000円$〔不利〕

売上原価差異：$\underline{(-)516,000円}$〔不利〕

```
      実績 @3,670円    ┌─────────────────────────────────┐
      予算 @3,600円    │  売上原価価格差異   △84,000円      │
                      ├─────────────────────────────────┤
                      │        売上原価数量差異            │
                      │        △432,000円                │
                      └─────────────────────────────────┘
                           予算販売量        実績販売量
                           1,080個          1,200個
```

(3) 販売費・一般管理費差異

販売費差異：$528,000円 - 580,000円 = (-)52,000円$〔不利〕

一般管理費差異：$320,000円 - 320,000円 = 0円$〔――〕

販売費・一般管理費差異：$\underline{(-)52,000円}$〔不利〕

3. 純額分析（要因別分析）によった場合の差異分析と営業利益差異分析表

(1) 差異分析

純額分析によれば，売上総利益差異(-)156,000円に関して，予算・実績の比較による販売価格，販売量，単位あたり売上原価それぞれの増減を要因として，売上総利益にどれほどの影響を与えたかを直接分析する。

販売価格差異：$(4,800円/個 - 5,000円/個) \times 1,200個 = (-)240,000円$〔不利〕

販売数量差異：$1,400円/個 \times (1,200個 - 1,080個) = (+)168,000円$〔有利〕

売上原価価格差異：$(3,600円/個 - 3,670円/個) \times 1,200個 = (-)84,000円$〔不利〕

売上総利益差異：$\underline{(-)156,000円}$〔不利〕

上記の計算については，次の差異分析図により計算することができる。要するに純額分析では，販売数量差異の分析にあたり総額分析における売上高と売上原価の販売数量差異を相殺して，単位あたり予算売上総利益1,400円/個を用いてダイレクトに計算しているのである。

```
予算販売価格 @5,000円   ┌──────────────┬──────────────┐
                                                        ┐
                      │ 販売価格差異   │                │
                      │ △240,000円    │                │  単位あたり
実績販売価格 @4,800円   ├──────────────│  販売数量差異  │  予算売上総利益
                      │              │  +168,000円    │  @1,400円
実績売上原価 @3,670円   │              │                │
                      │ 売上原価価格差異 │                │
                      │ △84,000円     │                │  ┘
予算売上原価 @3,600円   └──────────────┴──────────────┘
                           実績販売量        予算販売量
                           1,200個          1,080個
```

(2) 営業利益差異分析表

　純額分析による営業利益差異分析表を示せば次のようになる。総額分析と比較して，▨▨▨の部分の表示が異なっていることが確認できるであろう。

営業利益差異分析表

```
1．予算営業利益 ………………………………………        664,000円
2．売上総利益差異
  (1)  販売価格差異 …………… 〔－〕240,000円
  (2)  販売数量差異 …………… 〔＋〕168,000
  (3)  売上原価価格差異 ……… 〔－〕 84,000  …… 〔－〕156,000
3．販売費・一般管理費差異
  (1)  販売費差異 ……………… 〔－〕 52,000円
  (2)  一般管理費差異 ………… 〔 〕     0  …… 〔－〕 52,000
4．実績営業利益………………………………………………        456,000円
```

2．全部標準原価計算の場合

(1) 差異分析の概要

　全部標準原価計算方式により予算損益計算書と実績損益計算書を比較して，まず大まかに差異分析を行っておき，必要に応じてさらに詳細に分析する。

	予算P/L	実績P/L	差　異	
Ⅰ．売　上　高	×××円	×××円	売 上 高 差 異	⎰販売価格差異 ⎱販売数量差異
Ⅱ．標準売上原価	×××	×××(注1)	標準売上原価数量差異	
標準売上総利益	×××円	×××円	標準売上総利益差異	
Ⅲ．標準原価差異	——	××(注2)	標 準 原 価 差 異	
実際売上総利益	×××円	×××円	売上総利益差異	
Ⅳ．販　売　費・ 一 般 管 理 費				
販　売　費	××	××	販 売 費 差 異	
一 般 管 理 費	××	××	一 般 管 理 費 差 異	
営 業 利 益	××円	××円	営 業 利 益 差 異	

（注1）実績P/Lの売上原価は標準原価（＝標準単価×実際販売量）で計算されている。したがって，予算P/Lと実績P/Lの比較からは数量差異しか生じない。

（注2）標準原価差異は，実績P/Lの作成において把握されることに注意すること。

(2) **営業利益差異分析表**

最終的な営業利益差異の分析結果は，営業利益差異分析表によって報告される。

```
                    営業利益差異分析表
1．予 算 営 業 利 益 ……………………………… ×××円
2．売 上 高 差 異
  (1) 販売価格差異              ××円
  (2) 販売数量差異              ××      ………… ××
3．標準売上原価数量差異 ……………………………… ××
4．標準売上総利益差異 ……………………………… ××円
5．標準原価差異
  (1) 材料価格差異              ××円
  (2) 材料数量差異              ××
  (3) 労働賃率差異              ××
  (4) 労働時間差異              ××
  (5) 変動製造間接費予算差異        ××
  (6) 固定製造間接費予算差異        ××
  (7) 製造間接費能率差異          ××
  (8) 操 業 度 差 異            ××      ………… ××
6．販売費・一般管理費差異
  (1) 販 売 費 差 異            ××円
  (2) 一般管理費差異             ××      ………… ××
7．実 績 営 業 利 益 ……………………………… ×××円
```

(注) 標準原価差異は工場に責任がある差異であり，営業所（販売所）の純粋な業績を評価したいときには分析しないこともある。

製品Xを製造・販売し，全部標準原価計算を採用している当社の，当年度の予算統制関係資料は次のとおりである。

1．製品Xの原価標準

　　直接材料費　200円/kg×3kg ……………………………………　600円/個

　　直接労務費　700円/時間×2時間 …………………………　1,400

　　製造間接費　変動費　330円/時間×2時間……660円

　　　　　　　　固定費　470円/時間×2時間……940 ……　1,600

　　合　計 ……………………………………………………………　3,600円/個

　（注）標準製造間接費固定費率

　　　　固定製造間接費予算1,015,200円÷正常直接作業時間2,160時間＝470円/時間

2．予算損益計算書および実績損益計算書

	予算損益計算書	実績損益計算書
売　上　高	@5,000円×1,080個＝5,400,000円	@4,800円×1,200個＝5,760,000円
標準売上原価	@3,600円×1,080個＝3,888,000	@3,600円×1,200個＝4,320,000
標準売上総利益	@1,400円×1,080個＝1,512,000円	@1,200円×1,200個＝1,440,000円
標準原価差異	——	(−) 84,000
実際売上総利益	1,512,000円	1,356,000円
販　売　費	528,000	580,000
一般管理費	320,000	320,000
販売費・一般管理費計	848,000円	900,000円
営　業　利　益	664,000円	456,000円

3．実績損益計算書の標準原価差異は，次の実際製造費用にもとづいて計算されている。

　　直接材料費：実際単価@210円×実際消費量3,840kg ………………　806,400円

　　直接労務費：実際賃率@680円×実際直接作業時間2,460時間 ……　1,672,800

　　製造間接費：

　　　変動費 ……………………………………………………………　885,600

　　　固定費 ……………………………………………………………　1,039,200

　　実際製造費用 ………………………………………………………　4,404,000円

　　標準製造原価：原価標準@3,600円×実際生産量1,200個 …………　4,320,000

　　標準原価差異 ………………………………………………………　(−) 84,000円

　（注）当期において生産量と販売量は一致しており，期首・期末仕掛品はなかった。当期の標準原価差異は，標準売上総利益から控除する。なお，能率差異は，変動費と固定費の両方から算出している。

以上の資料にもとづき，営業利益の差異分析表を完成させなさい。

【解　答】

営業利益差異分析表

1．予算営業利益 ……………………………………… 664,000円

2．売上高差異
   (1) 販売価格差異………………… 〔-〕240,000円
   (2) 販売数量差異………………… 〔+〕600,000 …… 〔+〕360,000

3．標準売上原価数量差異 ……………………………… 〔-〕432,000

4．標準売上総利益差異 ………………………………… 〔-〕 72,000円

5．標準原価差異
   (1) 材料価格差異………………… 〔-〕 38,400円
   (2) 材料数量差異………………… 〔-〕 48,000
   (3) 労働賃率差異………………… 〔+〕 49,200
   (4) 労働時間差異………………… 〔-〕 42,000
   (5) 変動製造間接費予算差異……… 〔-〕 73,800
   (6) 固定製造間接費予算差異……… 〔-〕 24,000
   (7) 製造間接費能率差異…………… 〔-〕 48,000
   (8) 操業度差異…………………… 〔+〕141,000 …… 〔-〕 84,000

6．販売費・一般管理費差異
   (1) 販売費差異…………………… 〔-〕 52,000円
   (2) 一般管理費差異……………… 〔 〕 0 …… 〔-〕 52,000

7．実績営業利益 ……………………………………… 456,000円

【解　説】

1．差異分析の概要

予算損益計算書と実績損益計算書を比較して，大まかな差異分析を行う。

	予算P/L	実績P/L	差　異	
Ⅰ．売　上　高	5,400,000円	5,760,000円	(+) 360,000円	販売価格差異 販売数量差異
Ⅱ．標準売上原価	3,888,000	4,320,000	(-) 432,000	…標準売上原価数量差異
標準売上総利益	1,512,000円	1,440,000円	(-) 72,000円	
Ⅲ．標準原価差異	——	(-) 84,000	(-) 84,000	…標準原価差異
実際売上総利益	1,512,000円	1,356,000円	(-) 156,000円	
Ⅳ．販　売　費・ 一 般 管 理 費				
販　売　費	528,000	580,000	(-) 52,000	…販売費差異
一般管理費	320,000	320,000	0	…一般管理費差異
営　業　利　益	664,000円	456,000円	(-) 208,000円	

2．詳細な差異分析（総額分析）

(1) 売上高差異

販売価格差異：(4,800円/個 − 5,000円/個)×1,200個 ＝(−)240,000円〔不利〕

販売数量差異：5,000円/個×(1,200個 − 1,080個) ＝(+)600,000円〔有利〕

売　上　高　差　異： (+)360,000円〔有利〕

予算　@5,000円

実績　@4,800円

	販売価格差異 △240,000円	販売数量差異 ＋600,000円

実績販売量　　　　予算販売量
1,200個　　　　　1,080個

(2) 標準売上原価数量差異

標準売上原価数量差異：3,600円/個×(1,080個 − 1,200個) ＝(−)432,000円〔不利〕

実績　@ —— 円

予算　@3,600円

売上原価価格差異 —— 円(注)	
	標準売上原価数量差異 △432,000円

予算販売量　　　　実績販売量
1,080個　　　　　1,200個

(注) 全部標準原価計算を採用しているため，売上原価価格差異はここでは把握されず，後述の標準原価差異として把握される。

(3) 標準原価差異

標準原価差異は実績P/Lを作成する際，製品原価を標準原価により計算したために生じたものである。したがって，当期の実際販売量ではなく実際投入量（仕掛品の在庫がないため生産量と同じ1,200個）にもとづいて計算される。

① 直接材料費差異

材料価格差異：(200円/kg − 210円/kg)×3,840kg ＝(−)38,400円〔不利〕

材料数量差異：200円/kg×(3kg× <u>1,200個</u> − 3,840kg) ＝(−)48,000円〔不利〕
当期投入量

実際　@210円

標準　@200円

→ 実際直接材料費：806,400円

価格差異　△38,400円	
標準直接材料費 720,000円	数量差異 △48,000円

標準　　　　　　　実際
3kg×1,200個　　3,840kg

② 直接労務費差異

労働賃率差異：(700円/時間 − 680円/時間)×2,460時間＝(+)49,200円〔有利〕

労働時間差異：700円/時間×(2時間×1,200個 − 2,460時間)＝(−)42,000円〔不利〕
　　　　　　　　　　　　　　　　　　当期投入量

③ 製造間接費差異

変動製造間接費予算差異：330円/時間×2,460時間 − 885,600円＝(−)73,800円〔不利〕

固定製造間接費予算差異：1,015,200円 − 1,039,200円＝(−)24,000円〔不利〕

製造間接費能率差異：800円/時間×(2時間×1,200個 − 2,460時間)＝(−)48,000円〔不利〕
　　　　　　　　　　　　　　　　　　　当期投入量

操 業 度 差 異：470円/時間×(2,460時間 − 2,160時間)＝(+)141,000円〔有利〕

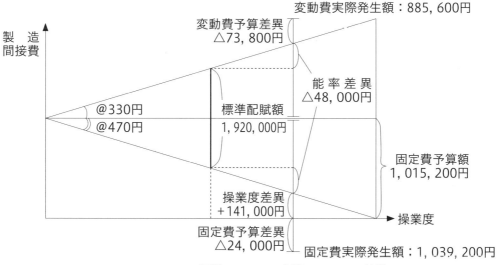

(4) 販売費・一般管理費差異

販　売　費　差　異：528,000円 − 580,000円＝(−)52,000円〔不利〕

一 般 管 理 費 差 異：320,000円 − 320,000円＝　　　　0円〔——〕

販売費・一般管理費差異：　　　　　　　　　　(−)52,000円〔不利〕

3．純額分析（要因別分析）によった場合の差異分析と営業利益差異分析表
（1）差異分析

販 売 価 格 差 異：(4,800円/個 － 5,000円/個) × 1,200個 = (－) 240,000円〔不利〕

販 売 数 量 差 異：1,400円/個 × (1,200個 － 1,080個) 　 = (+) 168,000円〔有利〕

標準売上総利益差異： 　 (－) 72,000円〔不利〕

（注）実績P／Lを標準原価計算により作成しているため，売上原価価格差異は把握されない。

（2）営業利益差異分析表

　　純額分析による営業利益差異分析表を示せば次のようになる。純額分析では，販売数量差異の分析にあたり，総額分析における売上高と標準売上原価に関する販売数量差異が相殺され，単位あたり予算売上総利益1,400円/個で直接計算されていることを確認してほしい。

営業利益差異分析表

1．予算営業利益………………………………………… 　 664,000円
2．標準売上総利益差異
　（1）販売価格差異………………… 〔－〕240,000円
　（2）販売数量差異………………… 〔＋〕168,000 …… 〔－〕72,000
3．標準原価差異
　（1）材料価格差異………………… 〔－〕 38,400円
　（2）材料数量差異………………… 〔－〕 48,000
　（3）労働賃率差異………………… 〔＋〕 49,200
　（4）労働時間差異………………… 〔－〕 42,000
　（5）変動製造間接費予算差異……… 〔－〕 73,800
　（6）固定製造間接費予算差異……… 〔－〕 24,000
　（7）製造間接費能率差異…………… 〔－〕 48,000
　（8）操業度差異…………………… 〔＋〕141,000 …… 〔－〕84,000
4．販売費・一般管理費差異
　（1）販売費差異…………………… 〔－〕 52,000円
　（2）一般管理費差異……………… 〔　〕　　　 0 …… 〔－〕52,000
5．実績営業利益 ……………………………………… 　 456,000円

補足 活動区分別表示の営業利益差異分析表

標準原価計算を採用している企業が予算実績差異分析を行う場合，製造面の差異分析と販売面の差異分析とを同時に行うことによって，原価管理にも利益管理にも役立つ情報を提供することができる。この場合の営業利益差異分析表は，見やすいように活動区分別に分類し表示することがある。

たとえば，[設例8-2] において活動区分別表示の営業利益差異分析表を作成した場合，次のような営業利益差異分析表になる。

営業利益差異分析表

1. 予算営業利益	……………………………………………	664,000円	
2. 販売活動差異			
(1) 販売価格差異	………………… 〔-〕 240,000円		
(2) 販売数量差異	………………… 〔+〕 600,000		
売上高差異	………………… 〔+〕 360,000円		
(3) 売上原価数量差異	………………… 〔-〕 432,000		
(4) 販売費差異	………………… 〔-〕 52,000	…… 〔-〕 124,000	
3. 製造活動差異			
(1) 材料価格差異	………………… 〔-〕 38,400円		
(2) 材料数量差異	………………… 〔-〕 48,000		
(3) 労働賃率差異	………………… 〔+〕 49,200		
(4) 労働時間差異	………………… 〔-〕 42,000		
(5) 変動製造間接費予算差異	……… 〔-〕 73,800		
(6) 固定製造間接費予算差異	……… 〔-〕 24,000		
(7) 製造間接費能率差異	…………… 〔-〕 48,000		
(8) 操業度差異	………………… 〔+〕 141,000	…… 〔-〕 84,000	
4. 一般管理活動差異	…………………………………… 〔 〕 0		
5. 実績営業利益	…………………………………… 456,000円		

3. 直接実際原価計算の場合

(1) 差異分析の概要

直接実際原価計算方式により予算損益計算書と実績損益計算書を比較して，まず大まかに差異分析を行っておき，必要に応じてさらに詳細に分析する。

		予算P/L	実績P/L	差　　異	
Ⅰ.	売　上　高	×××円	×××円	売 上 高 差 異	{ 販売価格差異 販売数量差異
Ⅱ.	変　動　費				
	変動売上原価	×××	×××	変動売上原価差異	{ 変動売上原価価格差異 変動売上原価数量差異
	変動販売費	××	××	変動販売費差異	{ 変動販売費予算差異 変動販売費数量差異
	貢　献　利　益	×××円	×××円	貢 献 利 益 差 異	
Ⅲ.	固　定　費				
	製造固定費	××	××	製造固定費差異	
	販売固定費	××	××	販売固定費差異	
	一般管理固定費	××	××	一般管理固定費差異	
	営　業　利　益	××円	××円	営 業 利 益 差 異	

(2) 営業利益差異分析表

最終的な営業利益差異の分析結果は，営業利益差異分析表によって報告される。

営業利益差異分析表

1. 予 算 営 業 利 益 ‥‥‥‥‥‥‥‥‥‥‥‥‥‥‥‥‥ ×××円
2. 売 上 高 差 異
   (1) 販売価格差異　　　　　　　　　　××円
   (2) 販売数量差異　　　　　　　　　　××　‥‥‥‥‥‥　××
3. 変 動 売 上 原 価 差 異
   (1) 変動売上原価価格差異　　　　　　××円
   (2) 変動売上原価数量差異　　　　　　××　‥‥‥‥‥‥　××
4. 変 動 販 売 費 差 異
   (1) 変動販売費予算差異　　　　　　　××円
   (2) 変動販売費数量差異　　　　　　　××　‥‥‥‥‥‥　××
5. 貢 献 利 益 差 異 ‥‥‥‥‥‥‥‥‥‥‥‥‥‥‥‥‥　××円
6. 固 定 費 差 異
   (1) 製造固定費差異　　　　　　　　　××円
   (2) 販売固定費差異　　　　　　　　　××
   (3) 一般管理固定費差異　　　　　　　××　‥‥‥‥‥‥　××
7. 実 績 営 業 利 益 ‥‥‥‥‥‥‥‥‥‥‥‥‥‥‥‥‥ ×××円

(注) 変動売上原価価格差異および製造固定費差異は工場に責任がある差異であり，純粋な営業所（販売所）の業績を評価したいときには分析しないこともある。

設例 8-3

　製品Xを製造・販売し，直接実際原価計算を採用している当社の，当年度の予算統制関係資料は次のとおりである。

	予 算 損 益 計 算 書	実 績 損 益 計 算 書
売 上 高	@5,000円×1,080個＝5,400,000円	@4,800円×1,200個＝5,760,000円
変動売上原価	@2,660円×1,080個＝2,872,800	@2,804円×1,200個＝3,364,800
変動販売費	@340円×1,080個＝367,200	@350円×1,200個＝420,000
貢 献 利 益	@2,000円×1,080個＝2,160,000円	@1,646円×1,200個＝1,975,200円
製造固定費	1,015,200	1,039,200
販売固定費	160,800	160,000
一般管理固定費	320,000	320,000
固 定 費 計	1,496,000円	1,519,200円
営 業 利 益	664,000円	456,000円

以上の資料にもとづき，営業利益の差異分析表を完成させなさい。

【解　答】

営 業 利 益 差 異 分 析 表

1．予算営業利益 ……………………………………………　664,000円

2．売上高差異

　(1)　販売価格差異……………………　〔－〕240,000円

　(2)　販売数量差異……………………　〔＋〕600,000　……〔＋〕360,000

3．変動売上原価差異

　(1)　変動売上原価価格差異…………　〔－〕172,800円

　(2)　変動売上原価数量差異…………　〔－〕319,200　……〔－〕492,000

4．変動販売費差異

　(1)　変動販売費予算差異……………　〔－〕　12,000円

　(2)　変動販売費数量差異……………　〔－〕　40,800　……〔－〕　52,800

5．貢献利益差異 …………………………………………………〔－〕184,800円

6．固定費差異

　(1)　製造固定費差異…………………　〔－〕　24,000円

　(2)　販売固定費差異…………………　〔＋〕　　　800

　(3)　一般管理固定費差異……………　〔　〕　　　　0　……〔－〕　23,200

7．実績営業利益 ……………………………………………　456,000円

【解　説】

1．差異分析の概要

　予算損益計算書と実績損益計算書を比較して，大まかな差異分析を行う。

		予算P/L	実績P/L	差　　異	
Ⅰ．売　上　高		5,400,000円	5,760,000円	(+) 360,000円	販売価格差異／販売数量差異
Ⅱ．変　動　費					
	変動売上原価	2,872,800	3,364,800	(−) 492,000	変動売上原価価格差異／変動売上原価数量差異
	変動販売費	367,200	420,000	(−) 52,800	変動販売費予算差異／変動販売費数量差異
	貢献利益	2,160,000円	1,975,200円	(−) 184,800円	
Ⅲ．固　定　費					
	製造固定費	1,015,200	1,039,200	(−) 24,000	…製造固定費差異
	販売固定費	160,800	160,000	(+) 800	…販売固定費差異
	一般管理固定費	320,000	320,000	0	…一般管理固定費差異
	営業利益	664,000円	456,000円	(−) 208,000円	

2．詳細な差異分析（総額分析）

　(1)　売上高差異

　　　販売価格差異：(4,800円/個−5,000円/個)×1,200個 ＝ (−) 240,000円〔不利〕
　　　販売数量差異：5,000円/個×(1,200個−1,080個)　　＝ (+) 600,000円〔有利〕
　　　売上高差異：　　　　　　　　　　　　　　　　　　　 (+) 360,000円〔有利〕

予算 @5,000円

| 販売価格差異 △240,000円 | 販売数量差異 ＋600,000円 |

実績 @4,800円

実績販売量　　　　予算販売量
1,200個　　　　　1,080個

　(2)　変動売上原価差異

　　　変動売上原価価格差異：(2,660円/個−2,804円/個)×1,200個 ＝ (−)172,800円〔不利〕
　　　変動売上原価数量差異：2,660円/個×(1,080個−1,200個)　　＝ (−)319,200円〔不利〕
　　　変動売上原価差異：　　　　　　　　　　　　　　　　　　　(−)492,000円〔不利〕

実績 @2,804円

予算 @2,660円

| 変動売上原価価格差異　△172,800円 | |
| | 変動売上原価数量差異 △319,200円 |

予算販売量　　　　実績販売量
1,080個　　　　　1,200個

(3) 変動販売費差異

変動販売費予算差異：$(340円/個 - 350円/個) \times 1,200個 = (-)12,000円$〔不利〕

変動販売費数量差異：$340円/個 \times (1,080個 - 1,200個) = (-)40,800円$〔不利〕

変 動 販 売 費 差 異： (-)52,800円〔不利〕

実績 @350円	変動販売費予算差異 △12,000円	
予算 @340円		変動販売費数量差異 △40,800円
	予算販売量 1,080個	実績販売量 1,200個

(4) 固定費差異

製 造 固 定 費 差 異：$1,015,200円 - 1,039,200円 = (-)24,000円$〔不利〕

販 売 固 定 費 差 異：$160,800円 - 160,000円 = (+)800円$〔有利〕

一般管理固定費差異：$320,000円 - 320,000円 = 0円$〔――〕

固 定 費 差 異： (-)23,200円〔不利〕

3. 純額分析（要因別分析）によった場合の差異分析と営業利益差異分析表

(1) 差異分析

純額分析によれば，貢献利益差異$(-)184,800円$について，販売価格，販売量，単位あたり変動費それぞれの増減を要因として，貢献利益にどれほどの影響を与えたかを直接分析する。

販 売 価 格 差 異：$(4,800円/個 - 5,000円/個) \times 1,200個 = (-)240,000円$〔不利〕

販 売 数 量 差 異：$2,000円/個 \times (1,200個 - 1,080個) = (+)240,000円$〔有利〕

変 動 費 差 異：$(3,000円/個 - \underline{3,154円/個}) \times 1,200個 = (-)184,800円$〔不利〕

貢 献 利 益 差 異： $\underset{2,804円/個 + 350円/個}{} (-)184,800円$〔不利〕

上記の計算のうち，販売価格差異，販売数量差異および変動費差異については，次の差異分析図により計算することができる。要するに純額分析では，販売数量差異の分析にあたり，総額分析における売上高と変動費（変動売上原価＋変動販売費）の販売数量差異を相殺して，単位あたり予算貢献利益2,000円/個を用いてダイレクトに計算しているのである。また，変動費の単価面の差異についても，通常は変動売上原価価格差異と変動販売費予算差異とに分けず，合算した額を変動費差異として算出する。

予算販売価格 @5,000円	販売価格差異 △240,000円		単位あたり予算貢献利益 @2,000円
実績販売価格 @4,800円		販売数量差異 +240,000円	
実 績 変 動 費 @3,154円	変動費差異 △184,800円		
予 算 変 動 費 @3,000円			
	実績販売量 1,200個	予算販売量 1,080個	

(2) 営業利益差異分析表

　純額分析による営業利益差異分析表を示せば次のようになる。総額分析と比較して，▨の部分の表示が異なっていることが確認できるであろう。

営業利益差異分析表

1．予算営業利益 ……………………………………………　664,000円
2．貢献利益差異
　(1)　販売価格差異……………　〔－〕240,000円
　(2)　販売数量差異……………　〔＋〕240,000
　(3)　変動費差異 (注) …………　〔－〕184,800　……〔－〕184,800
3．固定費差異
　(1)　製造固定費差異…………　〔－〕24,000円
　(2)　販売固定費差異…………　〔＋〕　　800
　(3)　一般管理固定費差異……　〔　〕　　　0　……〔－〕　23,200
4．実績営業利益 ……………………………………………　456,000円

(注) 総額分析（項目別分析）における変動売上原価価格差異と変動販売費予算差異の合計に相当する。

4. 直接標準原価計算の場合

(1) 差異分析の概要

　直接標準原価計算方式により予算損益計算書と実績損益計算書を比較して，まず大まかに差異分析を行っておき，必要に応じてさらに詳細に分析する。

	予算P/L	実績P/L	差　　異	
I．売　上　高	×××円	×××円	売　上　高　差　異	〔販売価格差異 / 販売数量差異
II．標準変動費				
標準変動売上原価	×××	×××(注1)	標準変動売上原価数量差異	
標準変動販売費	××	××(注1)	標準変動販売費数量差異	
標準貢献利益	×××円	×××円	標準貢献利益差異	
III．標準変動費差異	——	××(注2)	標準変動費差異	〔変動製造原価差異 / 変動販売費予算差異
実際貢献利益	×××円	×××円	貢　献　利　益　差　異	
IV．固　定　費				
製　造　固　定　費	××	××	製造固定費差異	
販　売　固　定　費	××	××	販売固定費差異	
一般管理固定費	××	××	一般管理固定費差異	
営　業　利　益	××円	××円	営　業　利　益　差　異	

(注1) 実績P/Lの変動売上原価と変動販売費は標準原価で計算されている。したがって，予算P/Lと実績P/Lの比較からは，それぞれ数量差異しか生じない。
(注2) 標準変動費差異は，実績P/Lの作成において把握されることに注意すること。

(2) **営業利益差異分析表**

最終的な営業利益差異の分析結果は，営業利益差異分析表によって報告される。

営 業 利 益 差 異 分 析 表

1．予 算 営 業 利 益 ……………………………………………… ×××円
2．売上高差異
  (1)　販売価格差異　　　　　　　　××円
  (2)　販売数量差異　　　　　　　　×× …………… ××
3．標準変動売上原価数量差異 ……………………………… ××
4．標準変動販売費数量差異 ………………………………… ××
5．標準貢献利益差異 ………………………………………… ××円
6．標準変動費差異
  (1)　材料価格差異　　　　　　　　××円
  (2)　材料数量差異　　　　　　　　××
  (3)　労働賃率差異　　　　　　　　××
  (4)　労働時間差異　　　　　　　　××
  (5)　変動製造間接費予算差異　　　××
  (6)　変動製造間接費能率差異　　　××
      変動製造原価差異　　　　　××円
  (7)　変動販売費予算差異　　　　　×× …………… ××
7．固定費差異
  (1)　製造固定費差異　　　　　　　××円
  (2)　販売固定費差異　　　　　　　××
  (3)　一般管理固定費差異　　　　　×× …………… ××
8．実 績 営 業 利 益 ……………………………………… ×××円

(注) 変動製造原価差異および製造固定費差異は工場に責任がある差異であり，営業所（販売所）の純粋な業績を評価したいときには分析しないこともある。

製品Xを製造・販売し，直接標準原価計算を採用している当社の，当年度の予算統制関係資料は次のとおりである。

1．製品Xの原価標準

直接材料費　200円/kg×3 kg ……………………………… 600円/個

直接労務費　700円/時間×2 時間 ……………………… 1,400

変動製造間接費　330円/時間×2 時間 ………………… 660

計 ……………………………………………………… 2,660円/個

変動販売費 ………………………………………………… 340

合　計 ……………………………………………………… 3,000円/個

2．予算損益計算書および実績損益計算書

	予 算 損 益 計 算 書	実 績 損 益 計 算 書
売　上　高	@5,000円×1,080個＝5,400,000円	@4,800円×1,200個＝5,760,000円
標準変動売上原価	@2,660円×1,080個＝2,872,800	@2,660円×1,200個＝3,192,000
標準変動販売費	@340円×1,080個＝　367,200	@340円×1,200個＝　408,000
標準貢献利益	@2,000円×1,080個＝2,160,000円	@1,800円×1,200個＝2,160,000円
標準変動費差異	――――	(−)184,800
実際貢献利益	2,160,000円	1,975,200円
製造固定費	1,015,200	1,039,200
販売固定費	160,800	160,000
一般管理固定費	320,000	320,000
固 定 費 計	1,496,000円	1,519,200円
営 業 利 益	664,000円	456,000円

3．実績損益計算書の標準変動費差異は，次の実際変動費にもとづいて計算されている。

直接材料費：実際単価@ 210円×実際消費量 3,840kg …………… 806,400円

直接労務費：実際賃率@ 680円×実際直接作業時間 2,460時間 …… 1,672,800

変動製造間接費：……………………………………………………… 885,600

実際変動製造費用 ……………………………………………………… 3,364,800円

変動販売費：実際単価@350円×実際販売量1,200個 ………………… 420,000

実際変動費 ……………………………………………………………… 3,784,800円

標準変動費：変動製造原価@2,660円×実際生産量1,200個 ……… 3,192,000

変動販売費@340円×実際販売量1,200個 ………… 408,000

標準変動費差異 ………………………………………………………(−)184,800円

（注）当期において生産量と販売量は一致しており，期首・期末仕掛品はなかった。

当期の標準変動費差異は，標準貢献利益から控除する。

以上の資料にもとづき，営業利益の差異分析表を完成させなさい。

【解　答】

営業利益差異分析表

1．予算営業利益 ……………………………………………… 664,000円
2．売上高差異
   (1) 販売価格差異 ……………〔−〕240,000円
   (2) 販売数量差異 ……………〔+〕600,000 ……〔+〕360,000
3．標準変動売上原価数量差異 …………………………〔−〕319,200
4．標準変動販売費数量差異 ……………………………〔−〕40,800
5．標準貢献利益差異 ……………………………………〔　〕0円
6．標準変動費差異
   (1) 材料価格差異 ……………〔−〕38,400円
   (2) 材料数量差異 ……………〔−〕48,000
   (3) 労働賃率差異 ……………〔+〕49,200
   (4) 労働時間差異 ……………〔−〕42,000
   (5) 変動製造間接費予算差異 ……〔−〕73,800
   (6) 変動製造間接費能率差異 ……〔−〕19,800
      変動製造原価差異 ………〔−〕172,800円
   (7) 変動販売費予算差異 ………〔−〕12,000 ……〔−〕184,800
7．固定費差異
   (1) 製造固定費差異 …………〔−〕24,000円
   (2) 販売固定費差異 …………〔+〕800
   (3) 一般管理固定費差異 ………〔　〕0 ……〔−〕23,200
8．実績営業利益 ……………………………………………… 456,000円

【解　説】

1．差異分析の概要

予算損益計算書と実績損益計算書を比較して，大まかな差異分析を行う。

	予算P/L	実績P/L	差　異	
Ⅰ．売　上　高	5,400,000円	5,760,000円	(+)360,000円	{ 販売価格差異 販売数量差異
Ⅱ．標準変動費				
標準変動売上原価	2,872,800	3,192,000	(−)319,200	…標準変動売上原価数量差異
標準変動販売費	367,200	408,000	(−)40,800	…標準変動販売費数量差異
標準貢献利益	2,160,000円	2,160,000円	0円	
Ⅲ．標準変動費差異	——	(−)184,800	(−)184,800	…標準変動費差異
実際貢献利益	2,160,000円	1,975,200円	(−)184,800円	
Ⅳ．固　定　費				
製造固定費	1,015,200	1,039,200	(−)24,000	…製造固定費差異
販売固定費	160,800	160,000	(+)800	…販売固定費差異
一般管理固定費	320,000	320,000	0	…一般管理固定費差異
営　業　利　益	664,000円	456,000円	(−)208,000円	

2．詳細な差異分析（総額分析）
 (1) 売上高差異
　　　　販売価格差異：$(4,800円/個-5,000円/個)\times1,200個=(-)240,000円$〔不利〕
　　　　販売数量差異：$5,000円/個\times(1,200個-1,080個)$　　　$=(+)600,000円$〔有利〕
　　　　売 上 高 差 異：　　　　　　　　　　　　　　　　　$(+)360,000円$〔有利〕

　　予算　@5,000円

	販売価格差異 △240,000円	販売数量差異 +600,000円

　　実績　@4,800円

　　　　　　　　　　　　　　実績販売量　　　予算販売量
　　　　　　　　　　　　　　　1,200個　　　　1,080個

 (2) 標準変動売上原価数量差異
　　　　標準変動売上原価数量差異：$2,660円/個\times(1,080個-1,200個)=(-)319,200円$〔不利〕

　　実績　@　──　円
　　予算　@2,660円

変動売上原価価格差異 ── 円(注)	
	標準変動売上原価数量差異 △319,200円

　→実績P／L「標準変動売上原価」

　　　　　　　予算販売量　　　実績販売量
　　　　　　　 1,080個　　　　1,200個

 (3) 標準変動販売費数量差異
　　　　標準変動販売費数量差異：$340円/個\times(1,080個-1,200個)=(-)40,800円$〔不利〕

　　実績　@　──　円
　　予算　@　340円

変動販売費予算差異 ── 円(注)	
	標準変動販売費数量差異 △40,800円

　→実績P／L「標準変動販売費」

　　　　　　　予算販売量　　　実績販売量
　　　　　　　 1,080個　　　　1,200個

　(注) 直接標準原価計算を採用しているため，変動売上原価価格差異と変動販売費予算差異はここで
　　　は把握されず，後述の標準変動費差異として把握される。

 (4) 標準変動費差異
　　　標準変動費差異は実績P／Lを作成する際，変動売上原価および変動販売費を標準原価により計算したために生じたものである。したがって，変動製造原価差異については当期の実際販売量ではなく，実際投入量（仕掛品の在庫がないため生産量と同じ1,200個）にもとづいて計算され，変動販売費予算差異については実際販売量（1,200個）にもとづいて計算される。
　① 直接材料費差異
　　　　材料価格差異：$(200円/kg-210円/kg)\times3,840kg=(-)38,400円$〔不利〕
　　　　材料数量差異：$200円/kg\times(3kg\times1,200個-3,840kg)=(-)48,000円$〔不利〕
　　　　　　　　　　　　　　　　　当期投入量

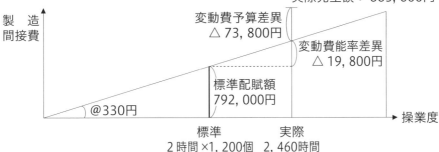

実際 @210円
標準 @200円

実際直接材料費： 806,400円

価格差異 △ 38,400円	
標準直接材料費 720,000円	数量差異 △ 48,000円

標準　　　　　　実際
3 kg ×1,200個　　3,840kg

② 直接労務費差異

労働賃率差異：(700円/時間－680円/時間)×2,460時間＝(+)49,200円〔有利〕
労働時間差異：700円/時間×(2 時間×1,200個－2,460時間)＝(−)42,000円〔不利〕
　　　　　　　　　　　　　　　　　当期投入量

実際 @680円
標準 @700円

実際直接労務費： 1,672,800円

賃率差異 ＋49,200円	
標準直接労務費 1,680,000円	時間差異 △ 42,000円

標準　　　　　　実際
2 時間 ×1,200個　　2,460時間

③ 変動製造間接費差異

変動製造間接費予算差異：330円/時間×2,460時間　885,600円＝(−)73,800円〔不利〕
変動製造間接費能率差異：330円/時間×(2 時間×1,200個－2,460時間)＝(−)19,800円〔不利〕
　　　　　　　　　　　　　　　　　　　　　当期投入量

製造
間接費

実際発生額： 885,600円

変動費予算差異
△ 73,800円

変動費能率差異
△ 19,800円

標準配賦額
792,000円

@330円

操業度

標準　　　　　　実際
2 時間 ×1,200個　2,460時間

④ 変動販売費予算差異：(340円/個－350円/個)×1,200個＝(−)12,000円〔不利〕
　　　　　　　　　　　　　　　　　　　当期販売量

(5) 固定費差異

製 造 固 定 費 差 異：1,015,200円－1,039,200円＝(−)24,000円〔不利〕
販 売 固 定 費 差 異：160,800円－160,000円　＝(+)　　800円〔有利〕
一般管理固定費差異：320,000円－320,000円　＝　　　　0円〔――〕
固 定 費 差 異：　　　　　　　　　　　　　　　　(−)23,200円〔不利〕

Theme
08

予算実績差異分析

3．純額分析（要因別分析）によった場合の差異分析と営業利益差異分析表
(1) 差異分析

販 売 価 格 差 異：(4,800円/個−5,000円/個)×1,200個 ＝(−)240,000円〔不利〕

販 売 数 量 差 異：2,000円/個×(1,200個−1,080個)　＝(+)240,000円〔有利〕

標準貢献利益差異：　　　　　　　　　　　　　　　　　　　　0円〔——〕

予算販売価格 @5,000円

| 販売価格差異 △240,000円 | 販売数量差異 ＋240,000円 | 単位あたり 予算貢献利益 @2,000円 |

実績販売価格 @4,800円

予 算 変 動 費 @3,000円

実績販売量　予算販売量
1,200個　　　1,080個

(2) 営業利益差異分析表

　　純額分析による営業利益差異分析表を示せば次のようになる。純額分析では，販売数量差異の分析にあたり，総額分析における売上高と変動費（標準変動売上原価および標準変動販売費）に関する販売数量差異が相殺され，単位あたり予算貢献利益で直接計算されていることを確認してほしい。

営 業 利 益 差 異 分 析 表

1．予算営業利益 ……………………………………… 664,000円
2．標準貢献利益差異
　(1) 販売価格差異 ……………〔−〕240,000円
　(2) 販売数量差異 ……………〔+〕240,000　……〔　〕　　　0
3．標準変動費差異
　(1) 材料価格差異 ……………〔−〕38,400円
　(2) 材料数量差異 ……………〔−〕48,000
　(3) 労働賃率差異 ……………〔+〕49,200
　(4) 労働時間差異 ……………〔−〕42,000
　(5) 変動製造間接費予算差異 ……〔−〕73,800
　(6) 変動製造間接費能率差異 ……〔−〕19,800
　(7) 変動販売費予算差異 ………〔−〕12,000　……〔−〕184,800
4．固定費差異
　(1) 製造固定費差異 ……………〔−〕24,000円
　(2) 販売固定費差異 ……………〔+〕　　800
　(3) 一般管理固定費差異 ………〔　〕　　　0　……〔−〕23,200
5．実績営業利益 ……………………………………… 456,000円

補足　活動区分別表示の営業利益差異分析表

　前述の［補足］でも触れたように，標準原価計算を採用している企業が予算実績差異分析を行う場合，営業利益差異分析表は，見やすいように活動区分別に差異を表示することがある。

　たとえば，［設例8－4］において活動区分別表示の営業利益差異分析表を作成した場合，次のような営業利益差異分析表になる。

営 業 利 益 差 異 分 析 表

```
1．予算営業利益 …………………………………………………      664,000円
2．販売活動差異
  (1) 販売価格差異 …………………〔-〕240,000円
  (2) 販売数量差異 …………………〔+〕600,000
      売上高差異 …………………〔+〕360,000円
  (3) 変動売上原価数量差異 ………〔-〕319,200
  (4) 変動販売費数量差異 …………〔-〕 40,800
  (5) 変動販売費予算差異 …………〔-〕 12,000
  (6) 販売固定費差異 ………………〔+〕    800    ……〔-〕 11,200
3．製造活動差異
  (1) 材料価格差異 …………………〔-〕 38,400円
  (2) 材料数量差異 …………………〔-〕 48,000
  (3) 労働賃率差異 …………………〔+〕 49,200
  (4) 労働時間差異 …………………〔-〕 42,000
  (5) 変動製造間接費予算差異 ……〔-〕 73,800
  (6) 変動製造間接費能率差異 ……〔-〕 19,800
  (7) 製造固定費差異 ………………〔-〕 24,000    ……〔-〕196,800
4．一般管理活動差異 ……………………………………………〔 〕        0
5．実績営業利益 …………………………………………………      456,000円
```

4 セグメント別の予算実績差異分析

　これまで学習してきた予算実績差異分析は，単一製品品種を前提とした全社的な分析であったが，企業が複数品種の製品を販売している場合には，全社的な分析だけでなく，その製品品種別にも分析が行われる。

　複数の製品品種がある場合の予算実績差異分析では，特に販売数量差異の詳細な分析が重要といえる。この販売数量差異の詳細な分析は，予算販売量と実績販売量をいかなる視点でとらえるかにより，主として次の2種類の分析に大別できる。

　そのひとつは，対外的な視点から「特定製品（または同種製品群）の属する市場」に目を向け，販売数量差異をさらに市場占拠率差異と市場総需要量差異に分析するマーケット・シェア分析（＝市場分析）である（下図の分析Aと分析B）。

　もうひとつは，対内的な視点から「当社内の総販売量」に目を向け，特定製品の販売数量差異をさらにセールス・ミックス差異と総販売数量差異に分析するセールス・ミックス分析（＝製品構成分析）である（下図の分析C）。

〈図　解〉

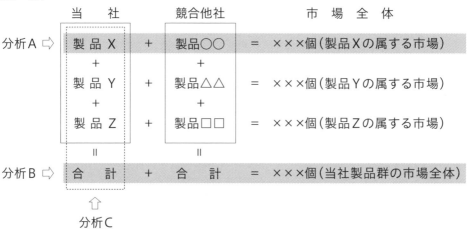

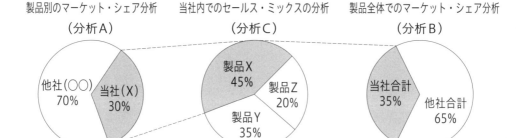

なお，製品品種別の分析では，各製品品種に固有の利益，すなわち製品貢献利益（セグメント・マージン）を用いて予算実績差異分析が行われる。

　また，この製品品種別の分析においては，予算・実績の比較に代えて期間比較により分析を行うことも多く，さらに，資本利益率（ROI）に関する予算実績差異分析を行うこともある。

1.　製品品種別のマーケット・シェア分析

　製品品種別のマーケット・シェア分析とは，ある製品品種について，当社の市場占拠率および市場全体の総需要量が増減することによる販売量の増減が利益に与える影響を分析するものであり，この分析によって製品品種別の販売数量差異は次のように詳細に分析される。

販売数量差異 ＝ ＠予算販売価格×（実績販売数量 － 予算販売数量）
〈内　訳〉

市場占拠率差異 ＝ ＠予算販売価格×$\left(\text{実績販売数量} - \dfrac{\text{実績総需要量の予算}}{\text{占拠率での販売数量}}\right)$

市場総需要量差異 ＝ ＠予算販売価格×$\left(\dfrac{\text{実績総需要量の予算}}{\text{占拠率での販売数量}} - \text{予算販売数量}\right)$

（注）実績総需要量の予算占拠率での販売数量 ＝ 実績総需要量×予算市場占拠率

〈差異分析図〉

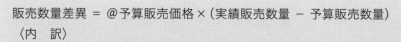

＠予算販売価格			
	販売価格差異	販 売 数 量 差 異	
＠実績販売価格		（市場占拠率差異）	（市場総需要量差異）

　　　　　　　　　　実績販売数量　　　　実績総需要量の予算　　　予算販売数量
　　　　　　　　　　　　　　　　　　　　占拠率での販売数量

　　　　　　　　　　　　　　　　　実績総需要量×予算市場占拠率

　当社の製品Dに関する最近2年間の財務資料は，次のとおりである。これらの資料にもとづき，下記の各問に答えなさい。

	20×0年度	20×1年度
平均販売単価	@60円	@50円
年 間 販 売 量	45,000個	50,000個
売　　上　　高	2,700,000円	2,500,000円
市 場 占 拠 率	40%	50%
変　　動　　費		
変動売上原価	1,215,000円	1,250,000円
	(@27円)	(@25円)
変 動 販 売 費	405,000円	100,000円
	(@9円)	(@2円)
個 別 固 定 費		
製 造 固 定 費	510,000円	520,000円
販 売 固 定 費	192,000円	230,000円
個 別 投 下 資 本	1,350,000円	1,000,000円

〔問1〕20×0年度と20×1年度の製品貢献利益を計算するとともに，それが増減した原因を分析し，製品貢献利益差異分析表を完成させなさい。

　　　　なお，有利な差異は＋，不利な差異は－の記号を〔　〕内に付けること（〔問2〕も同様とする）。

〔問2〕20×0年度と20×1年度の個別投下資本製品貢献利益率を計算するとともに，それが増減した原因を分析し，個別投下資本製品貢献利益率差異分析表を完成させなさい。

【解　答】

〔問1〕

製品貢献利益差異分析表　　　　　　　　（単位：円）

1．20×0年度製品貢献利益 …………………………		378,000
2．製品販売価格差異 …………… 〔－〕500,000		
3．市場総需要量差異 …………… 〔－〕300,000		
4．市場占拠率差異 ……………… 〔＋〕600,000		
5．製品販売数量差異（3＋4）…… 〔＋〕300,000		
6．売上高差異（2＋5）……………………………	〔－〕200,000	
7．変動売上原価価格差異 ……… 〔＋〕100,000		
8．変動売上原価数量差異 ……… 〔－〕135,000		
9．変動売上原価差異（7＋8）………………………	〔－〕 35,000	
10．変動販売費予算差異 ……… 〔＋〕350,000		
11．変動販売費数量差異 ………… 〔－〕 45,000		
12．変動販売費差異（10＋11）………………………	〔＋〕305,000	
13．貢献利益差異（6＋9＋12）……………………	〔＋〕 70,000	
14．個別製造固定費差異 ……… 〔－〕 10,000		
15．個別販売固定費差異 ………… 〔－〕 38,000		
16．個別固定費差異（14＋15）……………………	〔－〕 48,000	
17．差異合計（13＋16）……………………………	〔＋〕 22,000	
18．20×1年度製品貢献利益 ………………………		400,000

〔問2〕

個別投下資本製品貢献利益率差異分析表　　　　（単位：％）

1．20×0年度個別投下資本製品貢献利益率 …………………		28.0
2．売上高製品貢献利益率差異 ……… 〔＋〕5.0		
3．個別投下資本回転率差異 ………… 〔＋〕7.0		
4．差異合計（2＋3）………………………………………	〔＋〕12.0	
5．20×1年度個別投下資本製品貢献利益率 …………………		40.0

【解　説】

〔問1〕

1．各年度の製品貢献利益の計算

　　20×0年度と20×1年度の損益計算書を比較して，大まかな差異分析を行う。

	20×0年度	20×1年度	差　　異	
Ⅰ．売　上　高	2,700,000円	2,500,000円	(−)200,000円	{ 製品販売価格差異 製品販売数量差異
Ⅱ．変　動　費				
変動売上原価	1,215,000	1,250,000	(−) 35,000	{ 変動売上原価価格差異 変動売上原価数量差異
変動販売費	405,000	100,000	(+)305,000	{ 変動販売費予算差異 変動販売費数量差異
貢　献　利　益	1,080,000円	1,150,000円	(+) 70,000円	
Ⅲ．個　別　固　定　費				
製造固定費	510,000	520,000	(−) 10,000	…個別製造固定費差異
販売固定費	192,000	230,000	(−) 38,000	…個別販売固定費差異
製品貢献利益	378,000円	400,000円	(+) 22,000円	

2．詳細な差異分析（総額分析）

　(1)　売上高差異

　　　製品販売価格差異：(50円/個 − 60円/個)×50,000個　　　＝(−)500,000円〔不利〕

　　　市場総需要量差異：60円/個×(40,000個(＊) − 45,000個)＝(−)300,000円〔不利〕

　　　市場占拠率差異：60円/個×(50,000個 − 40,000個(＊))＝(+)600,000円〔有利〕

　　　製品販売数量差異：　　　　　　　　　　　　　　　　　　(+)300,000円〔有利〕

　　　売　上　高　差　異：　　　　　　　　　　　　　　　　　(−)200,000円〔不利〕

　　（＊）20×1年度総需要量の20×0年度占拠率での販売量：50,000個÷50%×40%＝40,000個

20×0年度　@60円	製品販売価格差異 △500,000円	製品販売数量差異 +300,000円	
20×1年度　@50円		(市場占拠率差異) +600,000円	(市場総需要量差異) △300,000円

　　　　　　　　　　　20×1年度　　　　　　　　　　　　　20×0年度
　　　　　　　　　　　50,000個　　　40,000個(＊)　　　45,000個

　(2)　変動売上原価差異

　　　変動売上原価価格差異：(27円/個 − 25円/個)×50,000個　＝(+)100,000円〔有利〕

　　　変動売上原価数量差異：27円/個×(45,000個 − 50,000個)＝(−)135,000円〔不利〕

　　　変動売上原価差異：　　　　　　　　　　　　　　　　　(−) 35,000円〔不利〕

164

| | 20×1年度 @25円 |
| | 20×0年度 @27円 |

変動売上原価価格差異 ＋100,000円

変動売上原価数量差異
△135,000円

20×0年度　　　20×1年度
45,000個　　　50,000個

(3) 変動販売費差異

変動販売費予算差異：（9円/個 － 2円/個）×50,000個 ＝(+)350,000円〔有利〕

変動販売費数量差異：9円/個×（45,000個－50,000個）＝(−) 45,000円〔不利〕

変 動 販 売 費 差 異：　　　　　　　　　　　　　　　(+)305,000円〔有利〕

20×1年度 ＠2円
20×0年度 ＠9円

変動販売費予算差異 ＋350,000円

変動販売費数量差異
△45,000円

20×0年度　　　20×1年度
45,000個　　　50,000個

(4) 個別固定費差異

製造固定費差異：510,000円－520,000円＝(−)10,000円〔不利〕

販売固定費差異：192,000円－230,000円＝(−)38,000円〔不利〕

個別固定費差異：　　　　　　　　　　　　(−)48,000円〔不利〕

3. 純額分析

参考までに，純額分析（要因別分析）によった場合の差異分析と製品貢献利益差異分析表を示すと次のようになる。

製 品 販 売 価 格 差 異：（50円/個－60円/個）×50,000個 ＝(−)500,000円〔不利〕

製 品 販 売 数 量 差 異：24円/個×（50,000個－45,000個）＝(+)120,000円〔有利〕

変動売上原価価格差異：（27円/個－25円/個）×50,000個 ＝(+)100,000円〔有利〕

変動販売費予算差異：（9円/個－ 2円/個）×50,000個 ＝(+)350,000円〔有利〕

貢 献 利 益 差 異：　　　　　　　　　　　　　(+) 70,000円〔有利〕

〈販売数量差異の内訳〉

市 場 占 拠 率 差 異：24円/個×（50,000個－40,000個）＝(+)240,000円〔有利〕

市 場 総 需 要 量 差 異：24円/個×（40,000個－45,000個）＝(−)120,000円〔不利〕

合　　　計　　　　　　　　　　　　　　　(+)120,000円〔有利〕

Theme
08

予算実績差異分析

165

20×0年度 @60円			
	製品販売価格差異 △500,000円	製品販売数量差異 +120,000円	20×0年度の 単位あたり 貢献利益 @24円
20×1年度 @50円			
		(市場占拠率差異) +240,000円　(市場総需要量差異) △120,000円	
20×0年度 @36円			

20×1年度　　　　　　　　　　20×0年度
50,000個　　40,000個　　45,000個

製品貢献利益差異分析表　　　　　　（単位：円）

1. 20×0年度製品貢献利益 ……………………………………… 378,000
2. 製品販売価格差異 …………〔－〕500,000
3. 市場占拠率差異 ……………〔＋〕240,000
4. 市場総需要量差異 …………〔－〕120,000
5. 製品販売数量差異（3 ＋4）……〔＋〕120,000
6. 変動売上原価価格差異 ………〔＋〕100,000
7. 変動販売費予算差異 …………〔＋〕350,000
8. 貢献利益差異（2 ＋5 ＋6 ＋7）……………………〔＋〕　70,000
9. 個別製造固定費差異 …………〔－〕　10,000
10. 個別販売固定費差異 …………〔－〕　38,000
11. 個別固定費差異（9 ＋10）………………………………〔－〕　48,000
12. 差異合計（8 ＋11）……………………………………〔＋〕　22,000
13. 20×1年度製品貢献利益 ……………………………………… 400,000

〔問2〕

1．個別投下資本製品貢献利益率の計算

　　20×0年度の個別投下資本製品貢献利益率：378,000円÷1,350,000円×100＝28.0％
　　20×1年度の個別投下資本製品貢献利益率：400,000円÷1,000,000円×100＝40.0％

2．個別投下資本製品貢献利益率差異の分析

　　20×0年度と20×1年度の個別投下資本製品貢献利益率を，売上高製品貢献利益率と
個別投下資本回転率とに分解したうえで比較して，差異分析を行う。

$$個別投下資本製品貢献利益率 = \frac{製品貢献利益}{個別投下資本} = \underset{\langle 売上高製品貢献利益率 \rangle}{\frac{製品貢献利益}{売上高}} \times \underset{\langle 個別投下資本回転率 \rangle}{\frac{売上高}{個別投下資本}}$$

(1) 20×0年度の個別投下資本製品貢献利益率

$$\frac{378,000円}{1,350,000円} \times 100 = \left(\underset{売上高製品貢献利益率0.14}{\frac{378,000円}{2,700,000円}} \times \underset{資本回転率2.0回転}{\frac{2,700,000円}{1,350,000円}} \right) \times 100 = 28.0％$$

166

(2) 20×1年度の個別投下資本製品貢献利益率

$$\frac{400,000円}{1,000,000円} \times 100 = \left(\underbrace{\frac{400,000円}{2,500,000円}}_{\text{売上高製品貢献利益率0.16}} \times \underbrace{\frac{2,500,000円}{1,000,000円}}_{\text{資本回転率2.5回転}}\right) \times 100 = 40.0\%$$

(3) 差異分析

売上高製品貢献利益率差異：$(16\% - 14\%) \times 2.5$回転　　　 ＝(+) 5.0% 〔有利〕

個別投下資本回転率差異：$14\% \times (2.5$回転 $- 2.0$回転$)$ ＝(+) 7.0% 〔有利〕

個別投下資本製品貢献利益率差異：　　　　　　　　　　　　　　(+)12.0% 〔有利〕

2. 同種製品のセールス・ミックス分析

　企業が複数品種の製品を販売している場合には，製品品種別に予算実績差異分析が行われることを学習したが，企業が販売する複数品種の製品が異種製品ではなく，大きさ，品位などが異なる同種製品で同一の販売市場に属するときの販売数量差異の分析には注意が必要である。

　なぜなら，販売する複数製品が同一の販売市場に属する場合，その販売量の増減は相互に他方の製品に影響を与えるためである。したがってこのような場合には，同種製品間のセールス・ミックス（販売組み合わせ）が変化したことによる販売量の増減が利益に対して与える影響を分析することが重要であり，この分析をセールス・ミックス分析という。

　この分析においては，販売数量差異は次のように詳細に分析される。

販売数量差異 ＝ ＠予算販売価格×（実績販売数量 － 予算販売数量）

〈内　訳〉

$\begin{cases} \text{セールス・ミックス差異 ＝ ＠予算販売価格×}\left(\text{実績販売数量} - \dfrac{\text{実 績 総 販 売 数 量 の 予 算}}{\text{セールス・ミックスでの販売数量}}\right) \\[2mm] \text{総販売数量差異 ＝ ＠予算販売価格×}\left(\dfrac{\text{実 績 総 販 売 数 量 の 予 算}}{\text{セールス・ミックスでの販売数量}} - \text{予算販売数量}\right) \end{cases}$

(注) 実績総販売数量の予算セールス・ミックスでの販売数量 ＝ 実績総販売数量×予算セールス・ミックス

〈差異分析図〉

@予算販売価格			
	販売価格差異	販 売 数 量 差 異	
@実績販売価格			
		(セールス・ミックス差異)	(総販売数量差異)

実績販売数量　　実績総販売数量の予算　　予算販売数量
セールス・ミックスでの販売数量

↑
実績総販売数量×予算セールス・ミックス

　また，販売する複数製品が同一の販売市場に属する場合，マーケット・シェア分析は各製品別に行うのではなく全製品の合計で行うことが多い。なぜなら，各製品の販売量の増減が相互に影響を与えるためである。したがってこのような場合，同種製品全体の加重平均販売価格を用いて，全製品の総販売数量にもとづき市場占拠率差異と市場総需要量差異の分析を行う。

設例 8-6

　当社は，消しゴムを製造・販売している。製品には，標準モデル（製品 St）とデラックス・モデル（製品 Dx）とがあり，両製品品種の 20×4 年度の予算と実績に関するデータは，下記のとおりである。

1. 20×4 年度の予算

種　別	販売単価(円)	販売数量(個)	セールス・ミックス(%)	売上(千円)
製品 St	40	67,500	60	2,700
製品 Dx	60	45,000	40	2,700
合　計		112,500	100	5,400

　なお，業界全体に占める当社の計画市場占拠率は，総販売数量で計算して 25％である。

2. 20×4 年度の実績

種　別	販売単価(円)	販売数量(個)	セールス・ミックス(%)	売上(千円)
製品 St	35	50,000	50	1,750
製品 Dx	55	50,000	50	2,750
合　計		100,000	100	4,500

　当社の実際市場占拠率は，20％であった。

　以上の資料にもとづき，各問いに答えなさい。なお，有利な差異は＋，不利な差異は－の記号を（　）内に付けること。また，差異金額は，千円単位で記入すること。

〔問1〕20×4年度の売上高について，製品別売上高の予算実績総差異を計算しなさい。

〔問2〕前問で計算した製品別売上高の予算実績総差異を，販売価格差異と販売数量差異に分析しなさい。

〔問3〕〔問2〕で計算した製品別の販売数量差異を，さらにセールス・ミックス差異と総販売数量差異に分析しなさい。

〔問4〕〔問3〕で計算した総販売数量差異を，さらに市場占拠率差異と市場総需要量差異に分析しなさい。なお，これらの両差異は，製品別ではなく，全社合計で計算すること。

【解　答】

〔問1〕製品別売上高の予算実績総差異

種　別	総差異（千円）
St	(−) 950
Dx	(+)　50
合　計	(−) 900

〔問2〕販売価格差異と販売数量差異

種　別	販売価格差異（千円）	販売数量差異（千円）
St	(−) 250	(−) 700
Dx	(−) 250	(+) 300
合　計	(−) 500	(−) 400

〔問3〕セールス・ミックス差異と総販売数量差異

種　別	セールス・ミックス差異（千円）	総販売数量差異（千円）
St	(−) 400	(−) 300
Dx	(+) 600	(−) 300
合　計	(+) 200	(−) 600

〔問4〕

市場占拠率差異　　(−) 1,200千円

市場総需要量差異　(+)　600千円

【解　説】
1．製品別売上高の予算実績総差異

製品別予算売上高と製品別実績売上高を比較して，予算実績総差異を計算する。

	予算売上高	実績売上高	差　　異
製品St	2,700千円	1,750千円	(−)950千円
製品Dx	2,700千円	2,750千円	(+) 50千円
合　計	5,400千円	4,500千円	(−)900千円

2．販売価格差異と販売数量差異の分析

総差異を，製品別に販売価格差異と販売数量差異とに分析する。なお，本問は売上高だけを分析対象としているため，総額分析によって分析する。

(1)　製品St

販売価格差異：(35円/個−40円/個)×50,000個　＝ (−) 250千円〔不利〕

販売数量差異：40円/個×(50,000個−67,500個) ＝ (−) 700千円〔不利〕

売　上　高　差　異：　　　　　　　　　　　　　　(−) 950千円〔不利〕

(2)　製品Dx

販売価格差異：(55円/個−60円/個)×50,000個　＝ (−) 250千円〔不利〕

販売数量差異：60円/個×(50,000個−45,000個) ＝ (+) 300千円〔有利〕

売　上　高　差　異：　　　　　　　　　　　　　　(+) 50千円〔有利〕

3．セールス・ミックス差異と総販売数量差異の分析

　製品別の販売数量差異を，さらにセールス・ミックス差異と総販売数量差異とに分析する。

(1)　製品 St

セールス・ミックス差異：40円/個×(50,000個−60,000個(＊))=(−)400千円〔不利〕

総販売数量差異：40円/個×(60,000個(＊)−67,500個)=(−)300千円〔不利〕

販　売　数　量　差　異：　　　　　　　　　　　　　　　　　(−)700千円〔不利〕

(＊)　実績総販売数量の予算セールス・ミックスでの製品St販売量
　　50,000個÷50%×60%=60,000個

予算 @40円	販売価格差異 △250千円	販売数量差異 △700千円	
実績 @35円		(セールス・ミックス差異) △400千円	(総販売数量差異) △300千円
	実績 50,000個	60,000個(＊)	予算 67,500個

(2)　製品 Dx

セールス・ミックス差異：60円/個×(50,000個−40,000個(＊))=(＋)600千円〔有利〕

総販売数量差異：60円/個×(40,000個(＊)−45,000個)=(−)300千円〔不利〕

販　売　数　量　差　異：　　　　　　　　　　　　　　　　　(＋)300千円〔有利〕

(＊)　実績総販売数量の予算セールス・ミックスでの製品Dx販売量
　　50,000個÷50%×40%=40,000個

予算 @60円	販売価格差異 △250千円	販売数量差異 ＋300千円	
実績 @55円		(セールス・ミックス差異) ＋600千円	(総販売数量差異) △300千円
	実績 50,000個	40,000個(＊)	予算 45,000個

4．市場占拠率差異と市場総需要量差異の分析

　総販売数量差異を，全社的に市場占拠率差異と市場総需要量差異とに分析する。

(1)　予算加重平均販売単価

　（製品 St と製品 Dx を合計して）全社的に市場占拠率差異と市場総需要量差異とに分析するため，予算販売単価，予算セールス・ミックスのもとでの製品 St と製品 Dx の加重平均販売単価を計算する必要がある。

予算加重平均販売単価：5,400千円÷112,500個=48円/個
　　　　　　　　　　　予算総売上高　予算総販売数量

または，次のように計算してもよい。

種別	販売単価	セールス・ミックス	加重平均販売単価
製品St	40円	60%	24円
製品Dx	60円	40%	24円
合　計		100%	48円

(2)　総販売数量差異の全社合計

〔問3〕で計算した製品別の総販売数量差異の全社合計を計算すれば，次のとおり。

総販売数量差異：(−)300千円〔不利〕 ＋ (−)300千円〔不利〕＝(−)600千円〔不利〕
　　　　　　　製品Stの総販売数量差異　　製品Dxの総販売数量差異

または，予算加重平均販売単価により次のように計算してもよい。

総販売数量差異：48円/個×(100,000個−112,500個)＝(−)600千円〔不利〕
　　　　　　　　　　　　　実績総販売数量　　予算総販売数量

(3)　市場占拠率差異と市場総需要量差異

市場占拠率差異：48円/個×(100,000個−125,000個(＊))＝(−)1,200千円〔不利〕

市場総需要量差異：48円/個×(125,000個(＊)−112,500個)＝(＋)　600千円〔有利〕

総販売数量差異：　　　　　　　　　　　　　　　　　　(−)　600千円〔不利〕

（＊）実績総需要量の予算占拠率での販売量：100,000個÷20%×25%＝125,000個
　　　　　　　　　　　　　　　　　　　　実績総需要量

加重平均　@48円

	総販売数量差異 △600千円	
(市場占拠率差異) △1,200千円		(市場総需要量差異) ＋600千円
実績合計 100,000個	125,000個(＊)	予算合計 112,500個

MEMO

予算実績差異分析

09 差額原価収益分析
Theme

Check ここでは，経営上生じる問題点を解決する経営意思決定のための原価計算手法について学習する。

1 差額原価収益分析総論

1. 経営意思決定とは

　企業経営を行ううえで，経営管理者が経常的に必要とする情報は，公開財務諸表の作成に関する情報や原価管理，利益管理に有用な情報であり，これらは経常的に実施される原価計算制度によってもたらされる。

　これに対し，経営管理者は経営上生じた個々の問題について，解決策をそのつど模索するような非反復的な意思決定に迫られることがある。

　このような，経営上生じた問題を解決し，企業の方針を決定することを経営意思決定（decision making）といい，経営意思決定を行うための理論と計算を経営意思決定会計という。

> 経営意思決定 … 経営上生じた問題を解決するための企業方針の決定

2. 経営意思決定の分類

　経営意思決定は，経営の基本構造に関するものか，業務活動の執行に関するものかにより，構造的意思決定と業務執行上の意思決定に分けることができる。

(1) 構造的意思決定

　　構造的意思決定は，企業の経営構造自体に変更をもたらすような意思決定をいい，通常それは長期的な視点に立って行われる。

> 構造的意思決定 … 経営構造自体に変更をもたらす意思決定

　　〈例〉① どのような製品の製造・販売を行うか　→　経営給付の意思決定
　　　　　② 工場をどこに建設するか　　　　　　　→　経営立地の意思決定
　　　　　③ 物的生産設備の新設，取替え，廃棄　　→　設備投資の意思決定
　　　　　④ 事業部制を採用するか　　　　　　　　→　経営組織構造の意思決定

(2) 業務執行上の意思決定

　　業務執行上の意思決定とは，既存の経営構造を所与として行われる業務活動の執行に関する意思決定をいい，通常1年以内といった短期的な視点に立って行われる。

〈例〉　①　新規注文を引き受けるか断るか　　　→　特別注文引受可否の意思決定

②　部品を内製するか購入するか　　　　→　部品内製か購入かの意思決定

③　追加加工をして販売するか　　　　　→　追加加工の要否の意思決定

④　既存の製品品種の製造・販売を中止するか　→　セグメントの継続か廃止かの意思決定

⑤　材料の最適な購入単位の計算　　　　→　経済的発注量の計算

3．経営意思決定のプロセス

経営意思決定は，問題を解決するための企業方針の決定であり，次のようなプロセスからなっている。

① 経営上生じた問題の確認

↓

② 問題解決のための諸代替案の列挙

↓

③ 諸代替案の数量化・比較検討　←　④ 数量化できない要素の認識・評価

↓

⑤ 管理者による諸代替案の選択

(注)　④の数量化できない要素とは，たとえば次のような例をあげることができる。

・自製部品を廉価な部品の購入へと切り替えることにより，製品の信頼度が低下する可能性など

・新規顧客に対して有利な価格で販売することにより，従来の顧客の信用を損なう可能性など

4．経営意思決定に必要な会計情報とその計算方法

⑴　経営意思決定に必要な会計情報

経営意思決定の計算は，企業の未来の活動にかかわる計算であり，これは将来採りうる代替的コースの選択といえる。そのために必要とされる情報は，諸代替案のもとで発生額の異なる未来の収益・原価・利益（・および投資）に関する情報である。なぜなら，発生額が異なれば代替案を比較した際に優劣がつき，逆に発生額が同じであれば代替案を比較しても優劣がつかないからである。

また，経営意思決定に必要となる未来の収益・原価・利益（・および投資）に関する情報は，（過去原価を中心とした）経常的な原価計算制度から得られる情報だけでは不十分であり，特別な調査により別途入手する必要がある（これを「特殊（原価）調査」という）。

(2) 経営意思決定において用いる基礎的な用語

① 代替案の比較により発生額が異なるかどうかによる分類を示す用語

関連収益・関連原価 … 代替案の比較により発生額の異なる収益・原価

無関連収益・無関連原価 … 代替案の比較により発生額の変化しない収益・原価。
なお，無関連原価は埋没原価ともいわれる。

② 関連収益・関連原価の比較によって生じる差額を示す用語

差　額　収　益 … 関連収益の比較から生じる各収益項目の差額（および
その合計）

差　額　原　価 … 関連原価の比較から生じる各原価項目の差額（および
その合計）

差　額　利　益 … 差額収益 − 差額原価

③ 特殊な原価概念

機　会　原　価 … 特定の代替案を選択した場合，他の案を選択していれ
ば得られたであろう利益を犠牲にすることになる。そ
の犠牲にした利益額（逸失利益）をいう。なお，犠牲
にした案が複数ある場合は，そのうち最大の利益額（最
大逸失利益）をいう。

機　会　損　失 … 特定の代替案を選択した場合に，最善案を選択してい
れば得られたであろう利益を犠牲にすることになる。
その犠牲にした利益との差額をいう。つまり，不利な
案を選択した場合に被る損失額のことである。

補足 機会原価と機会損失

　機会原価と機会損失の両者の違いを理解するために，以下の例を用いて確認する。
〔例〕次の各案を選択したことによる機会原価と機会損失を求めなさい。

	A案	B案	C案
利　益	5,200円	5,000円	5,500円

【解答・解説】
(1) A案を選択した場合
　　機会原価　5,500円（断念したB案とC案から得られる利益額のうち最大のもの：C案5,500円）
　　機会損失　　300円（最善案であるC案の利益と選択したA案の利益との差額：
　　　　　　　　　　　　5,500円 − 5,200円 = 300円）
(2) B案を選択した場合
　　機会原価　5,500円（断念したA案とC案から得られる利益額のうち最大のもの：C案5,500円）

機会損失　　500円（最善案であるＣ案の利益と選択したＢ案の利益との差額：

　　　　　　　　　　　　5,500円－5,000円＝500円）

(3)　Ｃ案を選択した場合

　　機会原価　5,200円（断念したＡ案とＢ案から得られる利益額のうち最大のもの：Ａ案5,200円）

　　機会損失　　　　0円（最善案を選択しているので損失は0。なお、Ａ案との差額をとらえて機会

　　　　　　　　　　　　利得300円ということもある。）

(3)　**経営意思決定の計算方法**

　　経営意思決定を適切に行うための原価計算手法を差額原価収益分析といい，諸代替案の比較により生じる差額収益と差額原価から差額利益を計算し，有利な代替案を選択する分析手法をいう。

> 経営意思決定のための原価計算 … 差額原価収益分析

　　なお，差額原価収益分析は，貨幣の時間価値を考慮するかどうかにより次のように分類することができる。

①　**時間価値を考慮しない差額原価収益分析**

　　意思決定の効果の及ぼす期間が通常1年以内であるため，時間価値を考慮する必要がない場合の意思決定の方法をいう。この方法は，主として業務執行上の意思決定において使用される。

②　**時間価値を考慮する差額原価収益分析**

　　設備投資の意思決定のように，その意思決定の効果の及ぼす期間が1年以上にわたり，なおかつ年々異なる金額の効果が生じるために，分析計算において時間価値を考慮すべき意思決定の方法をいう。この方法は，主として構造的意思決定において使用される。

(4)　**差額原価収益分析の計算方法**

　　差額原価収益分析の計算方法は，総額法と差額法（増分法）に大別することができる。

①　**総額法**

　　各代替案から生じる収益・原価をすべて列挙し，各代替案の利益を計算したうえで，両案を比較し差額利益を計算する方法をいう。

	代 替 案 Ａ	－	代 替 案 Ｂ	＝	差　　　額
（収　益）	関 連 収 益		関 連 収 益		差 額 収 益
	無関連収益		無関連収益		───
（原　価）	関 連 原 価		関 連 原 価		差 額 原 価
	無関連原価		無関連原価		
（利　益）	利　　　益	－	利　　　益	＝	差 額 利 益

② **差額法（増分法）**

各代替案の関連項目（関連収益と関連原価）のみを抜き出して，直接に差額収益と差額原価を計算することで差額利益を求める方法をいう。

差額収益

代替案Ａの関連収益　　　　×××

代替案Ｂの関連収益　　△×××　　　　×××

差額原価

代替案Ａの関連原価　　　　×××

代替案Ｂの関連原価　　△×××　　　　×××

差額利益　　　　　　　　　　　　　×××

③ **意思決定：差額利益がプラスであれば代替案Ａを選択する。**

(注1) 諸代替案が原価のみに影響を与える場合には，差額原価のみを測定・比較して有利な案を選択する。

(注2) 諸代替案が収益，原価，利益，投資額のすべてに影響を与える場合には，差額投下資本利益率などを計算して判断をする。

なお，「テーマ10」では業務執行上の意思決定について学習し，構造的意思決定については「テーマ11」において学習する。

MEMO

差額原価収益分析

10 業務執行上の意思決定

Theme

Check ここでは，短期の意思決定である業務執行上の意思決定について学習する。

1 業務執行上の意思決定総論

業務執行上の意思決定とは，既存の経営構造を所与として行われる業務活動の執行に関する意思決定をいい，通常1年以内といった短期的な視点に立って行われる。意思決定の効果が及ぼす期間が通常1年以内であるため，時間価値を考慮せずに差額原価収益分析を行って，意思決定を行う。

2 業務執行上の意思決定の計算例

業務執行上の意思決定は，現状の経営構造のもとでいかなる業務活動を行うかということであり，言い換えれば，業務活動量に関する用途の選択であるといえる。

したがって多少の例外はあるものの，おおむね次の関係が成立する。

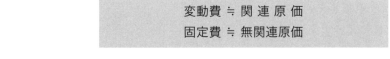

〈図　解〉

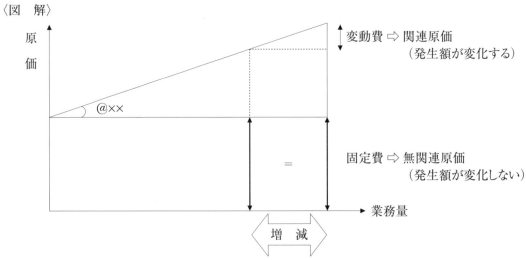

ただし，準固定費のように，業務量が増減したときに増減する固定費は，増減する部分が関連原価となる。

〈例〉部品を内製するために，別途必要となる特殊機械の賃借料など。

以下，本テーマでは，業務執行上の意思決定について，その計算例を学習する。

1. 特別注文引受可否の意思決定

特別注文引受可否の意思決定とは，従来から生産・販売している製品に対して新規の顧客から特別の条件で注文があった場合に，これを引き受けるべきか，あるいは断るべきかについての判断を行う意思決定をいう。

この場合，新規に特別注文を引き受けることによって追加的に発生する収益と原価，すなわち差額収益と差額原価を比較して差額利益を計算し，特別注文の引受けにより差額利益が生じるならば，その注文は引き受けるべきであると判断する。

設例 10-1

次の資料にもとづいて，下記の設問に答えなさい。

（資　料）

(1) 当社は，製品Aの製造・販売を行っている。製造原価および販売・一般管理費の予算データは，次のとおりである。

		製品1個あたりの変動費	固　定　費
製　造　原　価		29円/個	100,000円
販売費	販売員手数料	3円/個	——
	物品運送費	1円/個	——
一　般　管　理　費		——	20,000円

(2) 現在の製品Aの製造・販売量は9,000個であり，販売単価は60円である。

(3) いま，新規の顧客から「単価が40円，個数が1,800個」という条件で注文がなされてきた。注文の相手方は，この条件でなければこれをキャンセルするという。そこで，この注文を受けるべきか否かを，差額原価収益分析を行って判断したい。ただし，相手側からの注文のため，新規注文に対する販売員手数料は発生せず，当社にはこの注文を受けるだけの十分な生産能力がある。

〔設問1〕上記の資料にもとづき，この注文を引き受けるほうがよいか，断ったほうがよいか答えなさい。

〔設問2〕新規注文を引き受ける場合，既存の販売分9,000個の販売単価60円を55円に引き下げなければならないとする。この条件を加味したうえで，新規注文を引き受けるほうがよいか，断ったほうがよいか答えなさい。

〔設問3〕前問の価格引下げの条件は削除する。新規注文を引き受ける場合，既存の販売分9,000個の販売単価60円を引き下げなければならないとする。新規注文の引受けにより損をしないための最低の販売単価はいくらになるかを答えなさい。

【解　答】

〔設問1〕新規注文を引き受けた場合，$\left\{ \begin{array}{l} \text{差額利益} \\ \overline{\text{差額損失}} \end{array} \right\}$ が（ 18,000 ）円生じるので，

この注文は $\left\{ \begin{array}{l} \text{引き受けた} \\ \overline{\text{断　っ　た}} \end{array} \right\}$ ほうが有利である。

〔設問2〕新規注文を引き受けた場合，$\left\{ \begin{array}{l} \overline{\text{差額利益}} \\ \text{差額損失} \end{array} \right\}$ が（ 27,000 ）円生じるので，

この注文は $\left\{ \begin{array}{l} \overline{\text{引き受けた}} \\ \text{断　っ　た} \end{array} \right\}$ ほうが有利である。

〔設問3〕新規注文の引受けにより損をしない最低の販売単価は（ 58 ）円/個である。

【解　説】

〔設問1〕

1．総額法による解法

	注文を引き受ける案	注文を断る案	差　額
収　益			
既存販売分	@60円×9,000個＝540,000円	@60円×9,000個＝540,000円	——円
新規注文分	@40円×1,800個＝ 72,000円	——円	72,000円
合　計	612,000円	540,000円	72,000円
変　動　費			
製造原価	@29円×10,800個＝313,200円	@29円×9,000個＝261,000円	52,200円
販　売　費			
既存販売分	@4円×9,000個＝ 36,000円	@4円×9,000個＝ 36,000円	——円
新規注文分	@1円×1,800個＝ 1,800円	——円	1,800円
固　定　費			
製造原価	100,000円	100,000円	——円
一般管理費	20,000円	20,000円	——円
合　計	471,000円	417,000円	——円
利　　益	141,000円	123,000円	18,000円

結論：新規注文を引き受けた場合，差額利益が18,000円生じるので，この注文は引き受けたほうが有利である。

〈説　明〉

　この意思決定問題では，注文を引き受ける場合と断る場合の両案を比較して，その差額を計算し，差額利益が生じるなら新規注文を引き受け，差額損失が生じるなら新規注文は断ると判断する。

　その際，収益，原価に差額の生じるものが関連収益，関連原価であり，差額の生じないもの（＝上記差額欄が——〈ゼロ〉となる項目）が無関連収益，無関連原価（埋没原価）になる。

また，意思決定計算において，その原価が関連原価なのか無関連原価なのかの判断は，回避可能性に着目することも有効である。関連原価は，その代替案を採用しなければ発生しないコストであるから回避可能原価であり，逆に無関連原価はその代替案を採用しなくても発生するコストであるから回避不能原価となる。

2．差額法による解法

I 差額収益		
新規注文分売上高	＠40円×1,800個＝	72,000円
II 差額原価		
変動製造原価	＠29円×1,800個＝52,200円	
変動販売費	＠1円×1,800個＝ 1,800円	54,000円
III 差額利益		18,000円

結論：新規注文を引き受けた場合，差額利益が18,000円生じるので，この注文は引き受けたほうが有利である。

〈説　明〉

　差額法によると，両案を比較して差額の生じる関連項目のみを拾い出し，差額収益と差額原価を計算することで差額利益をすばやく求めることができる。

　総額法によっても差額法によっても意思決定の結論は変わらないが，会計的素養の乏しい経営管理者にとっては，各項目ごとに差額を計算して示す総額法のほうが理解しやすい場合も多い。

〔設問2〕

　〔設問1〕では，新規の注文を引き受けようと断ろうと，既存の顧客への製造・販売分については，従来の価格のまま販売できると仮定している。しかしながら，この新規注文を特別価格で引き受けることで，既存の販売分の販売価格に影響を及ぼすときは，値下げによる収益減少分をマイナスの差額収益として分析計算に計上する。

I 差額収益		
新規注文分売上高	＠40円×1,800個＝ 72,000円	
既存売上高減少分	△＠5円×9,000個＝△45,000円	27,000円
II 差額原価		
変動製造原価	＠29円×1,800個＝ 52,200円	
変動販売費	＠1円×1,800個＝ 1,800円	54,000円
III 差額利益		△27,000円

結論：新規注文を引き受けた場合，差額損失が27,000円生じるので，この注文は断ったほうが有利である。

〔設問3〕

　〔設問1〕より，新規注文を引き受けると18,000円の差額利益が得られるので，この利益を既存の顧客への値引にあてると考える。

　　製品1個あたりの値引の上限：18,000円÷9,000個＝2円/個

　または，〔設問2〕における既存の顧客への販売価格減少分をP（円）とおいて，次の式を解いてもよい。

$$(72,000円 － 9,000P) － 54,000円 \geqq 0$$

$$P \leqq 2（円）$$

　したがって，新規注文の引受けにより損をしない最低の販売単価は58円/個（＝60円/個 － 2円/個)である。

 参考　機会原価概念を使用した差額原価収益分析

　〔設例10－1〕〔設問1〕において，機会原価概念を使用した差額原価収益分析を行えば，次のようになる。

	注文を引き受ける場合	
Ⅰ 差 額 収 益		
売　上　高		612,000円
Ⅱ 差 額 原 価		
変 動 製 造 原 価	313,200円	
変 動 販 売 費	37,800円	
固 定 製 造 原 価	100,000円	
固 定 一 般 管 理 費	20,000円	
機 会 原 価	123,000円	594,000円
Ⅲ 差 額 利 益		18,000円

　新規注文を引き受けるという特定の代替案を選択する場合には，断念する代替案（＝新規注文を断る案）から得られる利益額123,000円は得る機会を逸することになる。

　この逸失利益のことを機会原価といい，新規注文を引き受ける案を選択した場合の差額原価として計上される。

　すなわち，新規注文を引き受ける場合には，仮に123,000円の利益を犠牲にしても，なお18,000円の利益を残せるため，注文を引き受けるほうが有利であると判定できるのである。

　なお，一般に意思決定計算上，差額原価となるものは「未来支出原価＋機会原価」である。未来支出原価とは，直接材料費などの変動費に代表されるような，ある案を新たに採用することによって追加的に発生する現金支出原価をいう。

2. 内製か購入かの意思決定

内製か購入かの意思決定とは，企業の所有する生産能力に遊休が生じている場合，従来は購入していた必要部品を遊休生産能力を利用して自家製造（＝内製）すべきか，あるいは従来どおり外部企業より購入すべきかの判断を行う意思決定をいう。

内製か購入かの意思決定は，製品製造に必要な部品をどのように調達するかの判断であるため，収益には影響を及ぼさず，内製と購入のどちらのほうが原価が低くなるかによって判断する。

設例 10-2

次の資料にもとづいて，下記の設問に答えなさい。

（資　料）

(1) 甲製造部門では，部品Ｓを製造しており，部品Ｓを１個製造するのに要する製造原価は次のように予定されている。

直接材料費	8,000円
直接労務費　1,000円/時×4時間＝	4,000円
製造間接費　　600円/時×4時間＝	2,400円
計	14,400円

(2) 製造間接費変動予算は次のとおり。

① 変動費率　　　　　　　　250円/時間
② 年間固定製造間接費予算　7,000,000円
③ 年間正常機械作業時間　　20,000時間

(3) さて，次年度の予算編成において，甲製造部門で年間2,000機械作業時間の遊休が生じることが見込まれた。そこで，この遊休時間を利用して，現在外部から購入している部品Ｔを内製すべきかどうかが問題となった。

(4) 部品Ｔの年間必要量は1,000個であり，１個の製造には２直接作業時間および２機械作業時間を必要とする。現在労働力には余裕がないので，部品Ｔを内製する場合には臨時工（700円/時）を雇って部品Ｔの内製にあてる。また，部品Ｔの直接材料費は１個あたり4,400円と見積られる。

(5) 従来どおり外部購入する場合には，部品Ｔは１個あたり6,500円で購入できる見込みである。

〔設問１〕上記の資料にもとづき，部品Ｔは，内製と購入のどちらが有利であるかを判断しなさい。

〔設問２〕次の条件を追加する。

(6) 部品Ｔの内製には特殊機械が必要であり，その年間賃借料は180,000円である。このとき，部品Ｔの年間必要量が何個以上であれば，内製（または購入）が有利となるか判断しなさい。

〔設問３〕さらに，次の条件を追加する。

(7) 部品Ｔを購入する場合には2,000時間の遊休時間について，同じく現在外部企業より購入している部品Ｕの内製にあてることを検討する。

⑻　部品Uを内製する場合にも，労働力は臨時工（560円/時）を雇うことにする。

⑼　部品Uの市価は1個あたり3,640円である。

⑽　部品Uの必要量は年間1,000個であり，内製する場合の見積変動製造原価は次のとおりである。

	1個あたり
直 接 材 料 費	1,500円
直 接 労 務 費　560円/時×2時間＝	1,120円
変動製造間接費　250円/時×2時間＝	500円
	3,120円

この場合，部品Tは内製，購入のどちらが有利であるか判断しなさい。

【解　答】

〔設問1〕$\left\{\begin{array}{c}\text{内　製}\\\text{購──入}\end{array}\right\}$するほうが（200,000）円だけ有利である。

〔設問2〕部品Tの年間必要量が（901）個以上であれば，$\left\{\begin{array}{c}\text{内　製}\\\text{購──入}\end{array}\right\}$が有利である。

〔設問3〕部品Tを$\left\{\begin{array}{c}\text{内──製}\\\text{購　入}\end{array}\right\}$するほうが（500,000）円だけ有利である。

【解　説】

〔設問1〕

　部品T1,000個を内製することで追加的に発生する原価と，これを外部から購入することで追加的に発生する原価とを比較し，どちらのほうが原価が低くなるかで判断を行えばよい。

　なお，内製か購入かの意思決定は，遊休生産能力の有効利用の問題であり，所有する既存の生産能力を利用するかぎり，固定製造間接費の発生額は変化しない。したがって，固定製造間接費はこの意思決定においては，無関連原価（＝埋没原価）となることに注意する。

　よって，本問において関連原価となるものは部品Tの変動製造原価と購入原価である。

　また，この意思決定は遊休生産能力の利用に関する問題であるため，意思決定の計算対象となる部品の数量も確認しておく必要がある。

　　2,000時間〈遊休生産能力〉÷2時間/個＝1,000個〈内製可能量〉

　この例では，部品必要量1,000個がすべて内製可能であるが，仮に遊休生産能力で800個しか内製できないとすれば，残り200個については，内製案を選択しても購入せざるを得ないため，この意思決定において無関連原価となることに注意する。

	部品Tを内製する案	部品Tを購入する案	差　　　額
変動製造原価			
直 接 材 料 費	① 4,400,000円	―― 円	4,400,000円
直 接 労 務 費	② 1,400,000	――	1,400,000
変動製造間接費	③ 500,000	――	500,000
購 入 原 価	――	④ 6,500,000	(6,500,000)
計	6,300,000円	6,500,000円	(200,000円)

① 4,400円/個×1,000個＝4,400,000円
② 700円/時×2時間×1,000個＝1,400,000円
③ 250円/時×2時間×1,000個＝500,000円
④ 6,500円/個×1,000個＝6,500,000円

結論：内製するほうが200,000円だけ原価が低く有利である。

〔設問2〕

　部品Tを内製する場合に必要な特殊機械の賃借料は，内製する案の関連原価となる。そこで，この追加条件をふまえて，部品Tの年間必要量をX個としたときの，年間の関連原価発生額は次のようになる。

（単位：円）

	部品Tを内製する案	部品Tを購入する案
変動製造原価		
直 接 材 料 費	@4,400×X個	――
直 接 労 務 費	@1,400×X個	――
変動製造間接費	@ 500×X個	――
機 械 賃 借 料	180,000	
購 入 原 価	――	@6,500×X個
計	6,300X+180,000	6,500X

そこで，「内製案の関連原価＜購入案の関連原価」となるXの範囲を求める。
すなわち，$6,300X+180,000 < 6,500X$　　　∴ $X > 900$

結論：901個以上であれば内製するほうが有利になる。

〈別解法〉

　両案の変動単価の差額によって，固定費の差額180,000円がなくなる個数を考えてもよい。

　　180,000円÷（@6,500円−@6,300円）＝900個

　したがって，両案の関連原価は900個で均衡し同額となるため，901個以上であれば変動単価の低い内製案のほうが有利となる。

〔設問3〕

　部品Tを購入する場合には，遊休生産能力はそのままとなるため，遊休生産能力の他の用途として，別の必要部品Uの内製にあてることを検討する。

本問においても，意思決定の計算対象となる部品Uの数量を確認すると，

　　2,000時間〈遊休生産能力〉÷2時間/個＝1,000個〈内製可能量〉

となる。よって，部品U必要量1,000個がすべて内製可能である。

　この場合の，遊休生産能力の利用に関する代替案の組み合わせは次のとおりであり，いずれの組み合わせのほうが関連原価合計が低いかで判断する。

部 品 T		部 品 U	原 価 合 計
内 製	＋ 購 入	＝	×××
購 入	＋ 内 製	＝	×××

(1)　部品Tを内製し，部品Uを購入した場合の関連原価合計額

　　　　部品T：6,300円/個×1,000個＋180,000円＝ 6,480,000円

　　　　部品U：3,640円/個×1,000個　　　　　　 ＝ 3,640,000円

　　　　　計　　　　　　　　　　　　　　　　　 10,120,000円

(2)　部品Tを購入し，部品Uを内製した場合の関連原価合計額

　　　　部品T：6,500円/個×1,000個＝ 6,500,000円

　　　　部品U：3,120円/個×1,000個＝ 3,120,000円

　　　　　計　　　　　　　　　　　　 9,620,000円

(3)　両案の比較および結論

　　　　10,120,000円－9,620,000円＝500,000円

　　結論：部品Tは購入し，部品Uを内製するほうが原価が500,000円低く有利である。

〈別解法〉

　機会原価概念を使用しても解答することができる。すなわち，遊休生産能力を部品Uの内製にあてる場合には，部品Tは内製できず，部品Tを内製する場合の差額利益を断念することになる。これは部品Uの内製案における機会原価になる。

　〔設問2〕における特殊機械の賃借料を考慮すると，部品Tの内製による差額利益は20,000円（＝200,000円〈設問1の差額利益〉－180,000円〈機械賃借料〉）である。

　したがって，部品Uについて，内製案と購入案の関連原価を比較すると次のようになる。

	部品Uを内製する案	部品Uを購入する案
変 動 製 造 原 価	＠3,120円×1,000個	――
機 会 原 価	20,000円	――
購 入 原 価	――	＠3,640円×1,000個
計	3,140,000円	3,640,000円

　　両案の差額：3,640,000円－3,140,000円＝500,000円

　　結論：部品Uを内製するほう（＝部品Tは購入するほう）が原価が500,000円低く有利である。

補足 内製案と購入案の優劣分岐点の表示について

〔設例10-2〕の〔設問2〕において，解答は「901個以上であれば〜」と表示したが，解答の問われ方によっては，数値が異なる場合があるので注意してほしい。

優劣分岐点が900個であるとき，解答要求には次のようなパターンがある。

① 部品Tの年間必要量が（　　）個以上であれば，$\left\{\begin{array}{l}内　製\\購　入\end{array}\right\}$が有利である。

② 部品Tの年間必要量が（　　）個より多ければ，$\left\{\begin{array}{l}内　製\\購　入\end{array}\right\}$が有利である。

まず，①のように「○○個以上」という場合には，○○の数値も含まれてしまうため，優劣を示すための解答は「901個以上」となる。

次に，②のように「○○個より多ければ」という場合には，○○の数値は含まれないため，優劣を示すための解答は「900個より多ければ」となる。

参考 部品Tの単位あたり全部製造原価が与えられている場合

問題によっては，次のように部品Tの単位あたり全部製造原価が与えられる場合がある。

〈部品Tの単位あたり全部製造原価〉

直 接 材 料 費	4,400円
直 接 労 務 費　700円/時　×2時間=	1,400円
製 造 間 接 費　600円/時※×2時間=	1,200円
計	7,000円

※ 甲製造部門における製造間接費配賦率は，資料(1)，(2)より，600円/時である。

この場合，単位あたりの関連原価が内製案は7,000円，購入案は6,500円（資料(5)より）なので，購入案が有利と判断してはならない。

【解説】にも示したように，本問の「部品Tを内製する案」については，甲製造部門における既存の生産能力に生じた遊休時間を有効利用しているに過ぎないため，部品Tを購入しようと内製しようと固定製造間接費の発生額は変化しない。したがって，固定製造間接費はこの意思決定においては，無関連原価（＝埋没原価）となるのである。

本試験では，意図的に上記のような全部製造原価を与え，受験者の判断を誤らせるような問題が出題されることがあるので注意を要する。

3. 追加加工の要否の意思決定

　既存の製品を追加加工すれば付加価値が増し，より高い価格で販売することができる。追加加工の要否の意思決定とは，このような場合に，製品に対する追加加工を行うべきかどうかについて判断を行う意思決定をいう。

　この意思決定では，より高い価格で販売できることにより生じる差額収益と，追加加工にともない追加的に発生する差額原価を比較して差額利益を計算し，差額利益が生じるならば追加加工を行うべきであると判断する。

> （注）連産品の一部の製品品種を追加加工する場合には，連結原価はこの意思決定計算において無関連な原価となることに注意する。なぜなら，追加加工をしようがしまいが，連結原価は同額発生するからである。

設例 10-3

　当社では連産品である製品A，Bを生産・販売している。次の資料にもとづいて，追加加工をすべきか否かを判断しなさい。

（資　料）

(1)　予算原案は次のとおりである。

予 定 損 益 計 算 書

```
売 上 高
   製品A：＠10,000円×100kg＝1,000,000円
   製品B：＠ 8,000円×100kg＝  800,000円      1,800,000円
売 上 原 価
   連結原価                                 1,400,000円
売上総利益                                    400,000円
```

(2)　予算編成会議において，製品Bをすべて追加加工して製品Cとして販売する案が提案された。製品C1個の加工には製品Bが2kg必要である。追加加工工程において仕損や減損は生じない。この追加加工には4,400円/個の追加加工費が必要であるが，製品Cは1個あたり20,000円で販売できると予想される。

【解　答】

　追加加工を行えば，利益が（ 20,000 ）円 {増 加／減 少} するので，追加加工を

{~~行うべきである。~~／行うべきでない。}

【解　説】

　本問において，製品Bの追加加工により発生額が変化する収益，原価は，製品Bの追加加工に関連して発生する項目だけであり，追加加工をするしないにかかわらず，連結原価と製品Aの売上高は変化しない。

　したがって，発生額の変化しないこれらの収益や原価はこの意思決定計算上，無関連項目となる。

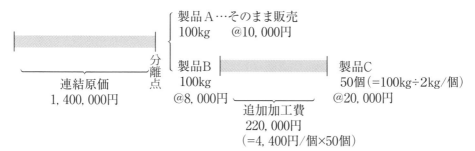

(注) 追加加工費4,400円は「1個」あたりの単価であるため，その総額は50個を掛けて計算する。製品Bの投入量100kgを掛けないこと。

(1) 総額法による解法

（単位：円）

	追加加工する	追加加工しない	差　額
売　上　高	A@10,000×100kg＝1,000,000	A@10,000×100kg＝1,000,000	——
	C@20,000× 50個＝1,000,000	B@ 8,000×100kg＝ 800,000	200,000
売 上 原 価			
連結原価	1,400,000	1,400,000	——
追加加工費	@4,400× 50個＝ 220,000	——	220,000
売上総利益	380,000	400,000	△20,000

　　結論：追加加工を行えば差額損失が20,000円生じるので，追加加工を行うべきでない。

(2) 差額法による解法

Ⅰ　差　額　収　益		
製品Cの売上高	@20,000円× 50個＝1,000,000円	
製品Bの売上高	△@ 8,000円×100kg＝△800,000円	200,000円
Ⅱ　差　額　原　価		
追　加　加　工　費	@4,400円× 50個＝	220,000円
Ⅲ　差　額　利　益		△20,000円

　　結論：追加加工を行えば差額損失が20,000円生じるので，追加加工を行うべきでない。

4. セグメントの継続か廃止かの意思決定

　セグメントの継続か廃止かの意思決定とは，既存のセグメントに損失が生じている場合に，そのセグメントを廃止するべきか，あるいは存続させるべきかについて判断する意思決定をいう。

　この意思決定において，継続か廃止かの判断は，共通固定費配賦後の営業利益ではなく，そのセグメント固有の利益であるセグメント・マージン（個別固定費がない場合には貢献利益）がプラスかマイナスかにより行う。なぜなら，共通固定費は，セグメントの継続または廃止にかかわらず，企業全体で一定額が発生する無関連原価であり，この意思決定計算には無関連だからである。

設例 10-4

　B社は，製品X，Y，Zの生産・販売を行っている。直接原価計算により当期の損益計算を実施したところ，次のような結果となり，赤字となった製品Zの生産・販売を廃止すべきかどうかが検討されている。

損益計算書

	製品 X	製品 Y	製品 Z	計
売 上 高	10,000,000円	6,000,000円	4,000,000円	20,000,000円
変 動 費	4,000,000	2,000,000	2,400,000	8,400,000
貢 献 利 益	6,000,000	4,000,000	1,600,000	11,600,000
固 定 費				
給 料	2,460,000	1,200,000	640,000	4,300,000
広告宣伝費	80,000	600,000	520,000	1,200,000
減価償却費	90,000	180,000	180,000	450,000
保 険 料	160,000	40,000	40,000	240,000
一般管理費	1,930,000	1,020,000	860,000	3,810,000
営業利益（損失）	1,280,000円	960,000円	△ 640,000円	1,600,000円

　固定費のうち広告宣伝費と保険料は個別固定費であり，製品Zの廃止により，製品Zについて生じる個別固定費は回避できる。その他の固定費は全体として共通に発生するもので，セグメント別の金額はなんらかの基準による配賦額を示すにすぎない。

　以上の条件において，製品Zの生産・販売を廃止すべきか否かを判断しなさい。

【解　答】

　　製品Zを生産・販売することで，利益が（　1,040,000　）円 $\left\{\begin{array}{l}\text{増加する。}\\ \text{減少する。}\end{array}\right.$

　　したがって，製品Zの生産・販売は $\left\{\begin{array}{l}\text{継続すべきである。}\\ \text{廃止すべきである。}\end{array}\right.$

【解　説】

　セグメントの廃止か継続かの意思決定計算では，固定費を細分した直接原価計算方式のセグメント別損益計算書を作成するのがよい。

製品品種別損益計算書				（単位：円）
	製　品　X	製　品　Y	製　品　Z	合　計
売　上　高	10,000,000	6,000,000	4,000,000	20,000,000
変　動　費	4,000,000	2,000,000	2,400,000	8,400,000
貢　献　利　益	6,000,000	4,000,000	1,600,000	11,600,000
個　別　固　定　費	240,000	640,000	560,000	1,440,000
製　品　貢　献　利　益	5,760,000	3,360,000	1,040,000	10,160,000
共　通　固　定　費				8,560,000
営　業　利　益				1,600,000

　この損益計算書によれば，製品Zは1,040,000円のセグメント・マージン（製品貢献利益）を獲得しており，同額だけ企業全体の営業利益の獲得に役立っているため，製品Zは継続したほうが有利である。

　なお，差額法による分析を示せば次のようになる。

Ⅰ	差額収益		
	売　上　高		4,000,000円
Ⅱ	差額原価		
	変　動　費	2,400,000円	
	広　告　宣　伝　費	520,000	
	保　険　料	40,000	2,960,000円
Ⅲ	差額利益		1,040,000円

5. 在庫管理のための経済的発注量の計算

(1) 経済的発注量の計算とは

　　材料を購入し消費するまでに要する費用（在庫品関係費用）は，材料の発注費と保管費からなっている。そこで，一定期間に消費する材料を必要のつど購入すれば，材料の保管費は安くすむが，そのつど発注するために発注費は高くなる。反対に，一定期間に消費する材料全部を一度に購入すれば，発注費は1回分ですむが，保管費が相当な金額になってしまう。

　　したがって，材料を購入し消費するまでに要する費用（在庫品関係費用）をなるべく少なくするためには，材料必要量を何回に分けて発注するのがよいか（1回あたり何単位ずつ発注すればよいのか）について判断を行う必要が生じる。このような意思決定を，経済的発注量（economic order quantity；EOQ）の計算という。

経済的発注量 … 最も経済的な1回あたりの材料発注量

(2) 在庫品関係費用

　　在庫品関係費用とは，材料を購入して消費するまでに要する費用をいい，発注費と保管費からなる。

在庫品関係費用 = 発注費 + 保管費

発　注　費 … 材料の発注1回あたりに要する費用
　　　　　　〈例〉郵便料金，事務用消耗品，外部業者に支払う積下ろし作業賃
　　　　　　　　　金など
保　管　費 … 材料の保管1個あたりに要する費用
　　　　　　〈例〉火災保険料，在庫品に対する資本コスト

補足　在庫品に対する資本コスト

　　在庫材料に投じている使用資金（＝材料購入原価）は，その使途が拘束されている（＝在庫として保有しているため）。そのため，この資金を他の用途に振り向けたならば得られたはずの利益は断念せざるを得ない。

　　投下資金の最低所要利益率は資本コスト率で示されるため，在庫品に対する投下資金から得られたはずの利益を資本コスト率を用いて計算し，これを機会原価として材料の保管費に計上する。

(3) 経済的発注量の計算方法

在庫品関係費用を最小にする1回あたりの発注量が経済的発注量であり，次のように計算する。

在庫品関係費用 ＝ 発注費 ＋ 保管費

1回あたりの発注量をL個とおくと，

発注費 ＝ 発注費/回 × 発注回数

$\qquad = 発注費/回 \times \dfrac{材料必要量}{L}$

＋

保管費 ＝ 保管費/個 × 平均在庫量

$\qquad = 保管費/個 \times \dfrac{L}{2}$

平均在庫量とは？
材料は，購入後すぐ消費されるものから，次の発注の直前に消費されるものまでさまざまである。
したがって，倉庫に残っている在庫量を平均すると，1回あたりの発注量の約半分になる。

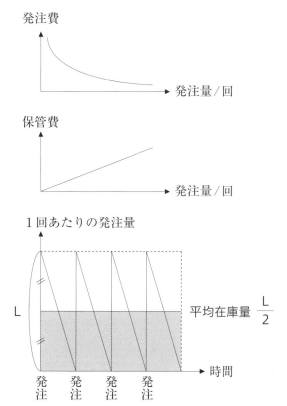

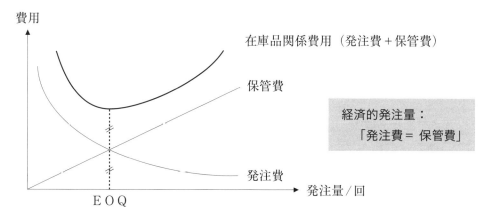

在庫品関係費用（発注費＋保管費）

保管費

経済的発注量：
「発注費＝保管費」

発注費

EOQ　発注量/回

〔設問1〕

　次のデータの中から適切なものを選び，年間の発注費と保管費の合計額が最も少なくなる1回あたりの発注量（経済的発注量：EOQ）を求めなさい。

(1) 年間の材料予定総消費量 ……………………………… 120,000個
(2) 材料1個あたりの購入原価 …………………………… 4,000円
(3) 材料発注1回あたりの通信費 ……………………… 3,000円
(4) 材料発注1回あたりの事務用消耗品費 ………………… 21,000円
(5) 材料倉庫の年間減価償却費 ………………………… 600,000円
(6) 材料倉庫の電灯料の基本料金年額 ……………… 240,000円
(7) 材料1個あたりの年間火災保険料 ………………………… 600円
(8) 材料1個あたりの年間保管費には，購入原価の10％を資本コストとして計上する。

〔設問2〕

　〔設問1〕に次の条件を追加する。

　材料の1回あたりの発注量が多いと，年間必要量120,000個について，売手から次の値引が受けられる。

〈1回あたりの発注量〉	〈購入原価4,000円に対する値引率〉
0個 ～ 2,999個まで	なし
3,000個 ～ 5,999個まで	0.1％
6,000個以上	0.2％

(問1)〔設問1〕で計算した経済的発注量で発注した場合，値引が受けられないことによる年間の機会損失はいくらかを求めなさい。

(問2)追加条件を考慮した場合，1回に何個ずつ発注するのが最も有利かを求めなさい。

【解　答】

〔設問1〕

　　経済的発注量　　<u>2,400個</u>

〔設問2〕

　(問1)

　　　年間の機会損失　　<u>960,000円</u>

　(問2)

　　　1回に　<u>3,000個</u>ずつ発注するのが最も有利である。

【解　説】
〔設問1〕

　経済的発注量の計算に必要な在庫品関係費用のデータは，1回あたりの発注量が増減したときに発生額が変化する発注費と保管費のデータである。

　したがって，1回あたりの発注量とは無関係に一定額発生する減価償却費や電灯料の基本料金は，この意思決定計算にとって無関連原価となる。

　また，材料の購入原価自体も，その単位あたりの購入原価が発注量にともなって影響を受けないため無関連原価となる。

　　　　発注1回あたりの発注費：3,000円＋21,000円＝24,000円

　　　　材料1個あたりの保管費：600円＋$\underbrace{4,000円 \times 10\%}_{\text{資本コスト}}$＝1,000円

　経済的発注量をL（個）とすると，次の算式が導き出せる。

　　　発注費：$24,000円/回 \times \dfrac{120,000個}{L個}$

　　　保管費：$1,000円/個 \times \dfrac{L個}{2}$

　したがって，発注費＝保管費とおくと，

　　　$24,000 \times \dfrac{120,000}{L} = 1,000 \times \dfrac{L}{2}$

　　　$L^2 = \dfrac{24,000 \times 120,000}{500} = 5,760,000$　　∴ $L = \underwave{\sqrt{5,760,000}} = 2,400$（個）
　　　　　　　　　　　　　　　　　　　　　　　　　　　　　　（＊）

　　　　　　　　　　　　　　　　　　　（＊）電卓のルート・キーが必要

〔設問2〕
（問1）

　機会損失とは，最善でない案をあえて選択することにより失う利益額をいう。本問では，最大の値引が得られる6,000個以上の発注量をあえて選択せず，低い値引率や値引がない発注量を選択した場合に失うことになった値引額が機会損失となる。

1回あたりの発注量	得られる値引額	機会損失
0個〜2,999個	0円 ⇨	960,000円
3,000個〜5,999個	@4,000円×0.1%×120,000個＝480,000円 ⇨	480,000円
6,000個以上	@4,000円×0.2%×120,000個＝960,000円 ⇨	0円

　したがって，〔設問1〕で計算した2,400個で発注する場合には960,000円の機会損失が生じることになる。

（問２）

　１回あたりの発注量によって値引率が異なるため，これが在庫品関係費用（保管費）に影響を及ぼす。したがって，値引率の異なる３つのケースを比較し，最も有利な発注単位を選択しなければならないが，各発注単位にはそれぞれ範囲がある。たとえば，3,000個単位で発注しても5,000個単位で発注しても値引率は同じ0.1％であり，その範囲内で最も在庫品関係費用（＝発注費＋保管費）の低くなる発注量を選択し，比較することになる。

　本問の値引条件（0.1％または0.2％）の場合，3,000個以上の発注は，発注単位が大きくなればなるほど在庫品関係費用（＝発注費＋保管費）は増加していくため，次の３点を選択して比較すればよい。

0個〜2,999個で発注する場合　⇨　2,400個で発注したときが在庫品関係費用が最低

3,000個〜5,999個で発注する場合　⇨　3,000個で　　　　〃

6,000個以上で発注する場合　⇨　6,000個で　　　　〃

　なお，この意思決定においては，値引が受けられないことによる機会損失も各代替案の差額原価として考慮しなければならないことに注意する。

発注量	発　注　費	保　管　費	機会損失	合　計
・2,400個	$\dfrac{120,000個}{2,400個} \times 24,000円$ $=1,200,000円$	$\dfrac{2,400個}{2} \times 1,000円$ $=1,200,000円$	960,000円	3,360,000円
・3,000個	$\dfrac{120,000個}{3,000個} \times 24,000円$ $=960,000円$	$\dfrac{3,000個}{2} \times 999.6円（＊1）$ $=1,499,400円$	480,000円	2,939,400円

（＊1）材料１個あたりの保管費：600円＋<u>4,000円×（100％−0.1％）×10％</u>＝999.6円
資本コスト

・6,000個	$\dfrac{120,000個}{6,000個} \times 24,000円$ $=480,000円$	$\dfrac{6,000個}{2} \times 999.2円（＊2）$ $=2,997,600円$	0円	3,477,600円

（＊2）材料１個あたりの保管費：600円＋<u>4,000円×（100％−0.2％）×10％</u>＝999.2円
資本コスト

結論：１回あたり3,000個で発注するのが最も原価が低く有利である。

〔設例10-5〕〔設問2〕において，それぞれの値引率での在庫品関係費用の推移を確認してみると次のようになる。

① 0個 ~ 2,999個 で発注するケース（＝値引なし）

経済的発注量＝2,400個（〔設問1〕で計算済み）

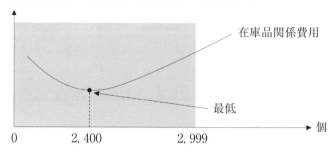

⇨ 在庫品関係費用は
　 2,400個のときが最低

② 3,000個 ~ 5,999個 で発注するケース（＝値引0.1%）

（計算上の経済的発注量）

$$\frac{120,000個}{L} \times 24,000円 = \frac{L}{2} \times (600円 + \underset{購入原価@3,996円}{\underline{4,000円 \times 99.9\% \times 10\%}})$$

L－2,400.480…個

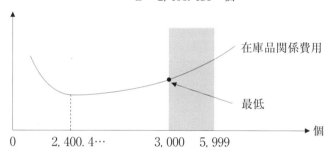

⇨ 在庫品関係費用は
　 3,000個のときが最低

③ 6,000個以上で発注するケース（＝値引0.2%）

（計算上の経済的発注量）

$$\frac{120,000個}{L} \times 24,000円 = \frac{L}{2} \times (600円 + \underset{購入原価@3,992円}{\underline{4,000円 \times 99.8\% \times 10\%}})$$

L＝2,400.960…個

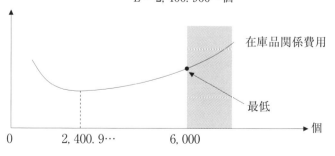

⇨ 在庫品関係費用は
　 6,000個のときが最低

研究　安全在庫とリードタイム

　材料の購買活動を適切に行うためには，在庫品関係費用を最小にするための経済的発注量の計算は重要であるが，そのほかにも安全在庫やリードタイムについても考慮しなければならない。

> 安全在庫 … 在庫切れによる機会損失を回避するために恒常的に保有する在庫
> リードタイム … 材料の発注から納品までに要する期間

(1)　安全在庫について

　下図から明らかなように，安全在庫が1回あたりの発注量にかかわらず一定であることを前提とするかぎり，経済的発注量の計算上は無関連原価（埋没原価）として取り扱えばよい。

安全在庫　⇨　無関連原価

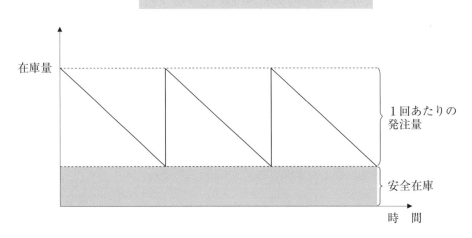

(2)　リードタイムについて

　材料の発注は，リードタイム（納品までの期間）を考慮して行わなければならない。なぜなら，納期を考えずに発注すれば，安全在庫に食い込みが生じたり，場合によっては在庫切れによる機会損失（＝在庫切れで生産ができずに失う利益）を被ることになるからである。

〔**具体例**〕

次の条件より発注時点の材料在庫量を計算しなさい。

1日あたりの材料消費量：　　50個
安全在庫量　　　　　：　100個
リードタイム　　　　：　　3日

発注時点の材料在庫量：50個／日×3日＋100個＝250個

すなわち，安全在庫も含めた材料の在庫量が250個のとき，次の材料の発注を行えばよい。これを図で示せば，下図のようになる。図中のAのタイミングで材料発注を行う。

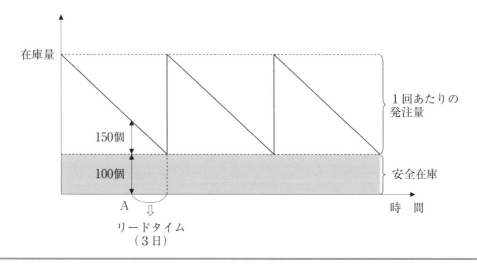

11

Theme

設備投資の意思決定

Check ここでは，構造的意思決定の主たる内容である設備投資の意思決定について学習する。

1 構造的意思決定総論

1. 構造的意思決定とは

　構造的意思決定とは，企業の業務構造自体に変更をもたらすような意思決定をいい，長期的視点に立って行われる。企業の業務構造に関する計画は中長期の経営計画の一環として策定されるが，このうち，設備の新設，取替えなど生産・販売に使用される固定資産への投資に関するものを設備投資の意思決定といい，資本予算（capital budgeting）ともいわれる。

　設備投資の意思決定では，個々の設備投資案（investment project）ごとにその損益を計算し，それによって投資案の優劣を比較することで採否を決定する。

2. 設備投資の意思決定の特徴

設備投資の意思決定には以下のような特徴がある。

(1) **会計実体**　⇨　計算対象

　　設備投資の意思決定計算では，立案された個々の投資案を会計実体（＝計算対象）として投資案の損益を計算する。

(2) **会計期間**　⇨　計算期間

　　設備投資の意思決定では，その投資案の始点（＝取得）から終点（＝除却または売却）までの全期間（これを予想貢献年数，経済的耐用年数という）を計算対象とした全体損益計算を行う。

(3) **キャッシュ・フロー**　⇨　現金収支

　　設備投資の意思決定では，上記(2)で説明したように投資期間を通じた全体損益計算を行う。全体損益計算のもとでは，収益総額＝現金収入額，費用総額＝現金支出額という関係が成立するため，設備投資の意思決定計算では，収益と費用ではなく現金の収支（＝現金流出入額）により計算を行う。

> 現金収入額 ＝ 現金流入額（CIF：キャッシュ・インフロー）
> 現金支出額 ＝ 現金流出額（COF：キャッシュ・アウトフロー）

(4) **貨幣の時間価値**

　　設備投資の意思決定では，その計算期間が長期にわたるため，原則として，貨幣の時間価値（time value of money）を考慮して計算を行う。

⑸ 経営意思決定の方法

　経営意思決定のための計算は，基本的に差額原価収益分析による。そこで，設備投資の意思決定計算では，将来発生すると予想される現金収支のうち，ある投資案を採用する場合と採用しない場合とを比較して，そこから生じる現金収支の差額（＝差額キャッシュ・フロー）によって意思決定を行うことになる。

 参考 現代企業の損益計算と設備投資の意思決定計算の比較

　現代企業で行われる損益計算と，設備投資の意思決定計算で行われる損益計算を比較すれば，次のようになる。

	現代企業の損益計算	設 備 投 資 の 意 思 決 定 計 算
会 計 単 位	企 業 実 体	個々の設備投資案
会計単位の性質	継 続 企 業	１ 回 限 り
会 計 期 間	会 計 年 度	設備投資案の全期間
損益計算の内容	期 間 損 益 計 算	全期間の全体損益計算
損益計算の方法	費 用 ・ 収 益 の 期 間 的 対 応	時間価値を考慮した予想増分現金流入額・流出額の比較計算

3. 設備投資の意思決定の分類

　設備投資の意思決定は，投資目的や投資案相互の関係により以下のように分類することができる。

⑴ 投資目的による分類

①　新 規 投 資 … 新製品開発，新市場開拓投資など

②　拡 張 投 資 … 現製品，現市場の拡張など

③　合理化投資 … 原価低減のための機械化など

④　取 替 投 資 … 現有設備から，より高性能な新設備への更新など

⑵ 設備投資案の相互の関係による分類

①　独立投資案 … 各投資案が相互に無関係であり，採否の評価は各投資案別に行われる。

②　従属投資案

　㈪　相互排他的投資 … どちらかを採用すれば，他方は棄却されるような投資案

　　　　　　　〈例〉１つの土地に建てる工場を２階にするか３階にするか

　㈭　補 完 投 資 … 両案を採用することで相乗効果が期待できるような投資案

　　　　　　　〈例〉道路沿いにガソリンスタンドを建てる投資案と，その隣にコンビニエンス・ストアを建てる投資案の組み合わせ

　㈨　前 提 投 資 … ある投資案の採否を前提に他の投資案が存在する場合

　　　　　　　〈例〉新規工場建設案の前提となる土地取得案

4. 貨幣の時間価値とその基本公式

時の経過による貨幣価値の増殖を，貨幣の時間価値という。たとえば，いま所有している10,000円を銀行などに預ければ，1年後には利息分だけ価値が増加するため，現在の10,000円と1年後の10,000円とでは時間価値相当額だけその価値が異なってくる。

設備投資の意思決定は計算期間が長期にわたるため，原則として，このような貨幣の時間価値を考慮して計算することが望ましい。

(1) 複利計算と終価係数

資金を銀行などに預けると，一定期間における利子は通常，元金に繰り入れられ，次の計算期間において新たな元金となる（これを複利計算という）。

そこで，現在時点（＝年度始め）の資金 S_0 円を複利で銀行などに預けた場合には，n 年後の元利合計（＝終価：terminal value）S_n 円は次のように計算することができる。

$$現在時点の S_0 円の n 年後の価値を S_n 円とすれば，$$
$$S_n = S_0 \times (1 + 利率)^n$$

（注）上記の $(1 + 利率)^n$ を終価係数（terminal value factor）といい，利殖係数，複利元利率ともいわれる。

(2) 割引計算と現価係数

複利計算とは逆に，将来の現金を現在時点の価値（＝現在価値）に引き戻すことを割引計算（discounting）といい，現在価値を計算するために使用する係数のことを現価係数（discount factor）という。

そこで，n 年後の S_n 円の現在価値（present value；PV）を S_0 円とすれば，次のように計算することができる。

$$n 年後の S_n 円の現在価値を S_0 円とすれば，$$
$$S_0 = S_n \times n 年後の現価係数$$

（注）上記の現価係数は $\dfrac{1}{(1 + 利率)^n}$ で計算することができ，前述の終価係数の逆数である。

なお，巻末附録の「現価係数表」を参照のこと。

(3) **年金現価係数**

　毎年，同額の現金収支（＝これを年金という）がある場合において，毎年の金額を個々に割引計算すると煩雑なため，一括して現在価値に割り引くために使用する係数のことを年金現価係数（present value interest factor for an annuity）という。

　なお，年金現価係数は，1年後からn年後までの現価係数の和として求められる。

> n年間にわたり，毎年受け取る S_n 円の
> 現在価値を S_0 円とすれば，
> $S_0 = S_n \times$ n年後の年金現価係数

（注）上記の年金現価係数は $\dfrac{1-(1+利率)^{-n}}{利率}$ として計算することができる。

　　　なお，巻末附録の「年金現価係数表」を参照のこと。

(4) **キャッシュ・フローの割引計算**

　設備投資によるキャッシュ・フローは将来の数年間にわたって生じるものの，意思決定の判断は現在時点で行う必要がある。そこで，その設備投資案を採用した場合に生じる将来のキャッシュ・フローを現在価値に割り引き，その現在価値にもとづいて意思決定の判断を行う。

下掲の参考資料にもとづき，次の各問いに答えなさい。なお，解答数値は千円未満の端数を四捨五入すること。

〔問1〕現時点で保有する10,000千円を，年利率(r)＝5％の複利で3年間運用した場合の3年後の元利合計（終価）を求めなさい。

〔問2〕3年後に収入が予定される10,000千円の現在価値を計算しなさい。ただし，年利率(r)＝5％とする。

〔問3〕

(1) 年利率(r)＝5％における3年間の年金現価係数を計算しなさい。

(2) 第1年度より，各年度末に10,000千円ずつ合計3年間の収入が予定される場合の現在価値を計算しなさい。

(参考資料)

年利率(r)＝5％の現価係数は次のとおりである。

1年	0.9524
2年	0.9070
3年	0.8638

【解　答】

〔問1〕		11,576千円
〔問2〕		8,638千円
〔問3〕	(1)	2.7232
	(2)	27,232千円

【解　説】

〔問1〕

終価係数を用いて計算する。

$$10,000千円 \times (1 + 0.05)^3 = 11,576.25千円 \rightarrow 11,576千円$$

〈タイムテーブル〉　　　　　　　　　　　　　　　　　　　　（単位：千円）

T_0（現時点）	T_1（1年度末）	T_2（2年度末）	T_3（3年度末）

T（時間）

元利合計 10,000 ──→ 10,500 ──→ 11,025 ──→ 11,576

　　　×(1＋0.05)　　　×(1＋0.05)　　　×(1＋0.05)

〔問2〕

3年後の現価係数を用いて計算する。

$$10,000千円 \times \underset{現価係数}{0.8638} = 8,638千円$$

〈タイムテーブル〉 (単位：千円)

T_0 (現時点)　　　T_1 (1年度末)　　　T_2 (2年度末)　　　T_3 (3年度末)

T (時間)

現在価値 8,638 ← 9,070 ← 9,524 ← 10,000

$\times \dfrac{1}{(1+0.05)}$　　　$\times \dfrac{1}{(1+0.05)}$　　　$\times \dfrac{1}{(1+0.05)}$

(注) 現価係数は次の計算で算定されている（小数点以下第5位四捨五入）。

1年後：$\dfrac{1}{(1+0.05)} \fallingdotseq 0.9524$

2年後：$\dfrac{1}{(1+0.05)^2} \fallingdotseq 0.9070$

3年後：$\dfrac{1}{(1+0.05)^3} \fallingdotseq 0.8638$

〔問3〕

(1) 年金現価係数は，1年後からn年後までの現価係数の総和として求められる。

1年間の場合：0.9524

2年間の場合：0.9524 + 0.9070 = 1.8594

3年間の場合：0.9524 + 0.9070 + 0.8638 = 2.7232

(2) 現在価値：10,000千円×0.9524 + 10,000千円×0.9070 + 10,000千円×0.8638

= 10,000千円×(0.9524 + 0.9070 + 0.8638)

= 10,000千円×2.7232〈年金現価係数〉

= 27,232千円

〈タイムテーブル〉 (単位：千円)

T_0 (現時点)　　　T_1 (1年度末)　　　T_2 (2年度末)　　　T_3 (3年度末)

T (時間)

現在価値 9,524 ← 10,000
　　　　　×0.9524

9,070 ← 10,000
　×0.9070

8,638 ← 10,000
　×0.8638

合　　計 27,232　　2.7232〈年金現価係数〉

年金現価係数の計算

年金現価係数は1年後からn年後までの現価係数の総和であるため，本来は端数処理前の現価係数にもとづいて計算され，その最終値において端数処理されることになる。

r = 5％，3年の年金現価係数：$\dfrac{1}{(1+0.05)}$ + $\dfrac{1}{(1+0.05)^2}$ + $\dfrac{1}{(1+0.05)^3}$

$\qquad\qquad\qquad\qquad$ 0.952380…$\qquad$ 0.907029…$\qquad$ 0.863837…

$\qquad\qquad\qquad\qquad$ = 2.723248…

$\qquad\qquad\qquad\qquad$ ≒ 2.7232

しかし，日商1級の検定試験では，資料に与えられた端数処理後の現価係数の総和から年金現価係数を計算させるような出題が行われることが多い。

2 設備投資の意思決定モデル

1. 意思決定モデルの分類

設備投資の意思決定モデルとは，設備投資案の優劣を評価する方法であり，次に示すような方法がある。

本来，設備投資の意思決定においては，時間価値を考慮した計算を行うべきである。実務上は，簡便性を考慮して時間価値を考慮しない計算方法を採用することも多い。

時間価値を考慮する方法
- 正味現在価値法
- 内部利益率法
- 収益性指数法
- 累積的現在価値による回収期間法（割引回収期間法）

時間価値を考慮しない方法（簡便法）
- 単純回収期間法
- 単純投下資本利益率法

2. 意思決定モデルの具体例

(1) 正味現在価値法

正味現在価値法（net present value method；NPV）とは，投資によって生じる年々のネット・キャッシュ・フロー（＝純現金流出入額）を割り引いた現在価値合計から，（同じく現在価値に割り引いた）投資額を差し引いて，その投資案の正味現在価値を計算し，正味現在価値のより大きな投資案を有利と判定する方法をいう。

なお，設備投資の資金には資本コストがかかっているため，キャッシュ・フローの割引率には資本コスト率を使用する。

投資案の正味現在価値 ＝ 年々のネット・キャッシュ・フローの現在価値合計 － 投資額

〈キャッシュ・フロー図〉

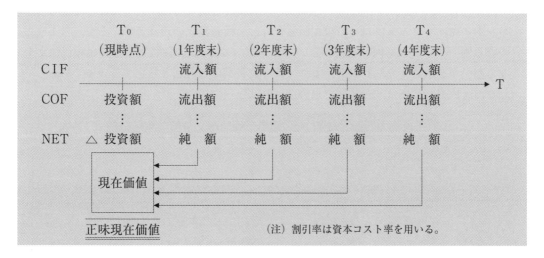

正味現在価値法は，いわば投資案から得られる利益をキャッシュ・フローにより計算する方法であり，計算結果が金額により示されるため経営管理者にとって理解しやすいといった利点がある。

なお，正味現在価値法では，一般的に正味現在価値が正（プラス）であれば，その投資案は有利と判定し，逆に正味現在価値が負（マイナス）であれば不利と判定する。しかし，相互排他的投資案などの場合では，キャッシュ・フローの認識の仕方によって，有利な投資案であっても正味現在価値が負になるケースもある。この場合には，負の数値のより小さい投資案が有利と判定される。

補足 資本コスト率について

設備投資を行うにあたっては多額の資金が必要であるため，長期的視点に立ち，かつ全社的な財務方針にもとづいて，銀行からの借入れ，社債発行，株式発行などによって調達することになる。この資金調達にかかるコスト（支払利息や配当金など）を比率で表したものが（加重平均）資本コスト率である。企業は最低でも資本コストを上回る利益を獲得しなければならないことから，資本コスト率は，最低限獲得すべき必要投下資本利益率の意味を持ち，投資プロジェクトの採否を決定する際のハードル・レートないしは切捨率の役割を果たすことになる（テーマ07 **2** 参照）。

なお，正味現在価値の計算におけるキャッシュ・フローの割引率に資本コスト率を使用することにより，その投資案が最低限獲得すべき利益を獲得できるか否かの判断が可能となる。

(2) 内部利益率法

　　内部利益率法（internal rate of return method ; IRR）とは，投資によって生じる年々の
ネット・キャッシュ・フローの現在価値合計と，投資額（の現在価値）とが，ちょうど等し
くなる割引率（これを内部利益率という），すなわち，その投資案の正味現在価値がゼロと
なる割引率を求め，内部利益率がより大きな投資案ほど有利と判定する方法である。

　　なお，内部利益率は試行錯誤で求めなければならない。

投資案の内部利益率 ＝ 正味現在価値がゼロになる割引率

〈キャッシュ・フロー図〉

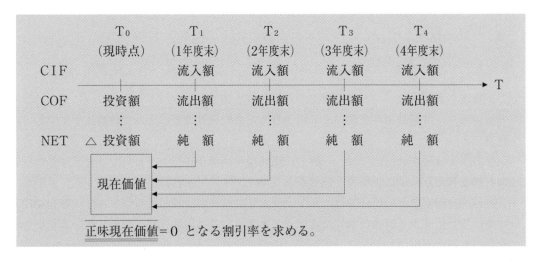

　　内部利益率は，時間価値を考慮した投資案の投資利益率といえる。

　　このことより，投資案が独立投資案である場合には，内部利益率が最低所要利益率である
資本コスト率よりも大きければ，その投資案は有利であるから採用すべきと判定し，逆に内
部利益率が資本コスト率よりも小さければ，その投資案は不利であるから棄却すべきと判定
される。

内部利益率 ＞ 資本コスト率 …… 有利
内部利益率 ＜ 資本コスト率 …… 不利

(3) **収益性指数法**

収益性指数法（profitability index method ; PI ）とは，次の式で収益性指数を計算し，収益性指数のより大きな投資案を有利と判定する方法をいう。なお，現在価値への割引率は資本コスト率を使用する。

$$収益性指数 = \frac{投資によって生じる年々のネット・キャッシュ・フローの現在価値合計}{投資額（の現在価値合計）}$$

〈キャッシュ・フロー図〉

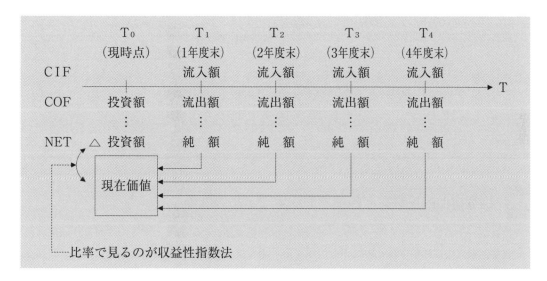

年々のネット・キャッシュ・フローの現在価値合計と投資額（の現在価値）の差額を計算するのが正味現在価値法であるのに対して，収益性指数法は両者の比率を計算する方法である。

なお，投資案が独立投資案である場合には，収益性指数が１より大きければ，その投資案は有利であるから採用すべきと判定し，逆に１より小さければ，その投資案は不利であるから棄却すべきと判定する。

収益性指数 ＞ 1　……　有利
収益性指数 ＜ 1　……　不利

補足 キャッシュ・フローの認識時点

　設備投資の意思決定における計算では，初期投資（＝固定資産の取得など）は現時点において行われ，その投資の効果としてのキャッシュ・フローは各年度末に生じると仮定して計算する。

〈例〉

1．設備投資額　　　　　　5,000万円

2．投資案の予想貢献年数　　　3年

3．この投資案を採用した場合に生じる年々のネット・キャッシュ・インフロー

第1年度	第2年度	第3年度
1,700万円	2,100万円	1,600万円

〈キャッシュ・フロー図〉　　　　　　　　　　　（単位：万円）

研究 相互排他的投資案と各種意思決定モデルの関係

　投資案の優劣を比較する際，正味現在価値法は利益金額を判定基準とするのに対し，内部利益率法や収益性指数法は利益率などの比率を使用する。相互排他的投資案を選択する場合には，これらの意思決定モデルのうち，正味現在価値法がもっともすぐれている。なぜなら，我が国の企業経営者が最重要視するのは利益金額であり，正味現在価値がもっとも有利な投資案を採用すれば，利益金額が最大となるからである。

設例 11-2

　下記資料にもとづいて，各設問に答えなさい。なお，計算途中で生じる端数は処理せずに計算し，解答段階で各問いの指示にしたがうこと。

（資　料）

　H社では，次の新規設備投資案を検討中である。

1．設備投資額　　　　　　5,000万円

2．投資案の予想貢献年数　　　3年

3．この投資案を採用した場合に生じる年々のキャッシュ・インフロー

第1年度	第2年度	第3年度
1,700万円	2,100万円	1,600万円

4．3年経過後の設備の処分価値は400万円と予測される。

5．資本コスト率は年6％である。

6．法人税等は考慮しない。

7．現価係数は次のとおりである。

	5％	6％	7％	8％	9％	10％
1年	0.9524	0.9434	0.9346	0.9259	0.9174	0.9091
2年	0.9070	0.8900	0.8734	0.8573	0.8417	0.8264
3年	0.8638	0.8396	0.8163	0.7938	0.7722	0.7513

〔設問1〕次の各方法により，投資案の評価を行いなさい。

（問1）正味現在価値法（正味現在価値は，万円未満の端数を四捨五入する）

（問2）内部利益率法（内部利益率は，％未満の第3位を四捨五入する）

（問3）収益性指数法（収益性指数は，小数点以下第3位を四捨五入する）

〔設問2〕

（問1）年々のキャッシュ・インフローが金庫に保管され，運用されないと仮定した場合における，この投資案の正味現在価値（万円未満の端数を四捨五入）を求めなさい。

（問2）（問1）の結果をもとに，正味現在価値法における再投資の仮定を簡潔に説明しなさい。

【解　答】

〔設問1〕

（問1）正味現在価値 ＿＿＋152万円＿＿ この投資案は採用すべきで（ある，~~ない~~）。

（問2）内 部 利 益 率 ＿＿7.59％＿＿ この投資案は採用すべきで（ある，~~ない~~）。

（問3）収 益 性 指 数 ＿＿1.03＿＿ この投資案は採用すべきで（ある，~~ない~~）。

〔設問2〕

（問1）正味現在価値 ＿＿－130万円＿＿

（問2）正味現在価値法においては，投資により生じる年々のキャッシュ・インフローが，資本コスト率で再投資される。

【解　説】

〔設問1〕

（問1）正味現在価値法

〈キャッシュ・フロー図〉　　　　　　　　　　　　　　　　　　　　（単位：万円）

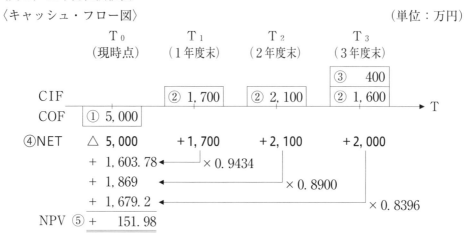

①　初期投資額 … COF
②　投資による年々のキャッシュ・インフロー … CIF
③　残存処分価値 … CIF
④　年々のネット・キャッシュ・フロー（純現金流出入額）
⑤　正味現在価値

$$1,700万円 \times 0.9434 + 2,100万円 \times 0.8900 + 2,000万円 \times 0.8396 - 5,000万円$$
$$= (+)151.98万円 \rightarrow (+)152万円　(>0)$$

結論：正味現在価値がプラスとなるため，採用すべきである。

（問2）内部利益率法

〈手順1〉内部利益率の概算値の推定

　まず，年々のネット・キャッシュ・インフローが毎年一定であると仮定して，その場合の正味現在価値がゼロになるような割引率（＝X：年金現価係数）を算定する。

$$\frac{1,700万円 + 2,100万円 + 2,000万円}{3}X - 5,000万円 = 0$$

∴　$X = 2.58620\cdots$

Xを各利率における年金現価係数と比較し，内部利益率の概算値を推定する。

	5％	6％	7％	8％	9％	10％
1年	0.9524	0.9434	0.9346	0.9259	0.9174	0.9091
2年	0.9070	0.8900	0.8734	0.8573	0.8417	0.8264
3年	0.8638	0.8396	0.8163	0.7938	0.7722	0.7513
計	2.7232	2.6730	2.6243	2.5770	2.5313	2.4868

←年金現価係数

$X = 2.58620\cdots$　　　∴　7％ ～ 8％付近

〈手順2〉 試行錯誤による計算

〈手順1〉で求めた概算値を起点にして，正味現在価値がゼロに近づく割引率を試行錯誤で計算していく。

① 7％での正味現在価値

正味現在価値：1,700万円 × 0.9346 + 2,100万円 × 0.8734 + 2,000万円 × 0.8163
　　　　　　　− 5,000万円 = (+)55.56万円

正味現在価値がプラスとなるため，求める割引率は7％より高くなる。（→8％へ進む）

② 8％での正味現在価値

正味現在価値：1,700万円 × 0.9259 + 2,100万円 × 0.8573 + 2,000万円 × 0.7938
　　　　　　　− 5,000万円 = (−)38.04万円

正味現在価値がマイナスとなるため，求める割引率は8％より低くなる。

〈手順3〉 補間法による内部利益率の計算

この投資案は，7％と8％の間で正味現在価値がプラスからマイナスに転じるため，求めたい内部利益率は7％と8％の間に存在する。そこで，補間法により内部利益率を計算する。

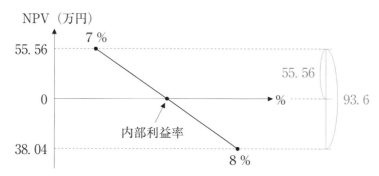

内部利益率： $7\% + \dfrac{55.56}{55.56 + 38.04} (= 0.5935\cdots)\% = 7.5935\cdots\% \rightarrow 7.59\%\,(>6\%)$

結論：内部利益率が資本コスト率を上回るため，採用すべきである。

（問3） 収益性指数法

（問1）の正味現在価値法の計算結果を利用する。

収益性指数： $\dfrac{1,603.78万円 + 1,869万円 + 1,679.2万円}{5,000万円} = 1.030396 \rightarrow 1.03\,(>1)$

結論：収益性指数が1を上回るため，採用すべきである。

研究 累積的現在価値による回収期間法

　　累積的現在価値による回収期間法とは，その設備投資案に必要な投資額を，投資によって生じる年々のネット・キャッシュ・インフローを資本コスト率で割り引いた現在価値により順次回収していくことで，投資の回収期間を計算する方法である。

　　累積的現在価値による回収期間法は，この方法だけで投資案の採否の判断を行うのではなく，正味現在価値法などの計算結果を受けて，さらに回収期間を計算することで投資案の安全性を確認するために補完的に行われる。

〈資金回収表〉　　　　　　　　　　　　　　　　　　　　（単位：万円）

	現　時　点	1 年 度 末	2 年 度 末	3 年 度 末
回　収　額	0	1,603.78	1,869	1,679.2
未回収額	5,000	3,396.22	1,527.22	(151.98)

⇨ 3年度末には，投資額がすべて回収されて余剰が生じる。

$$回収期間：2年 + \frac{1,527.22万円〈2年度末の未回収額〉}{1,679.2万円〈第3年度における回収額〉} (= 0.909\cdots) \fallingdotseq 2.91年$$

〔設問2〕

（問1）

　　投資から生じる年々のキャッシュ・インフローを運用せず，そのまま保管した場合の正味現在価値を計算してみると次のようになる。

〈キャッシュ・フロー図〉　　　　　　　　　　　　　　　（単位：万円）

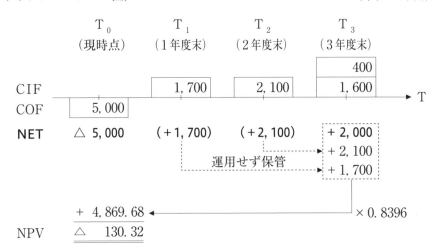

正味現在価値：$(1,700万円 + 2,100万円 + 2,000万円) \times 0.8396 - 5,000万円$

　　　　　　　$= (-)130.32万円 \to (-)130万円$

　　この計算による正味現在価値は，〔設問1〕（問1）の計算結果に比べてかなり低くなっている。このことは，通常の正味現在価値法においては，投資から生じる年々のキャッシュ・インフローがなんらかの利率で運用されていることを意味する。

（問2）

投資から生じる年々のキャッシュ・インフローが，資本コスト率で運用されていると仮定して，その場合の正味現在価値を計算してみると次のようになる。

〈キャッシュ・フロー図〉 （単位：万円）

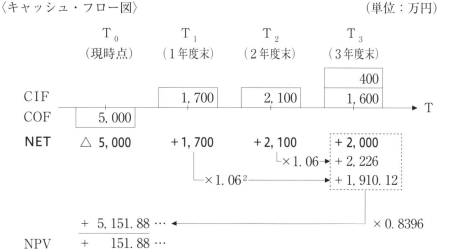

正味現在価値：$(1,700$万円$\times 1.06^{2} + 2,100$万円$\times 1.06 + 2,000$万円$) \times 0.8396$
$\qquad -5,000$万円$= (+) 151.88 \cdots$万円 $\rightarrow (+) 152$万円

この計算による正味現在価値は，〔設問1〕（問1）の計算結果とほぼ一致している（正味現在価値がわずかにズレているのは，割引計算において使用する現価係数自体が端数処理されているからである）。

このことは，正味現在価値法において投資から生じる年々のキャッシュ・インフローが，資本コスト率で投資終了時まで運用されていることを示している。

すなわち，通常の正味現在価値法では，下図のように，資本コスト率による再投資（＝終価計算の部分）と割引計算との重なる部分が相殺されているのである。

（単位：万円）

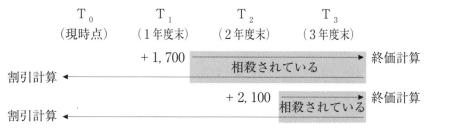

⑷ その他の意思決定モデル

① 単純回収期間法（time-unadjusted cash payback method）

これは，投資の回収期間を計算し，回収期間の短い投資案を有利とする方法である。計算方法には，次の2種類がある。

〈毎年のネット・キャッシュ・フローの平均を使用する方法〉

$$投資の回収期間 = \frac{投資額}{投資から生じる年間平均予想増分純現金流入額}$$

〈年々のネット・キャッシュ・フローの累積額を使用する方法〉

$$投資の回収期間：投資額＝年々の予想増分純現金流入額の累積額 となった年数$$

単純回収期間法は，貨幣の時間価値を考慮しないため，投資の意思決定モデルとしては不完全である。また，計算上，投資回収後のキャッシュ・フローを考慮しないため，投資案の収益性は測定できないが，投資案の安全性を簡単に判断することができる。

② 単純投下資本利益率法（time-unadjusted rate of return method）

これは，次に示す式で単純投下資本利益率を計算し，その大なる投資案を有利とする方法である。この方法も，貨幣の時間価値を考慮しておらず不完全な方法ではあるが，簡便的に投資案の収益性を測定できるという利点がある。

$$単純投下資本利益率 = \frac{（増分純現金流入額合計 － 投資額）÷予想貢献年数}{投資額} ×100$$

（注1）分母の投資額について

分母の投資額については，①総投資額（取得原価）を用いる場合と，②平均投資額を用いる場合とがある。

②における平均投資額は，投下資本の平均有高を取得原価の2分の1とみなして計算する。

$$単純投下資本利益率 = \frac{（増分純現金流入額合計 － 投資額）÷予想貢献年数}{投資額 ÷ 2} ×100$$

これは設備に投下された資本が年々の減価償却によって回収されるため，投資期間全体を通してみれば，投下資本の平均有高は取得原価の2分の1とみなすことができるからである。

なお，投資の代替案が多数あるとき，投資の優先順位を決定する際に単純投下資本利益率法を使用する場合は，①による方法でも②による方法でもその順位は一致する。

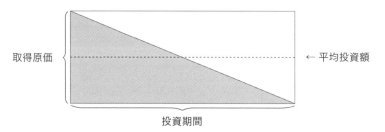

（注2）分子について

分子について財務会計上の利益を使用する場合，特に「会計的投下資本利益率法」などとよぶこともある。

218

設例 11-3

　下記資料にもとづいて，各問いごとに投資案の評価を行いなさい。なお，計算途中で生じる端数は処理せずに計算し，解答段階で各問いの指示にしたがうこと。

（資　料）

　H社では，次の新規設備投資案を検討中である。

1．設備投資額　　　　　5,000万円

2．投資案の予想貢献年数　　　3年

3．この投資案を採用した場合に生じる年々のキャッシュ・インフロー

第1年度	第2年度	第3年度
1,700万円	2,100万円	1,600万円

4．3年経過後の設備の処分価値は400万円と予測される。

5．資本コスト率は年6％である。

6．法人税等は考慮しない。

7．現価係数は次のとおりである。

	5％	6％	7％	8％	9％	10％
1年	0.9524	0.9434	0.9346	0.9259	0.9174	0.9091
2年	0.9070	0.8900	0.8734	0.8573	0.8417	0.8264
3年	0.8638	0.8396	0.8163	0.7938	0.7722	0.7513

〔問1〕単純回収期間法（回収期間は小数第3位を四捨五入すること）

（1）　毎年のネット・キャッシュ・フローの平均を使用する方法の場合

（2）　年々のネット・キャッシュ・フローの累積額を使用する方法の場合

〔問2〕単純投下資本利益率法（投下資本利益率は％未満の第3位を四捨五入すること）

【解　答】

〔問1〕回　収　期　間　(1)　2.59年　　　(2)　2.60年

〔問2〕投下資本利益率　　5.33％

【解　説】

〔問1〕単純回収期間法

（1）　毎年のネット・キャッシュ・フローの平均を使用する方法

$$回収期間：\frac{5,000万円}{\{1,700万円+2,100万円+(1,600万円+400万円)\}÷3}$$

$$=2.5862\cdots年 \rightarrow 2.59年$$

（2）　年々のネット・キャッシュ・フローの累積額を使用する方法

	期首未回収投資額	正味現金流入額	期末未回収投資額
1	5,000万円	1,700万円	3,300万円
2	3,300万円	2,100万円	1,200万円
3	1,200万円	2,000万円（＊1）	（800万円）（＊2）

（＊1）1,600万円＋400万円＝2,000万円

（＊2）カッコ書きは，回収余剰額を表す。

$$回 収 期 間：2年 + \frac{1,200万円}{2,000万円／年} = 2.60年$$

〔問2〕単純投下資本利益率法

$$投下資本利益率：\frac{|1,700万円 + 2,100万円 + (1,600万円 + 400万円) - 5,000万円| \div 3}{5,000万円} \times 100$$

$$= 5.333 \cdots\% \rightarrow 5.33\%$$

3 設備投資にともなうキャッシュ・フローの予測

1. 増分キャッシュ・フローと会計上の純利益

設備投資の意思決定計算で必要とする情報は，その設備投資案を採用すれば，将来新たに発生すると予想される現金流入額と現金流出額（すなわち増分キャッシュ・フロー）に関するデータである。

しかしながら，設備投資案の採用により年々得られる税引後純現金流入額の増加分と，会計上の税引後当期純利益の増加分とは通常一致しない。

その原因として，減価償却費などの非現金支出費用が法人税支払額へ与える影響をあげることができる。

⑴ 法人税等による増分キャッシュ・フロー

ある設備投資案を採用すると，新たに製品売上収入（売上高）が増加するが，それにともなって材料費などの現金支出費用も増加する。その結果，課税対象となる利益（純収入）の増加分に税率を乗じた額だけ，法人税支払額も増加する。

そこで，減価償却費がないものと仮定して，ある設備投資案を採用した場合に新たに増加する税引後純現金流入額を図解で示してみると次のようになる。

会計上の損益計算（設備投資による増加分）

現金支出費用	製品売上収入 (売上高)
税引後当期純利益 ／ 法人税	

税率

キャッシュ・フロー（設備投資による増加分）

現金支出費用 〈COF〉	製品売上収入 〈CIF〉
税引後純現金流入額 ／ 法人税〈COF〉(注)	

税率

(注) 法人税は会計上の損益計算を基礎に計算され，現金支出をともなうためキャッシュ・アウトフローとなる。

したがって，上記キャッシュ・フローの図解より，

税引後純現金流入額

= 製品売上収入 - 現金支出費用 - 法人税支払額

= (製品売上収入 - 現金支出費用) - (製品売上収入 - 現金支出費用) × 法人税率

これをまとめて，税引後純現金流入額は次のようになる。

税引後純現金流入額＝（製品売上収入 − 現金支出費用）×（1 − 法人税率）
　　　　　　　　または，式を変形して
　　　　　　　　製品売上収入×（1 − 法人税率）− 現金支出費用×（1 − 法人税率）

(2) 減価償却費による法人税節約額

上記(1)では，減価償却費を考慮していないが，新たに設備投資案を採用した場合には，製品売上収入や現金支出費用だけでなく設備の減価償却費も増加する。

減価償却費は現金の支出をともなわない費用であるため，それ自体はキャッシュ・フロー項目ではない。しかし，会計上の損益計算においては減価償却費も費用計上され，その分だけ税引前当期純利益が減少する。法人税は会計上の利益を基礎に計算されるため，(1)のケースと比較すると法人税の支払額が，「減価償却費×法人税率」の分だけ減少し，同額だけ税引後純現金流入額は増加する結果となる。

このような，減価償却費による法人税節約額をタックス・シールド（tax-shield）といい，この関係を図解で示せば次のようになる。

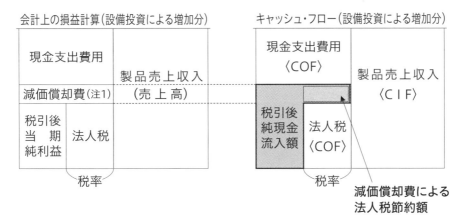

（注1）会計上の損益計算では減価償却費が費用として計上されるが，現金支出をともなわないため，キャッシュ・フローの計算には計上されない。

減価償却費による法人税節約額＝減価償却費×法人税率

以上をまとめると，減価償却費による法人税節約額が生じる場合の税引後純現金流入額の計算は次のようになる。

税引後純現金流入額
＝（製品売上収入−現金支出費用）×（1−法人税率）＋減価償却費×法人税率
　　　　(1)のケースの税引後純現金流入額　　　　　　タックス・シールド（注2）

（注2）減価償却費のほかにも，下記のような非現金支出費用からはタックス・シールドが生じる。
　　　① 固定資産売却損　② 固定資産除却損

また，税引後純現金流入額は，会計上の利益を基礎にして次のように示すこともできる。

税引後純現金流入額＝（会計上の）税引後当期純利益＋減価償却費

　当社では，新設備Xへの新規投資案を検討中であり，これに関する資料は下記のとおりである。そこで，資料にもとづき，各問いに答えなさい。

（資　料）

1．設備Xへの投資額　　　　　　　　　　　　　　100,000千円

　　現在時点（0年度末）に一括投資される。

2．各年度のキャッシュ・フローに関するデータ

　(1)　この投資案を採用する場合と，採用しない場合とを比較すると次のような変化がある。

	採 用 前	採 用 後
売　上　高	210,000千円	330,000千円
現金支出費用	90,000千円	170,000千円
減 価 償 却 費	35,000千円	各自推定

　(2)　(1)の変化は，投資案の予想貢献年数（5年間）のすべての期間について共通している。また，売上高はすべて現金売上である。

　(3)　設備Xの法定耐用年数は5年，残存価額ゼロ，定額法によって減価償却する。

　(4)　投資終了時（5年度末）において，設備Xは10,000千円で売却できると予想される。

3．法人税の税率は40%である。

4．税引後の資本コスト率は5%である。

5．r＝5%における現価係数は次のとおりである。

	n＝1	n＝2	n＝3	n＝4	n＝5
現価係数	0.9524	0.9070	0.8638	0.8227	0.7835

〔問1〕この投資案の毎年のキャッシュ・フローを計算しなさい。ただし，法人税の支払いは考慮しないものとする。なお，キャッシュ・フローがマイナス（現金支出）の場合は，その数字をカッコでくくること（問2も同じ）。

〔問2〕法人税の支払いを考慮し，この投資案の毎年のキャッシュ・フローを計算しなさい。

〔問3〕〔問2〕で求めたキャッシュ・フローにもとづいて，この投資案の正味現在価値を計算し，投資の採否について判断を行いなさい。

【解　答】

〔問1〕法人税の支払いを考慮しない場合のキャッシュ・フロー

（単位：千円）

第0年度末	第1年度末	第2年度末	第3年度末	第4年度末	第5年度末
(100,000)	40,000	40,000	40,000	40,000	50,000

〔問2〕 法人税の支払いを考慮する場合のキャッシュ・フロー

(単位：千円)

第0年度末	第1年度末	第2年度末	第3年度末	第4年度末	第5年度末
(100,000)	32,000	32,000	32,000	32,000	38,000

〔問3〕

　　　正味現在価値　　＋43,241.8千円

　したがって，この投資案は採用すべきで（ある，~~ない~~）。

【解　説】

〔問1〕 法人税の支払いを考慮しない場合のキャッシュ・フロー

　新設備Xへの投資案を採用すれば，新たに生じることとなるキャッシュ・フロー項目は次のようになる。

　①　設備Xへの初期投資額（取得原価）… 100,000千円（COF）

　②と③　投資案から生じる年々の経済的効果

	採　用　後	採　用　前	差額〈増加分〉
製品売上高	330,000千円	210,000千円	120,000千円（CIF）…②
現金支出費用	170,000千円	90,000千円	80,000千円（COF）…③
減価償却費（＊）	55,000千円	35,000千円	20,000千円（――）

（＊）減価償却費の増加分：100,000千円÷5年＝20,000千円
　　　減価償却費は現金の支出をともなわないため，キャッシュ・フロー項目ではない。

差額CF（単位：千円）

現金支出費用 〈COF〉 80,000	製品売上高 〈CIF〉 120,000
純現金流入額 〈純CIF〉 40,000	

　④　投資終了時（5年度末）における固定資産の売却収入… 10,000千円（CIF）

　なお，設備投資の意思決定計算は未来の予測計算であり，現実に仕訳が行われるわけではないが，投資を行ったものとして設備売却時の仕訳を想定してみると次のようになる（単位：千円）。

（CIF）→ | （減価償却累計額） | 100,000（＊） | （設　　　　　備） | 100,000 |
| （現　　　　金） | 10,000 | （設　備　売　却　益） | 10,000 |

（＊）減価償却累計額：20,000千円×5年＝100,000千円

〈キャッシュ・フロー図〉　　　　　　　　　　　　　　　　　　　（単位：千円）

	T_0 （0年度末）	T_1 （1年度末）	T_2 （2年度末）	T_3 （3年度末）	T_4 （4年度末）	T_5 （5年度末）
						④ 10,000
CIF		②120,000	②120,000	②120,000	②120,000	②120,000 → T
COF	①100,000	③ 80,000	③ 80,000	③ 80,000	③ 80,000	③ 80,000
NET	△100,000	+40,000	+40,000	+40,000	+40,000	+50,000

（注）②と③については，純収入額40,000千円（＝120,000千円〈売上収入〉−80,000千円〈現金支出費用〉）を直接計上してもよい。

〔問2〕法人税の支払いを考慮する場合のキャッシュ・フロー

① 設備Xへの初期投資額（取得原価）… 100,000千円（COF）

②〜④

法人税の支払いを考慮する場合には，現金収支をともなう収益・費用（＝製品売上高と現金支出費用）については「1−法人税率」を乗じて税引後に修正し，減価償却費については「法人税率」を乗じて法人税節約額を計上する。

税引後売上収入：$\underset{\text{売上収入}}{120,000\text{千円}} \times (1 - \underset{\text{法人税率}}{0.4}) = 72,000\text{千円（CIF）}\cdots②$

税引後現金支出費用：$\underset{\text{現金支出費用}}{80,000\text{千円}} \times (1 - \underset{\text{法人税率}}{0.4}) = 48,000\text{千円（COF）}\cdots③$

減価償却費による法人税節約額：$20,000\text{千円} \times \underset{\text{法人税率}}{0.4} = 8,000\text{千円（CIF）}\cdots④$

（注）②〜④については，次のようにまとめて計算してもよい。

$$(\underset{\text{売上収入}}{120,000\text{千円}} - \underset{\text{現金支出費用}}{80,000\text{千円}}) \times (1 - 0.4) + \underset{\text{減価償却費}}{20,000\text{千円} \times 0.4} = 32,000\text{千円}$$

損益計算書（単位：千円）　　　　　　　　差額CF（単位：千円）

損益計算書		差額CF	
現金支出費用 80,000	製品売上高 120,000	現金支出費用 〈COF〉80,000	製品売上高 〈CIF〉120,000
減価償却費 20,000		税引後 純現金 流入額 32,000	法人税 〈COF〉 8,000
税引後 当期 純利益 12,000 ｜ 法人税 8,000			

法人税率　　　　　　　　　　　　　　法人税率　　　減価償却費による
40%　　　　　　　　　　　　　　　　40%　　　　法人税節約額

⑤ 投資終了時（5年度末）における固定資産の売却収入 … 10,000千円（CIF）

（注）売却収入は資産の換金にすぎないので，法人税支払額に影響を及ぼさない。

⑥ 設備売却益による法人税増加額

$$\underset{\text{売却益}}{10,000\text{千円}} \times \underset{\text{法人税率}}{0.4} = 4,000\text{千円 (COF)}$$

(注) 固定資産売却益が生じる場合には，法人税増加額（＝固定資産売却益×法人税率）をキャッシュ・アウトフローに計上する。

逆に，固定資産売却損が生じる場合には，法人税節約額（＝固定資産売却損×法人税率）をキャッシュ・インフローに計上する。

〈キャッシュ・フロー図〉　　　　　　　　　　　　　　　　　　　　（単位：千円）

	T_0（0年度末）	T_1（1年度末）	T_2（2年度末）	T_3（3年度末）	T_4（4年度末）	T_5（5年度末）
						⑤ 10,000
		④ 8,000	④ 8,000	④ 8,000	④ 8,000	④ 8,000
CIF		② 72,000	② 72,000	② 72,000	② 72,000	② 72,000
COF	①100,000	③ 48,000	③ 48,000	③ 48,000	③ 48,000	③ 48,000
						⑥ 4,000
NET	△100,000	+32,000	+32,000	+32,000	+32,000	+38,000

〔問3〕正味現在価値法による投資案の評価

〔問2〕の税引後キャッシュ・フローを5％の資本コスト率で割引計算して正味現在価値を計算する。

〈キャッシュ・フロー図〉　　　　　　　　　　　　　　　　　　　　（単位：千円）

	T_0（0年度末）	T_1（1年度末）	T_2（2年度末）	T_3（3年度末）	T_4（4年度末）	T_5（5年度末）
						⑤ 10,000
		④ 8,000	④ 8,000	④ 8,000	④ 8,000	④ 8,000
CIF		② 72,000	② 72,000	② 72,000	② 72,000	② 72,000
COF	①100,000	③ 48,000	③ 48,000	③ 48,000	③ 48,000	③ 48,000
						⑥ 4,000
NET	△100,000	+32,000	+32,000	+32,000	+32,000	+38,000
	+ 30,476.8 ←	×0.9524				
	+ 29,024 ←		×0.9070			
	+ 27,641.6 ←			×0.8638		
	+ 26,326.4 ←				×0.8227	
	+ 29,773 ←					×0.7835
NPV	+ 43,241.8					

結論：正味現在価値がプラスとなるため，採用すべきである。

225

Q：法人税率と実効税率の両方が問題資料に与えられた場合

A：実効税率（＝法人税等の税率）によって計算する。

法人所得（＝税務上の利益）に対して課税される会社の税金には，法人税以外にも事業税や住民税（都道府県民税，市町村民税）があり，その総合税率を実効税率という。本来なら実効税率を使用するが，日商1級の検定試験では法人税率以外は省略されて出題されることも多い。

2．設備投資の意思決定の計算例（総合問題）

(1) 新規大規模投資におけるキャッシュ・フローの予測

新規投資の意思決定とは，新規市場に新製品で参入するか否かを判断するような意思決定をいう。

新規市場に参入することから，原始投資額として固定資産に対する投資額のみならず，新製品の製造・販売活動を行っていくために必要な資金（運転資本）に対する投資が必要になる場合もある。

設例 11-5

当社は新製品Zの製造・販売プロジェクトを検討中である。次の資料にもとづいて，下記の設問に答えなさい。

（資　料）

1．投資額の見積り（単位：百万円）

		×0年
固定資産		
	土地	500
	建物	1,500
	設備	2,000
	計	4,000
運転資本		
	売掛金	800
	棚卸資産	400
	買掛金	(500)
	差引：正味運転資本	700
総投資額		4,700

2．年次損益の見積り（単位：百万円）

	×1年	×2年	×3年
売　上　高	10,000	12,000	11,000
現金支出費用	8,275	9,960	9,600

なお，正味運転資本は，毎年，次年度の予想売上高を基準にして各年度末のキャッ

シュ・フローに計上する。その比率は売掛金が8％，棚卸資産が4％，買掛金が5％とする。

3．投資終了時の見積り

(1) 土地は10％の値上がりが見込まれ，売却する予定である。

(2) 建物は除却される。除却収入は生じない。

(3) 設備は投資終了時に簿価に等しい売却収入が得られる見込みである。

(4) 正味運転資本は投資終了時に全額回収される。

4．減価償却

	耐用年数	残存価額	方　法
建　物	10年	ゼロ	定額法
設　備	5年	ゼロ	定額法

5．法人税等の税率は40％とする。

6．税引後の資本コスト率は8％とする。

7．現価係数は次のとおりである。

n＼r	6％	7％	8％	9％	10％	11％	12％	13％	14％	15％
1	0.9434	0.9346	0.9259	0.9174	0.9091	0.9009	0.8929	0.8850	0.8772	0.8696
2	0.8900	0.8734	0.8573	0.8417	0.8264	0.8116	0.7972	0.7831	0.7695	0.7561
3	0.8396	0.8163	0.7938	0.7722	0.7513	0.7312	0.7118	0.6931	0.6750	0.6575

8．計算途中で生じた端数の処理は行わず，解答段階で各設問ごとの指示にしたがうこと。

〔設問1〕このプロジェクトの内部利益率を求めなさい（解答は％表示の小数点以下第3位を四捨五入すること）。

〔設問2〕このプロジェクトの正味現在価値を求めなさい（解答は百万円未満を四捨五入すること）。

【解　答】

〔設問1〕内　部　利　益　率　　　12.52％

〔設問2〕正味現在価値　　　+472百万円

【解　説】（金額単位：百万円）

　（注）○数字は解説5のキャッシュ・フロー図の番号を示す。また，仕訳は本来行われるものではないが，便宜上示したものである。

1．固定資産への投資額

（土　　　　　地）	500	（現　　　　　金）	4,000
（建　　　　　物）	1,500		
（設　　　　　備）	2,000		

①初期投資額（COF）

2．正味運転資本の増減にともなうキャッシュ・フロー

　運転資本とは，製品の製造・販売活動を行っていくために必要な資金のことをいい，その資金の運用段階に応じて棚卸資産や売掛金などの形態で示される。ところが，運転資本のうち原材料などの棚卸資産には，キャッシュの支出をともなわない買掛金

などによる取得分も含まれているため，その分は運転資本から控除する必要がある。
したがって，正味運転資本は次の式で表すことができる。

正味運転資本 = 流動資産（売掛金や棚卸資産など） – 流動負債（買掛金など）

通常の設備投資の意思決定に関する計算問題では，収益・費用の発生とそれにともなう現金収支が同一年度に生じると仮定するため，正味運転資本に関する処理は省略される。

ところが，収益・費用の発生と現金収支が生じるタイミングにズレがある場合には，正味運転資本の増減（流動資産や流動負債の増加または減少）について，次のような調整を行う必要がある。

	流動資産	流動負債
増　　加	ＣＯＦ	ＣＩＦ
減　　少	ＣＩＦ	ＣＯＦ

本問では，正味運転資本の必要額を次年度の予想売上高を基準に計算する。

×0年度末の必要額 → ×1年度の売上高10,000を基準に計算
×1年度末　　〃　　 → ×2年度の売上高12,000を基準に計算
×2年度末　　〃　　 → ×3年度の売上高11,000を基準に計算

まず，×0年度末の初期投資と，×1年度末の調整を示せば次のようになる。

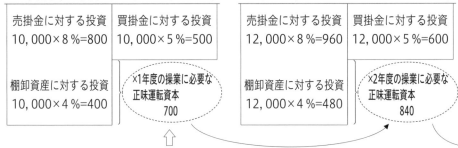

続いて，×2年度末，×3年度末も同様に正味運転資本の増減によるキャッシュ・フローの調整を行う。

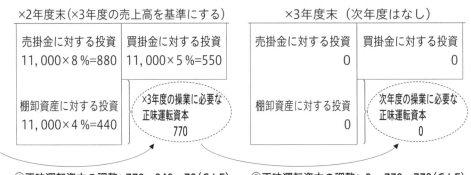

3．この投資案から得られる年々の経済的効果

(1) 製品の製造・販売より生じる税引後純現金流入額…⑥

> 売 上 収 入×(1−法人税率)…CIF
> 現金支出費用×(1−法人税率)…COF
>
> (売上収入−現金支出費用)×(1−法人税率)

×1年度末：$(10,000 − 8,275) × (1 − 0.4) = 1,035$（CIF）

×2年度末：$(12,000 − 9,960) × (1 − 0.4) = 1,224$（CIF）

×3年度末：$(11,000 − 9,600) × (1 − 0.4) = 840$（CIF）

(2) 減価償却費による法人税節約額…⑦

> 減価償却費 × 法人税率 … CIF

(イ) 減価償却費

建　物：$1,500÷10年 = 150$

設　備：$2,000÷ 5年 = 400$

(注) 減価償却費は法定耐用年数にもとづいて計算する。また，土地は非償却性資産であるため，減価償却は行わない。

(ロ) 法人税節約額（3年間共通）

×1年度末～ ×3年度末：$(150+400) × 0.4 = 220$（CIF）

×1年度のCF		×2年度のCF		×3年度のCF	
現金支出費用〈COF〉	製品売上高〈CIF〉	現金支出費用〈COF〉	製品売上高〈CIF〉	現金支出費用〈COF〉	製品売上高〈CIF〉
8,275	10,000	9,960	12,000	9,600	11,000
減価償却費 建物 150 設備 400		減価償却費 建物 150 設備 400		減価償却費 建物 150 設備 400	
税引後当期純利益	法人税	税引後当期純利益	法人税	税引後当期純利益	法人税
法人税率 40%		法人税率 40%		法人税率 40%	
⑥	⑦	⑥	⑦	⑥	⑦
1,035 (CIF)	220 (CIF)	1,224 (CIF)	220 (CIF)	840 (CIF)	220 (CIF)

(注) ○数字については解説5と対応している。

4．投資終了時（×3年度末）における固定資産の処分

(1) 土　地

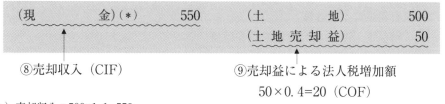

(現　　　　金)(＊)	550	(土　　　　地)	500
		(土 地 売 却 益)	50

⑧売却収入（CIF）　　　　⑨売却益による法人税増加額

$50×0.4=20$（COF）

(＊) 売却収入：$500×1.1=550$

(2) 建　物

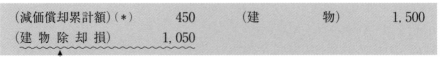

| （減価償却累計額）（＊） | 450 | （建 | 物） | 1,500 |
| （建 物 除 却 損） | 1,050 | | | |

⑩建物除却損（非現金支出費用）による法人税節約額

$1,050 \times 0.4 = 420$ （CIF）

（＊）減価償却累計額：150×3 年 $= 450$

(3) 設　備

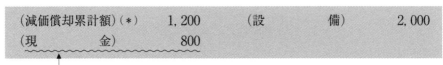

| （減価償却累計額）（＊） | 1,200 | （設 | 備） | 2,000 |
| （現 | 金） | 800 | | |

⑪売却収入（CIF）

（＊）減価償却累計額：400×3 年 $= 1,200$

5．キャッシュ・フロー図

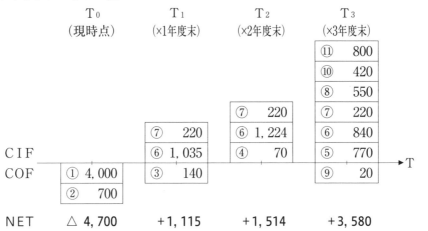

	T_0 （現時点）	T_1 （×1年度末）	T_2 （×2年度末）	T_3 （×3年度末）
				⑪　　800
				⑩　　420
				⑧　　550
			⑦　　220	⑦　　220
		⑦　　220	⑥　1,224	⑥　　840
CIF		⑥　1,035	④　　70	⑤　　770
COF	①　4,000	③　　140		⑨　　20
	②　　700			
NET	△ 4,700	＋1,115	＋1,514	＋3,580

6．各方法による投資案の評価

〔設問1〕内部利益率法

(1)　内部利益率の概算値の推定

　　　各年度の純現金流入額の平均を年金と考え，初期投資額と等しくなる数値X（年金現価係数）を算出する。これを現価係数表における3年間の係数合計と照らし合わせることでおおよその内部利益率を推定し，その後は試行錯誤で計算する。

$$\frac{1,115 + 1,514 + 3,580}{3} X - 4,700 = 0$$

　　　$X = 2.27089 \cdots \Rightarrow$ 15%の年金現価係数が2.2832（$= 0.8696 + 0.7561 + 0.6575$）となるため，15%から計算を行う。

(2)　試行錯誤による計算

　　①　割引率15%における正味現在価値

　　　　$1,115 \times 0.8696 + 1,514 \times 0.7561 + 3,580 \times 0.6575 - 4,700 = (-)231.8106$

　　　　　　　　　　∴　正味現在価値がマイナスなので　内部利益率＜15% ⇨ 14% へ

② 割引率 14% における正味現在価値

$1,115 \times 0.8772 + 1,514 \times 0.7695 + 3,580 \times 0.6750 - 4,700 = (-) 140.399$

∴ 正味現在価値がマイナスなので　内部利益率＜14%　⇨ 13%へ

③ 割引率 13% における正味現在価値

$1,115 \times 0.8850 + 1,514 \times 0.7831 + 3,580 \times 0.6931 - 4,700 = (-) 46.3136$

∴ 正味現在価値がマイナスなので　内部利益率＜13%　⇨ 12%へ

④ 割引率 12% における正味現在価値

$1,115 \times 0.8929 + 1,514 \times 0.7972 + 3,580 \times 0.7118 - 4,700 = (+) 50.7883$

∴ 正味現在価値がプラスなので　内部利益率＞12%

以上より，内部利益率は 12%〜13% の間にあることが判明する。

(3) 補間法による内部利益率の算定

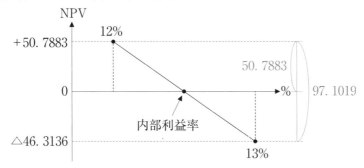

内部利益率：$12\% + \dfrac{50.7883}{97.1019}$ $(=0.5230\cdots)$ %=12.5230…%

　　　　　→ 12.52%（%未満第3位四捨五入）

〔設問2〕正味現在価値法

各年度のネット・キャッシュ・フローを資本コスト率8％で割引計算する。

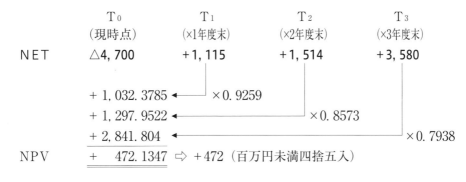

　［設例11－5］のように，内部利益率法と正味現在価値法の両方が問われている場合，（設問は後ろであっても）正味現在価値法から先に計算するのが効率的である。

　なぜなら，正味現在価値を先に計算しておくことで，内部利益率の推定に役立つからである。正味現在価値がプラスならば，内部利益率は資本コスト率より高くなり，逆に正味現在価値がマイナスならば，内部利益率は資本コスト率より低くなるため，内部利益率法における試行錯誤による計算を減らすことができる。

⑵ 取替投資におけるキャッシュ・フローの予測

　取替投資の意思決定とは，現在使用している設備を，より高性能な新しい設備に取り替えるべきか否かを判断するような意思決定をいう。

　新しい設備を購入するには多額の資金が必要になるが，新設備は技術の向上などにより，現有設備に比べて性能がよい。そのため，新設備に取り替えれば，現有設備を使用するのに比べ年々の生産・販売量が増加したり，設備稼働コストが節約されることにより年々の利益が多く得られ，結果的には新設備に取り替えるほうが有利になる場合がある。

　取替投資の意思決定では，キャッシュ・フローの把握の仕方により，以下のような計算方法があるが，いずれの方法によっても最終的な計算結果は同じとなる。

〈取替投資の意思決定の計算方法〉

　総　額　法 … 　現有設備のキャッシュ・フローと新設備のキャッシュ・フローを別々に計算して比較する方法

　なお，総額法においても現有設備の売却に関連するキャッシュ・フローの計上方法により，さらに次のように分かれる。

　① 　現有設備の売却に関連するキャッシュ・フローを，新設備のキャッシュ・フロー計算に計上する方法
　② 　現有設備の売却に関連するキャッシュ・フローを，現有設備のキャッシュ・フロー計算に機会原価として計上する方法

　差　額　法 … 　現有設備と新設備の差額キャッシュ・フローで計算する方法

設例 11-6

　当社では現在，Ｘ設備を使用して製品Ａを生産しているが，Ｘ設備の老朽化が著しいため，最新型のＹ設備に取り替えることを検討中である。以下の資料にもとづき，各問いに答えなさい。

（資　料）

１．Ｘ設備の取得原価は3,000万円，耐用年数は６年，残存価額はゼロである。すでに

３年使用しており，残りの耐用年数は３年である。

2．Y設備の取得原価は2,400万円，耐用年数は３年，残存価額はゼロである。

3．いずれの設備を使用しても製品Aの生産・販売量に変化はなく，各設備を使用する場合の年々の設備稼働費（すべて現金支出費用）は次のとおりである。

  X設備の設備稼働費　　2,500万円
  Y設備の設備稼働費　　1,700万円

4．X設備をY設備に取り替える場合，X設備は現時点で売却処分する。X設備の現時点における売却価額は500万円である。なお，売却処分により生じる売却損の法人税に及ぼす影響は第１年度末に計上する。

5．資本コスト率は税引後で10％とする。r＝10％における現価係数は次のとおりである。

n	現価係数
1	0.9091
2	0.8264
3	0.7513

6．法人税率は40％とする。なお，当社は黒字企業である。

7．減価償却は定額法による。なお，経済的耐用年数と法定耐用年数は等しいものとする。

　また，X設備は３年後にはいかなる価格においても売却できず，むしろ100万円の処分コスト（資産除去債務に該当しない）が発生すると予想される。一方，Y設備の３年後の見積売却価額は250万円である。

8．計算途中では端数処理は行わず,解答の最終段階で万円未満を切り捨てて表示する。

〔問１〕Y設備の購入はX設備の売却を前提とすると考え，Y設備とX設備それぞれの税引後キャッシュ・フローを計算しなさい。なお，キャッシュ・フローがマイナスの場合には△を付すこと。

〔問２〕〔問１〕で求めたキャッシュ・フローにもとづいて，各設備の正味現在価値とその差額を計算し，どちらが有利であるかを答えなさい。なお，正味現在価値がマイナスの場合には△を付すこと。

【解　答】
〔問１〕各設備の税引後キャッシュ・フロー

（単位：万円）

	現時点	第１年度末	第２年度末	第３年度末
Y　設　備	△1,900	△　300	△　700	△　550
X　設　備	0	△1,300	△1,300	△1,360

〔問2〕各設備の正味現在価値とその差額

（単位：万円）

	Ｙ　設　備	Ｘ　設　備	差額（Ｙ設備−Ｘ設備）
正味現在価値	△3,164	△3,277	＋　113

したがって，Ｙ設備に $\left\{\begin{array}{l}\text{取り替えるべきである。}\\ \text{取り替えるべきではない。}\end{array}\right\}$

【解　説】（金額単位：万円）

1. 総額法によるキャッシュ・フローの把握

　総額法は，各設備ごとにキャッシュ・フローを計上する。

　ただし，Ｙ設備の購入はＸ設備の売却を前提として計算するため，現時点における
Ｘ設備の売却に関連するキャッシュ・フローは，Ｙ設備のキャッシュ・フロー計算に
計上する。

　また，いずれの設備を使用しても製品売上収入は変わらない。したがって，この意
思決定計算にとって無関連であり，除外して計算する。

(1)　Ｙ設備の税引後キャッシュ・フローと正味現在価値の計算

　〈キャッシュ・フロー図（ r = 10%）〉

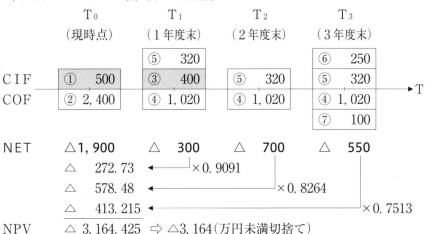

NPV　△3,164.425　⇨　△3,164（万円未満切捨て）

①　Ｘ設備の売却収入（ＣＩＦ）

②　Ｙ設備の取得原価（ＣＯＦ）

③　Ｘ設備の売却にともなう売却損の法人税節約額（タックス・シールド）

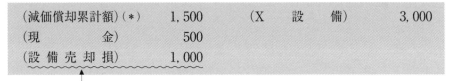

（減価償却累計額）（＊）　1,500　　（Ｘ　設　備）　3,000
（現　　　　金）　500
（設　備　売　却　損）　1,000

売却損（非現金支出費用）による法人税節約額

1,000×0.4=400（ＣＩＦ）

（＊）減価償却費：3,000÷6年=500
　　　減価償却累計額：500×3年=1,500

④　Y設備を使用したときの年々の税引後設備稼働費

$$1,700 \times (1 - 0.4) = 1,020 \ (\text{COF})$$

⑤　減価償却費による法人税節約額

$$800(*) \times 0.4 = 320 \ (\text{CIF})$$

（＊）減価償却費：$2,400 \div 3$ 年 $= 800$

Y設備のＣＦ

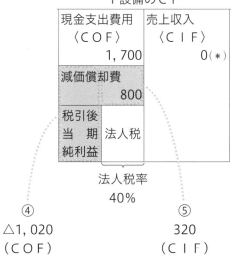

現金支出費用〈ＣＯＦ〉	売上収入〈ＣＩＦ〉
1,700	0(*)

減価償却費　800

税引後当期純利益　法人税

法人税率
40%

④
△1,020
（ＣＯＦ）

⑤
320
（ＣＩＦ）

（＊）売上収入（ＣＩＦ）については無関連収益のため，キャッシュ・フローの計算上，０円で計算する。

⑥　投資終了時のY設備の売却収入（CIF）

⑦　設備売却益による法人税増加額

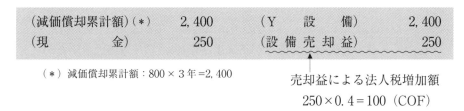

（減価償却累計額）（*）	2,400	（Ｙ　　設　　備）	2,400
（現　　　　金）	250	（設 備 売 却 益）	250

（＊）減価償却累計額：800×3 年 $= 2,400$

売却益による法人税増加額
$$250 \times 0.4 = 100 \ (\text{COF})$$

(2)　X設備の税引後キャッシュ・フローと正味現在価値の計算

　　〈キャッシュ・フロー図（$r = 10\%$）〉

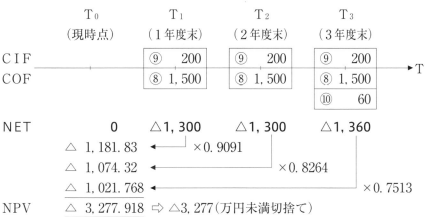

	T_0（現時点）	T_1（1年度末）	T_2（2年度末）	T_3（3年度末）	
ＣＩＦ		⑨ 200	⑨ 200	⑨ 200	T
ＣＯＦ		⑧ 1,500	⑧ 1,500	⑧ 1,500	
				⑩ 60	
ＮＥＴ	0	△1,300	△1,300	△1,360	

$$\triangle 1,181.83 \xleftarrow{\quad} \times 0.9091$$
$$\triangle 1,074.32 \xleftarrow{\quad} \times 0.8264$$
$$\triangle 1,021.768 \xleftarrow{\quad} \times 0.7513$$

ＮＰＶ　△3,277.918 ⇨ △3,277（万円未満切捨て）

⑧　X設備を使用したときの年々の税引後設備稼働費

$$2,500 \times (1 - 0.4) = 1,500 \text{（COF）}$$

⑨　減価償却費による法人税節約額

$$500(*) \times 0.4 = 200 \text{（CIF）}$$

（＊）減価償却費：$3,000 \div 6$ 年＝ 500

X設備のＣＦ

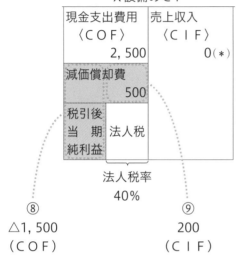

（＊）売上収入（ＣＩＦ）については無関連収益のため，キャッシュ・フローの計算上，０円で計算する。

⑩　投資終了時のX設備の税引後処分コスト

$$100 \times (1 - 0.4) = 60 \text{（COF）}$$

(3)　両設備の正味現在価値の比較および意思決定

$(-)3,164.425 \langle \text{Y設備} \rangle - (-)3,277.918 \langle \text{X設備} \rangle = (+)113.493 \rightarrow (+)113$

　　結論：Y設備を使用したほうが正味現在価値が113万円大きいため，X設備をY設備に取り替えるべきである。

(注)　各案の正味現在価値の計算では，どちらもマイナスになったが，これは両案において，売上収入を無関連項目として除外している（＝ゼロとしている）ためである。したがって，正味現在価値がマイナスになったからといって，両案とも棄却すべきといった判断をしてはならない。

【総額法の別解法】

X設備の売却に関連するキャッシュ・フローをX設備のキャッシュ・フロー計算に機会原価として計上する方法

　前記の計算では，Y設備の購入はX設備の売却を前提とすると考え，X設備の現時点での売却に関連するキャッシュ・フロー（＝キャッシュ・フロー図の①と③）を，Y設備のキャッシュ・フロー計算に計上しているが，これをX設備のキャッシュ・フロー計算に計上する方法もある。

　X設備を使用する場合には，「X設備の現時点での売却収入」（図①）と「売却損のタックス・シールド」（図③）は得る機会を逸することになる。

　そこで，この２つをX設備をそのまま使用することにより失う犠牲額（すなわち機会原価）として，X設備のキャッシュ・フロー計算に計上する。

　具体的には，キャッシュ・フローの正負を逆転させて（CIF → COFに，COF →

CIF に）計上すればよい。

　この方法では，各設備の正味現在価値は前記の計算とは異なった結果になるが，両設備の正味現在価値の差額は変化しない。意思決定の判断は正味現在価値の差額（＝差額利益）によって行われるため，結論は同じになる。

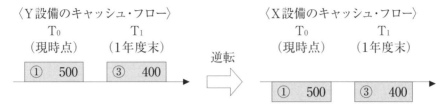

　なお，この方法は各設備に帰属するキャッシュ・フローを，その設備の使用案にすべて計上する方法といえる。たとえば，新設備として複数の候補がある場合には，新設備の購入案に（旧設備の売却に関連する）上記2つのキャッシュ・フロー（図の①と③）をそのつど計上しなくてよいといった利点がある。

(1)　Y設備の税引後キャッシュ・フローと正味現在価値の計算

　　　〈キャッシュ・フロー図（r = 10%）〉

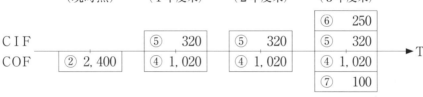

(2)　X設備の税引後キャッシュ・フローと正味現在価値の計算

　　　〈キャッシュ・フロー図（r = 10%）〉

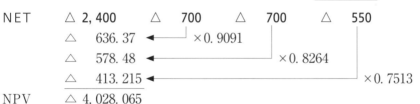

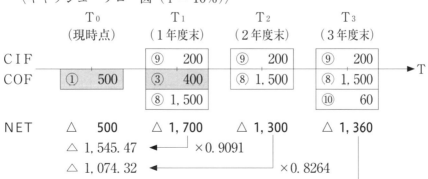

(3) 正味現在価値の比較および意思決定

$(-)4,028.065〈Y設備〉-(-)4,141.558〈X設備〉=(+)113.493 → (+)113$

結論：Y設備を使用したほうが正味現在価値が113万円大きいため，X設備をY設備に取り替えるべきである。

2．差額法によるキャッシュ・フローの把握

差額法はY設備のキャッシュ・フローからX設備のキャッシュ・フローを差し引いて，設備を取り替えることによる差額キャッシュ・フローを求め，この正味現在価値を計算して判定する。

〈キャッシュ・フロー図（$r = 10\%$）〉

	T_0 （現時点）	T_1 （1年度末）	T_2 （2年度末）	T_3 （3年度末）	
Y設備のNET	△ 1,900	△ 300	△ 700	△ 550	←〔問1〕より
X設備のNET	0	△ 1,300	△ 1,300	△ 1,360	← 〃
差額キャッシュ・フロー	△ 1,900	+ 1,000	+ 600	+ 810	← 差 引
	+ 909.1	← ×0.9091			
	+ 495.84	← ×0.8264			
	+ 608.553	← ×0.7513			
NPV	+ 113.493	⇒ +113			

∴ 正味現在価値がプラスなので，X設備をY設備に取り替えるべきである。

または，次のように考えて差額キャッシュ・フローを整理してもよい（割引計算は省略する）。

Y設備を購入し使用すれば，X設備のキャッシュ・フローは，現時点の売却関連のキャッシュ・フローを除いてすべて機会原価となるため，X設備のキャッシュ・フローを正負を逆転させて計上する。

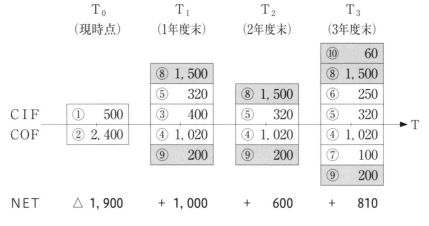

補足 旧設備の売却損益に関連するキャッシュ・フローの計上時期

　設備投資の意思決定では，投資を行う際，旧設備の売却をともなうケースが多い。

　この場合，旧設備の売却損益により生じる法人税への影響をどの時点のキャッシュ・フローに計上するかが問題となる。この問題については，投資の開始時点（すなわち現時点）がどのタイミングかにより異なることになる。

　たとえば，前述の［設例11－6］において，X設備（＝旧設備）の売却収入500万円および売却損により生じる法人税節約額400万円は次のように計上される。

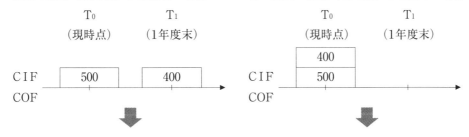

① 投資の開始（現時点）が翌期首の場合　　　② 投資の開始（現時点）が当期末の場合

売却損にともなう法人税節約額は，1年度末に計上する。　　売却損にともなう法人税節約額は，現時点に計上する。

　両者の違いは，売却損益がどの会計期間の法人税支払額に影響するかという点にある。

> ① 投資の開始が翌期首であれば，売却損は1年後のP/Lに計上され，法人税への影響も1年度末（に近いところ）に現れる。
> ② 投資の開始が当期末であれば，売却損は当期のP/Lに計上され，法人税への影響は現時点（に近いところ）に現れる。

　一般的には「投資の開始が翌期首」と判断して，第1年度末に計上するが，日商1級では現時点に計上する旨の指示がついた問題が多く出題されている。

(3) 拡張投資におけるキャッシュ・フローの予測

拡張投資の意思決定とは，現在使用している設備に加えて，さらに新しい設備を導入すべきか否かを判断するような意思決定をいう。生産能力の拡大にともない，販売利益の増加を見込める一方，新設備への購入支出や新設備の稼働費などが生じるため，採算が見合うかどうかを計算する。たとえば，現在，製品の生産に3台の機械を利用しているところに，4台目の機械を追加導入するべきかどうかというようなケースが該当する。

前述の(2)「取替投資の意思決定」とは違い，従来より利用している設備を，今後もそのまま利用し続ける点に注意する。

設例 11-7

S社は製品Nを製造しており，現有設備の年間生産能力は60,000個である。現在，製品Nの需要は年間80,000個と予想されているため，年間20,000個の生産能力を持つ新規設備の追加導入を検討している。以下の資料にもとづき，各問いに答えなさい。

（資　料）

1．導入を計画している新規設備は，取得原価2,000万円，耐用年数4年，残存価額をゼロとする定額法により減価償却を行う。新規設備の4年後の見積売却価額は100万円である。

2．現有設備は取得原価3,600万円，耐用年数6年，残存価額をゼロとする定額法で減価償却を行っている。現有設備はすでに2年使用しており，4年後の見積売却価額は50万円である。

3．製品Nの販売単価は1,000円である。製品N1個あたりの変動費（現金支出費用）は新規設備によると500円，現有設備によると600円である。新規設備に係る固定費は減価償却費のほかに，現金支出費用が年額で200万円ある。

4．法人税等の税率は40％であり，キャッシュ・フローの計算は税引後で行う。当社は現在十分に利益をあげており，今後4年間黒字決算が見込まれる。資本コスト率は年5％である。

割引率5％の現価係数は以下のとおりである。この現価係数を用いて割引計算を行うこと。

1年 0.9524	2年 0.9070	3年 0.8638	4年 0.8227

5．本問において差額キャッシュ・フローとは，新規設備を導入しないという現状維持案を前提にした場合の，新規設備導入案の差額キャッシュ・フローを意味する。

6．現状維持案に比べて，正味のキャッシュ・インフローが減少する場合や正味のキャッシュ・アウトフローが増加する場合，解答数値に△記号をつけること。

〔問1〕新規設備導入案の各年度末の差額キャッシュ・フローと正味現在価値（NPV）を計算しなさい。

〔問2〕問1では，年間80,000個の需要が確保されるという前提で計算してきたが，もし，年間75,000個の需要しか見込まれないと仮定すると，新規設備導入案の差額キャッシュ・フローの正味現在価値（NPV）はいくらになるか。ただし，75,000個を最適な設備利用で生産するものとする。

【解　答】

〔問1〕

新規設備導入案の差額キャッシュ・フロー

（単位：万円）

現在時点	1年度末	2年度末	3年度末	4年度末
△2,000	680	680	680	740

新規設備導入案の正味現在価値　　＋460.574万円

〔問2〕

新規設備導入案の正味現在価値　　＋ 35.066万円

【解　説】

〔問1〕新規設備導入時の差額キャッシュ・フローと正味現在価値

　資料5. にあるように，本問における差額キャッシュ・フローとは，「新規設備を導入しないという現状維持案」を前提にした場合の，「新規設備導入案」の差額キャッシュ・フローを意味する。この場合，新規設備を導入しても現有設備による製品Nの生産販売量や減価償却費，耐用年数到来時における現有設備の見積売却価額に変化はない。

　すなわち，問1においては，新規設備分のキャッシュ・フローがそのまま差額キャッシュ・フローとなることに注意する。

　〈差額キャッシュ・フローのイメージ〉

241

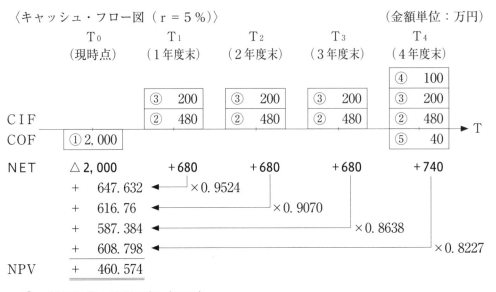

〈キャッシュ・フロー図（r＝5％）〉　　　　　　　　　　　　　　　　　（金額単位：万円）

	T_0（現時点）	T_1（1年度末）	T_2（2年度末）	T_3（3年度末）	T_4（4年度末）
CIF		② 480 / ③ 200	② 480 / ③ 200	② 480 / ③ 200	④ 100 / ③ 200 / ② 480
COF	① 2,000				⑤ 40
NET	△2,000	＋680	＋680	＋680	＋740

```
       ＋  647.632  ◀―――×0.9524
       ＋  616.76   ◀―――――――×0.9070
       ＋  587.384  ◀―――――――――――×0.8638
       ＋  608.798  ◀―――――――――――――――×0.8227
NPV    ＋  460.574
```

① 新規設備の取得原価（COF）

② 新規設備利用での追加的な製品生産販売による純収入額

$$\{(1,000円/個－500円/個)×20,000個－200万円\}×(1－0.4)＝480万円（CIF）$$

③ 新規設備の減価償却費による法人税等節約額

$$500万円（*）×0.4＝200万円　（CIF）$$

（＊）減価償却費：2,000万円÷4年＝500万円

差 額 Ｃ Ｆ（単位：万円）

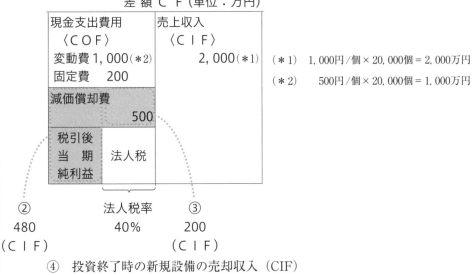

（＊1）　1,000円/個×20,000個＝2,000万円

（＊2）　　500円/個×20,000個＝1,000万円

④ 投資終了時の新規設備の売却収入（CIF）

⑤ 新規設備の売却にともなう売却益による法人税等増加額

（減価償却累計額）（＊）	2,000	（新　規　設　備）	2,000
（現　　　　　金）	100	（設　備　売　却　益）	100

（＊）500万円×4年＝2,000万円

売却益による法人税等増加額

100万円×0.4＝40万円（COF）

〔問2〕年間需要量を75,000個と仮定した場合の新規設備導入案の正味現在価値

『（年間需要量）75,000個を最適な設備利用で生産するものとする』との問題指示から，現有設備と新規設備の年間生産能力を有効利用し，製品75,000個の生産販売を行うことになる。

本問においては次に示すように，新規設備を利用して製品を生産販売したほうが現有設備を利用するより大きな貢献利益が得られる。したがって，年間需要量が75,000個であれば，まず新規設備を優先的に利用して20,000個を生産し，残りの55,000個を現有設備で生産（＝現有設備での生産を問1の60,000個の場合と比較して5,000個減産）すれば最適な設備利用ができる。

〈両設備による貢献利益額の比較〉

	新規設備を利用	現有設備を利用
販 売 単 価	1,000円/個	1,000円/個
変 動 費	500円/個	600円/個
貢 献 利 益	500円/個 ＞	400円/個

よって，問2における差額キャッシュ・フローは，新規設備利用による製品生産量20,000個に関するキャッシュ・フロー（問1で計算済み）と現有設備での製品5,000個の減産にともなう貢献利益の減少分である。

〈キャッシュ・フロー図（r＝5%）〉　　　　　　　　　　（金額単位：万円）

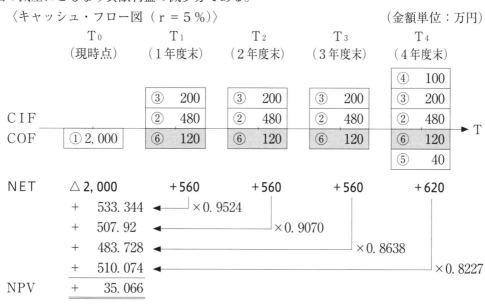

①　新規設備の取得原価（COF）
②　新規設備利用での追加的な製品生産販売による純収入額（CIF）
③　新規設備の減価償却費による法人税等節約額（CIF）
④　投資終了時の新規設備の売却収入（CIF）
⑤　新規設備の売却にともなう売却益による法人税等増加額（COF）

①〜⑤は問1と同じ

⑥　現有設備での製品減産にともなう貢献利益の減少額

（1,000円/個 − 600円/個）× 5,000個 ×（1 − 0.4）＝120万円（COF）
　　　　　　　　　　　　　　製品減産量

【問2の別解法】

　問1と問2の違いは，現有設備での製品減産にともなう貢献利益の減少額のみであるから，問2の解答を以下のように求めることもできる。

　(+)460.574万円〈問1の正味現在価値〉＋(−)120万円〈貢献利益減少額〉× 3.5459（*）

　＝(+)35.066万円

> （*）　割引率5％，4年の年金現価係数
> 　　0.9524 + 0.9070 + 0.8638 + 0.8227 = 3.5459

(4)　耐用年数が異なる投資案の比較

　耐用年数が異なる相互排他的投資案を比較する場合には，比較年数をそろえて計算するのが一般的である。

　［設例11－8］では，反復投資（同じ投資案に再投資）する場合について説明する。

　反復投資を行う場合には，投資案の最小公倍数となる投資期間で計算すればよい。

　また，［設例11－9］では，投資終了時に別の異なる投資案に投資する場合について説明する。

　この場合には，耐用年数の短い投資案から生じる年々のキャッシュ・フローを，耐用年数が長い投資案の終了時点まで再投資したものとして終価を求め，それを現在価値に割り引くことにより，各案を比較する。

設例 11-8

　N社では，生産能力の等しい2種類の設備X，Yのうち，どちらを購入すべきかを検討中である。これに関連する資料は次のとおりである。

（資　料）

1.

	X設備	Y設備
取 得 原 価	3,000万円	4,800万円
耐 用 年 数	2年	3年
残 存 価 額	ゼロ	ゼロ
年 間 稼 働 費	1,400万円	1,200万円

2.　両設備とも，除却の時点で反復投資される可能性が大きい。

　　設備の減価償却は定額法によっている。税法上の耐用年数と経済的耐用年数は等しい。

3.　年間稼働費は現金支出費用である。

4.　法人税率は40％，N社は黒字企業である。

5.　N社の税引後加重平均資本コスト率は10％とする。割引率10％における現価係数は次のとおりである。

1年	2年	3年	4年	5年	6年	7年	8年
0.9091	0.8264	0.7513	0.6830	0.6209	0.5645	0.5132	0.4665

6．計算途中で生じる万円未満の端数は四捨五入せず，最終の答えについて，万円未満を切り捨てなさい。

〔問1〕X設備とY設備の正味現在価値を比較して，どちらの設備を導入すべきであるかを答えなさい。ただし，各投資案の最小公倍数となる投資期間で比較すること（〔問2〕も同様とする）。

〔問2〕仮に，Y設備の年間稼働費が何万円以下であれば，X設備より有利であるかを正味現在価値法によって計算しなさい。

【解　答】

〔問1〕

　　　正味現在価値：

　　　　　X　設　備　　　<u>－8,573</u>万円

　　　　　Y　設　備　　　<u>－8,754</u>万円

　　　したがって，｛X設備，~~Y設備~~｝を導入すべきである。

〔問2〕設備稼働費が年間　<u>1,130</u>　万円以下であれば，Y設備のほうが有利となる。

【解　説】

〔問1〕

1．比較期間の算定

　　　X設備の経済的耐用年数は2年，Y設備の経済的耐用年数は3年であるため，問題指示より両者の最小公倍数である6年の投資期間で両案を比較する。すなわち，X設備は合計3回，Y設備は合計2回投資を行うことになる。

2．X設備の正味現在価値

〈キャッシュ・フロー図〉　　　　　　　　　　　　　　　　　　　　　（単位：万円）

	T_0 (現時点)	T_1 (1年度末)	T_2 (2年度末)	T_3 (3年度末)	T_4 (4年度末)	T_5 (5年度末)	T_6 (6年度末)
CIF		③ 600	③ 600	③ 600	③ 600	③ 600	③ 600
COF	①3,000	② 840	② 840 ①3,000	② 840	② 840 ①3,000	② 840	② 840
NET	△3,000	△ 240	△3,240	△ 240	△3,240	△ 240	△ 240

　　①　X設備の取得原価（COF）

　　②　税引後設備稼働費：1,400万円×（1－0.4）＝840万円（COF）

　　③　減価償却費による法人税節約額

　　　　減価償却費：3,000万円÷2年＝1,500万円

　　　　法人税節約額：1,500万円×0.4＝600万円（CIF）

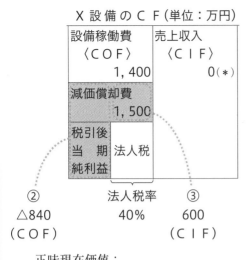

X設備のCF（単位：万円）

設備稼働費 〈COF〉 1,400	売上収入 〈CIF〉 0（*）
減価償却費 1,500	
税引後 当期 純利益	法人税

②	法人税率	③
△840 （COF）	40%	600 （CIF）

（＊）売上収入（CIF）については無関連収益のため，キャッシュ・フローの計算上，0円で計算する。

正味現在価値：

(−)240万円 × (0.9091 + 0.7513 + 0.6209 + 0.5645) + (−)3,240万円 × (0.8264 + 0.6830) − 3,000万円 = (−)8,573.448万円 → (−)8,573万円（万円未満切捨て）

3．Y設備の正味現在価値

〈キャッシュ・フロー図〉　　　　　　　　　　　　　　　　　　　　（単位：万円）

	T_0 （現時点）	T_1 （1年度末）	T_2 （2年度末）	T_3 （3年度末）	T_4 （4年度末）	T_5 （5年度末）	T_6 （6年度末）
CIF		③ 640	③ 640	③ 640	③ 640	③ 640	③ 640
COF	①4,800	② 720	② 720	② 720 ①4,800	② 720	② 720	② 720
NET	△4,800	△ 80	△ 80	△4,880	△ 80	△ 80	△ 80

①　Y設備の取得原価（COF）
②　税引後設備稼働費：1,200万円×（1 − 0.4）＝ 720万円（COF）
③　減価償却費による法人税節約額
　　　減価償却費：4,800万円÷3年 ＝ 1,600万円
　　　法人税節約額：1,600万円×0.4 ＝ 640万円（CIF）

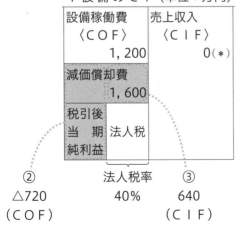

Y設備のCF（単位：万円）

設備稼働費 〈COF〉 1,200	売上収入 〈CIF〉 0（*）
減価償却費 1,600	
税引後 当期 純利益	法人税

②	法人税率	③
△720 （COF）	40%	640 （CIF）

（＊）売上収入（CIF）については無関連収益のため，キャッシュ・フローの計算上，0円で計算する。

正味現在価値：

$(-)80万円 × (0.9091 + 0.8264 + 0.6830 + 0.6209 + 0.5645) + (-)4,880万円 × 0.7513$

$- 4,800万円 = (-)8,754.656万円 → (-)8,754万円 （万円未満切捨て）$

4．結論

　　X設備のほうが正味現在価値が大きいため，X設備を導入すべきである。

〔問2〕

　　Y設備の年間設備稼働費をy（万円）とおいて年々のキャッシュ・フローを把握し，その正味現在価値がX設備の正味現在価値より大きくなるようなyを求めればよい。

〈キャッシュ・フロー図〉　　　　　　　　　　　　　　　　　　　　　（単位：万円）

	T_0 （現時点）	T_1 （1年度末）	T_2 （2年度末）	T_3 （3年度末）	T_4 （4年度末）	T_5 （5年度末）	T_6 （6年度末）
CIF		③ 640	③ 640	③ 640	③ 640	③ 640	③ 640
COF	①4,800	②0.6y	②0.6y	②0.6y	②0.6y	②0.6y	②0.6y
				①4,800			
NET	△4,800	+640	+640	△4,160	+640	+640	+640
		△0.6y	△0.6y	△0.6y	△0.6y	△0.6y	△0.6y

① Y設備の取得原価（COF）

② 税引後設備稼働費：y万円 × （1 − 0.4）= 0.6y万円（COF）

③ 減価償却費による法人税節約額（CIF）

正味現在価値：

$(+)640万円 × (0.9091 + 0.8264 + 0.6830 + 0.6209 + 0.5645) − 0.6y万円 × (0.9091$

$+ 0.8264 + 0.7513 + 0.6830 + 0.6209 + 0.5645) + (-)4,160万円 × 0.7513 − 4,800万円$

$= − 2.61312y万円 − 5,618.912万円$

したがって，

$− 2.61312y万円 − 5,618.912万円〈Y設備の正味現在価値〉> − 8,573.448万円〈X設備の正味現在価値〉$

$y < 1,130.654…万円 → 1,130万円$

すなわち，Y設備の年間設備稼働費が1,130万円以下であれば，Y設備のほうが有利になる。

T社では，以下の2つの投資案を検討中である。1つは高級品である製品Aを製造するための設備Aに投資する案（以下，A案）であり，投資期間は5年である。もう1つは通常品である製品Bを製造するための設備Bに投資する案（以下，B案）であり，投資期間は3年である。両案は相互排他的投資案であり，両設備とも除却の時点で別の異なる投資案に投資する予定である。そこで，B案に投資する場合にはA案への投資が終了するまで，各年度の正味キャッシュ・フローを再投資率で再投資するものとする。そこで，A案とB案の正味現在価値を比較して，どちらの設備を導入すべきであるかを答えなさい。

（資　料）

1.

	A案	B案
取　得　原　価	7,500万円	2,400万円
耐　用　年　数	5年	3年
残　存　価　額	ゼロ	ゼロ
税引前純現金流入額	2,800万円/年	2,500万円/年

2．B案に投資する場合は，投資によって生ずる年々の正味キャッシュ・フローを再投資し，その終価を計算し，それを現在の資本コスト率で割り引いて正味現在価値を計算してA案と比較する。

3．設備の減価償却は定額法によっている。税法上の耐用年数と経済的耐用年数は等しい。

4．法人税率は40％，T社は黒字企業である。

5．T社の税引後加重平均資本コスト率は5％とする。またB案に投資する場合の各年度の正味キャッシュ・フローの再投資率は5％である。割引率5％における現価係数は次のとおりであり，計算にあたっては必ずこの現価係数表を用いること。

n年	1年	2年	3年	4年	5年
$1/1.05^n$	0.952	0.907	0.864	0.823	0.784

6．計算途中で生じる万円未満の端数は四捨五入せず，最終の答えについて，万円未満を切り捨てなさい。

【解　答】

正味現在価値：

A　　案	2,372万円
B　　案	2,558万円

したがって，｛~~A　案~~・B　案｝に投資すべきである。

【解　説】

1．A案の正味現在価値

〈キャッシュ・フロー図〉　　　　　　　　　　　　　　　　　　　　　　（単位：万円）

	T_0 （現時点）	T_1 （1年度末）	T_2 （2年度末）	T_3 （3年度末）	T_4 （4年度末）	T_5 （5年度末）
CIF		③　600 ②1,680	③　600 ②1,680	③　600 ②1,680	③　600 ②1,680	③　600 ②1,680
COF	①7,500					
NET	△7,500	＋2,280	＋2,280	＋2,280	＋2,280	＋2,280

＋9,872.4　◀　×4.33

NPV　＋2,372.4

①　A設備の取得原価（COF）
②　製品の販売による税引後純現金流入額：2,800万円×（1－0.4）＝1,680万円（CIF）
③　減価償却費による法人税節約額

　　　減 価 償 却 費：7,500万円÷5年＝1,500万円
　　　法人税節約額：1,500万円×0.4＝600万円（CIF）

正味現在価値：

(＋)2,280万円×(0.952＋0.907＋0.864＋0.823＋0.784)＋(－)7,500万円
　　　　　　　　　　年金現価係数4.33

　＝(＋)2,372.4万円 → 2,372万円（万円未満切捨て）

2．B案の正味現在価値

〈キャッシュ・フロー図〉　　　　　　　　　　　　　　　　　　　　　　（単位：万円）

	T_0 （現時点）	T_1 （1年度末）	T_2 （2年度末）	T_3 （3年度末）	T_4 （4年度末）	T_5 （5年度末）
CIF		③　320 ②1,500	③　320 ②1,500	③　320 ②1,500		
COF	①2,400					
NET	△2,400	＋1,820	＋1,820	＋1,820		

÷0.907 ▶ ＋2,006.6152…
÷0.864 ▶ ＋2,106.4814…
÷0.823 ▶ ＋2,211.4216…
＋6,324.5183…

＋4,958.4223… ◀ ×0.784

NPV　＋2,558.4223…

①　B設備の取得原価（COF）
②　製品の販売による税引後純現金流入額：2,500万円×（1－0.4）＝1,500万円（CIF）

③　減価償却費による法人税節約額

　　　減 価 償 却 費：2,400万円 ÷ 3 年 ＝ 800万円

　　　法人税節約額：800万円 × 0.4 ＝ 320万円（CIF）

終価の計算：

　　 1 年度末の正味キャッシュ・フローの終価；

　　　1,820万円 ÷ 0.823 ＝ 2,211.4216…万円（ 4 年間再投資）

　　 2 年度末の正味キャッシュ・フローの終価；

　　　1,820万円 ÷ 0.864 ＝ 2,106.4814…万円（ 3 年間再投資）　合計：6,324.5183…万円

　　 3 年度末の正味キャッシュ・フローの終価；

　　　1,820万円 ÷ 0.907 ＝ 2,006.6152…万円（ 2 年間再投資）

正味現在価値：

　　㈎6,324.5183…万円 × 0.784 ＋㈠2,400万円 ＝㈎2,558.4223…万円

　　　　　　　　　　　　　　　　　　　→ ㈎2,558万円（万円未満切捨て）

3 ．結論

　　B 案の方が正味現在価値が大きいため，B 案に投資すべきである。

　なお，B 案における正味現在価値は，第 1 年度末から第 3 年度末までの正味キャッシュ・フローを各年度の現価係数を用いて割り引いて求めた正味現在価値とほぼ一致する（正味現在価値がわずかにズレるのは，割引計算において使用する資料 5 の現価係数自体が端数処理されているからである）。

　　正味現在価値：

　　㈎1,820万円 ×（0.952 ＋ 0.907 ＋ 0.864）＋㈠2,400万円 ＝㈎2,555.86万円

　このことは，投資から生じる年々の正味キャッシュ・フローが，資本コスト率を再投資率として，A 案が終了する 5 年度末まで再投資されているからである。

　すなわち，下図のように，資本コスト率による再投資（＝終価計算の部分）と割引計算との重なる部分が相殺されているのである（単位：万円）。

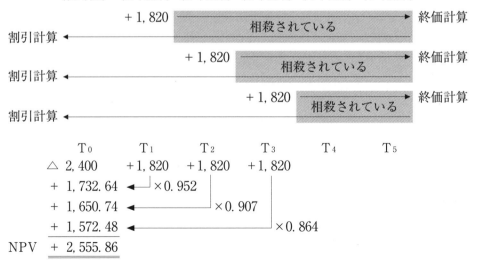

⑸　リースか購入かの意思決定

①　プロジェクト・キャッシュ・フローとファイナンシャル・キャッシュ・フロー

　　設備投資にともなって発生するキャッシュ・フローをプロジェクト・キャッシュ・フローといい，これに対し資金調達にともなって発生するキャッシュ・フローをファイナンシャル・キャッシュ・フロー（注）という。

　　（注）ファイナンシャル・キャッシュ・フローには，資金の借入れ，返済および支払利息などがある。

　　ここまでの設例では特に説明していないものの，設備投資の意思決定計算では，通常，ファイナンシャル・キャッシュ・フローは考慮する必要はなく，計算から除外するのが一般的である。

　　なぜなら，長期的見地から行われる設備投資には，（同じく長期的見地で調達された）加重平均資本コスト率の資金を使用すると考えるため，ファイナンシャル・キャッシュ・フローを計算から除外しても結果が同じになるからである。次の〈例〉で確認してみよう。

　〈例〉

> ・プロジェクト・キャッシュ・フロー
> 　　投資額　100,000円，1年度末のネット・キャッシュ・インフロー　120,000円
> ・ファイナンシャル・キャッシュ・フロー
> 　　現時点で100,000円調達，1年度末に元金と利息（10%）を返済
> ・資本コスト率　10%

〈通常の計算〉　　　　　　　　　　　　　　〈ファイナンシャル・キャッシュ・フローを含めた計算〉

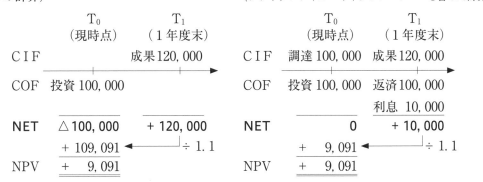

　　このように，ファイナンシャル・キャッシュ・フローを計算に含めても含めなくても，計算結果は同じになる。

②　リースか購入かの意思決定

　　リースか購入かの意思決定とは，設備の導入にともなう資金調達の観点から，リース会社から賃借契約により設備をリース（オペレーティング・リース）するか，あるいは資金を銀行から借り入れて設備を購入するかを判断するような意思決定をいう。

　　この意思決定において，当社の加重平均資本コスト率（＝所要利益率）よりも低い利率で資金を利用できる場合には，新たに資金を調達して設備を導入した方が有利となる。よって，ファイナンシャル・キャッシュ・フローを計算に含めて判断する必要がある。

H工業は，取得原価6,000万円の新設備の導入を決定したが，この設備をリースによるか，あるいは資金を銀行から借りて購入するかを検討中である。

（資　料）

1. リースの場合，リース期間は5年，年間のリース料は1,665万円であり，毎年同額を各年度末に支払う。設備はリース期間満了時の第5年度末にリース会社に返却する（リース取引は賃貸借取引として処理する）。

2. 設備を購入する場合は，第1年度初めに銀行から6,000万円を借り入れ，その資金で設備を購入する。元金は各年度末に1,200万円ずつ5回均等払いで返済し，利息は各年度初めの元金未返済額に対して，年14％の利子率で計算した利息を各年度末に支払う。設備の減価償却は定額法によっており，残存価額はゼロ，法定耐用年数と経済的耐用年数は等しく5年である。5年後の当該設備の見積売却価額は900万円である。

3. 設備の稼働費やメンテナンス料などは，リースによっても購入によっても同額発生するものとする。

4. 当社の資本コスト率は税引後で18％，法人税等の税率は40％とする。なお，当社は黒字企業である。

5. 計算上生じた端数はそのまま使用し，解答の最終段階で万円未満を四捨五入すること。

6. 現価係数および年金現価係数は次のとおりである。

〈現価係数〉

n＼r	12%	14%	18%
1	0.8929	0.8772	0.8475
2	0.7972	0.7695	0.7182
3	0.7118	0.6750	0.6086
4	0.6355	0.5921	0.5158
5	0.5674	0.5194	0.4371

〈年金現価係数〉

n＼r	12%	14%	18%
1	0.8929	0.8772	0.8475
2	1.6901	1.6467	1.5656
3	2.4018	2.3216	2.1743
4	3.0373	2.9137	2.6901
5	3.6048	3.4331	3.1272

〔問1〕リース会社のセールスマンは，もしリースを利用すれば，法人税等を考慮外とすると約12％の資本コストでこの設備を利用でき，14％の銀行融資による購入よりも有利であるという。このセールスマンのいう12％につき，その計算の根拠を簡潔に説明しなさい。

〔問2〕この設備を，リースによるか，あるいは資金を銀行から借り入れて購入すべきかを，正味現在価値によって判断しなさい。ただし，リースと借入・購入のそれぞれの現在価値を計算する場合には，法人税等の影響を考慮に入れて計算すること。

【解　答】

〔問1〕

　　年間1,665万円のリース料を5年間支払えば，取得原価6,000万円の設備が利用
できるため，リース料を5年間の年金支出と考えれば，12%での割引現在価値が
取得原価とほぼ等しくなるからである。

〔問2〕

$$\left\{\begin{array}{c}\text{リース案}\\ \text{借入・購入案}\end{array}\right\}$$ のほうが，　60　万円有利である。

【解　説】

〔問1〕

　　年間のリース料1,665万円を年金支出と考えると，このリース料に年金現価係数を
乗じた現在価値合計と取得原価が等しくなるような年金現価係数を求めると，次のと
おりである。

　　　1,665万円×年金現価係数＝6,000万円

　　∴　年金現価係数＝6,000万円÷1,665万円

　　　　　　　　　　＝3.6036…

　　よって，n＝5年，年金現価係数3.6036となる割引率（r）を求めれば，r＝
12%の年金現価係数3.6048とほぼ等しくなる。

〔問2〕

　　リースによっても借入・購入によっても，同じ設備なので収入額に差は生じない（無
関連収益である）。したがって，どちらの案が現金流出額が少ないかで判断する。

　　なお，設備の稼働費やメンテナンス料などは，リースによっても購入によっても同
額発生するため，無関連原価（埋没原価）であり考慮する必要はない。

　　また，両案を比較するために，リース案と借入・購入案のいずれも，割引率として
当社の資本コスト率18%を用いて正味現在価値を計算する。

1．リース案の正味現在価値の計算

　①　税引後リース料（COF）：(-)1,665万円×(1-0.4)＝(-)999万円

〈キャッシュ・フロー図（r＝18%）〉　　　　　　　　　　　　　　（単位：万円）

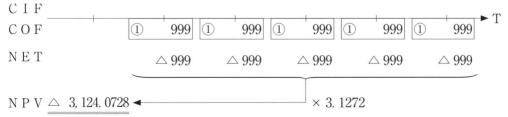

NPV △　3,124.0728

2．借入・購入案の正味現在価値の計算

① 銀行借入金（ＣＩＦ）：(+)6,000万円

② 設備の取得原価（ＣＯＦ）：(−)6,000万円

③ 減価償却費による法人税節約額（ＣＩＦ）：6,000万円÷5年×0.4＝(+)480万円

④ 借入元金の返済額（ＣＯＦ）：(−)1,200万円

⑤ 税引後支払利息（ＣＯＦ）

　　　1年度末：6,000万円×14％×（1−0.4）＝(−)504万円

　　　2年度末：(6,000万円−1,200万円)×14％×（1−0.4）＝(−)403.2万円

　　　3年度末：(4,800万円−1,200万円)×14％×（1−0.4）＝(−)302.4万円

　　　4年度末：(3,600万円−1,200万円)×14％×（1−0.4）＝(−)201.6万円

　　　5年度末：(2,400万円−1,200万円)×14％×（1−0.4）＝(−)100.8万円

⑥ 設備の売却収入（ＣＩＦ）：(+)900万円

⑦ 設備売却益による法人税増加額（ＣＯＦ）：900万円×0.4＝(−)360万円
　　　　　　　　　　　　　　　　　　　　　　売却益

〈キャッシュ・フロー図（r＝18％）〉　　　　　　　　　　　　　　　（単位：万円）

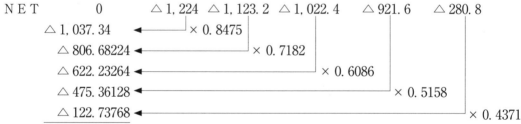

3．判定

　　リース案の正味現在価値　　(−)3,124.0728 万円

　　借入・購入案の正味現在価値−)(−)3,064.35384万円

　　　　　　　　　　　　　　　　　(−)59.71896万円　→　(−)60万円（万円未満四捨五入）

　　したがって，借入・購入案のほうが，60万円有利である。

補足 ファイナンシャル・キャッシュ・フローの影響について

　［設例11－10］の借入・購入案は，14％の借入金とセットで考えているが，このような特定の利率の借入金ではなく，18％の利率で調達される当社の全社的な資金で設備を購入する場合には，（借入・購入案ではなく単なる）購入案となり，その正味現在価値の計算は次のようになる。

〈キャッシュ・フロー図（r＝18％）〉　　　　　　　　　　　　　　　　　（単位：万円）

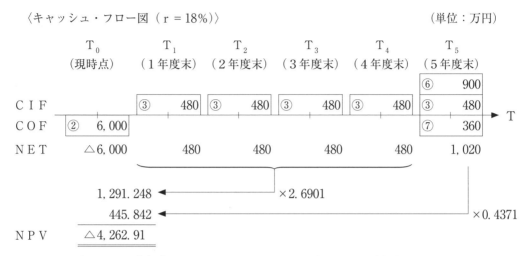

　　　　リース案の正味現在価値(-)3,124.0728万円 － 購入案の正味現在価値(-)4,262.91万円

　　　　＝(+)1,138.8372万円 → (+)1,139万円（万円未満四捨五入）

　　　　したがって，購入案よりもリース案のほうが，1,139万円有利となる。

　H工業では，全社的な資本コスト率が18％と高いため，それより低い特別の利率（14％）で購入資金の6,000万円を調達できるなら，借入・購入したほうが有利となるが，通常どおり会社全体の調達資金の中から資金を出して購入するなら，むしろリース案のほうが有利となる。

　両者の違いの原因は，（有利な）資金調達にともなって生じるファイナンシャル・キャッシュ・フロー（前ページのキャッシュ・フロー図の①④⑤）の影響であり，［設例11－10］では，ファイナンシャル・キャッシュ・フローによって現在価値ベースで約1,199万円（＝(-)3,064.35384万円 － (-)4,262.91万円）の効果が生じていることになる。

設備投資とインフレーション

これまでの説明では，インフレーションの問題は扱わなかった。しかしながら，この問題は設備投資に重大な影響を与える。そこで，次の［設例］によってインフレーションを見込んだ設備投資の意思決定を説明しよう。

■設　例

次は甲社製設備のデータである。これにもとづいて，この設備の正味現在価値を求めなさい。

(1) 取得原価　　　　　　　60,000千円

(2) 法定耐用年数　　　　　5年（経済的耐用年数も同じ）

(3) 5年後の残存価額　　　ゼロ

(4) インフレーションのない場合の増分キャッシュ・フロー

　　年間現金売上収入　　80,000千円

　　年間現金支出費用　　40,000千円

(5) 減価償却は定額法による。したがって年間減価償却費は，次のようになる。

　　60,000千円÷5年＝12,000千円

(6) 法人税率は40%とする。

(7) 当社の実質資本コスト率は20%であり，年間の予想インフレ率は5%である。

(8) r＝26%における現価係数は次のとおりである。

$\dfrac{n=1}{0.7937}$	$\dfrac{n=2}{0.6299}$	$\dfrac{n=3}{0.4999}$	$\dfrac{n=4}{0.3968}$	$\dfrac{n=5}{0.3149}$

【解　答】

正味現在価値　　＋24,427千円（千円未満四捨五入）

【解　説】

1．インフレーションとは

　　インフレーション（inflation）とは，一般的物価水準の継続的上昇のことをいい，その上昇率のことをインフレ率という。インフレーションは，貨幣の一般的購買力の低下を意味するため，設備投資の意思決定計算に重大な影響を及ぼす。

2．実質資本コスト率と名目資本コスト率

　　インフレーションを考慮する場合に注意しなければならないのは，資本コスト率に実質資本コスト率（real rate of return）と名目資本コスト率（nominal rate of return）があることである。

　　実質資本コスト率とは，インフレーションを考慮しない場合の資本コスト率であり，名目資本コスト率とは，実質資本コスト率にインフレ率を加味したものをいい，両者には次の関係が成立する。

名目資本コスト率 ＝ 実質資本コスト率 ＋ インフレ率 ＋ 実質資本コスト率×インフレ率

したがって，本問における名目資本コスト率は次のようになる。

名目資本コスト率 = 0.2 + 0.05 + 0.2 × 0.05

= 0.26（26%）

3．実質アプローチと名目アプローチ

インフレーションを考慮する場合における正味現在価値法の適用方法には，実質資本コスト率を用いる実質アプローチ（the real approach）と，名目資本コスト率を用いる名目アプローチ（the nominal approach）がある。いずれの方法によっても計算結果は同じになるが，会計上の数値はインフレの影響を含んだ名目金額となるため，名目金額を利用する名目アプローチによることが多い。

なお，この場合の注意点は次のとおりである。

	使用する資本コスト率	キャッシュ・フロー
実質アプローチ ⇨	実質資本コスト率	実質金額を使用する
名目アプローチ ⇨	名目資本コスト率	名目金額を使用する

4．名目アプローチによる正味現在価値の計算

⑴　インフレーションを考慮しない場合の年々の税引後ネット・キャッシュ・インフロー

$$\underbrace{(80,000千円 - 40,000千円) \times (1 - 0.4)}_{①24,000千円} + \underbrace{12,000千円 \times 0.4}_{②4,800千円}$$

= 28,800千円

⑵　名目金額への修正計算

名目金額とは，インフレーションの影響を考慮し，将来の時点で収受するであろう実際の金額のことをいう。そこで上記⑴のうち①の部分の金額は，売上と費用が将来にわたり価格上昇の影響を受けるため，（累積）インフレ率によって名目金額に修正する必要があるが，②の部分についてはその必要はない。なぜなら②の部分の金額は，それ自体が名目金額を表すからである。すなわち，②は減価償却による節税額であり，その計算ベースの減価償却費は取得価額にもとづいて計算されるためインフレーションの影響を受けず，毎年12,000千円で一定である。もちろん，将来にわたって年々生じる節税額はインフレーションによる貨幣価値下落の影響を受けるため，本問では，節税額は毎年一定の4,800千円が計上されるものの，その節税額での購買力は年々下落しているのである。

以上をまとめると次のようになる。

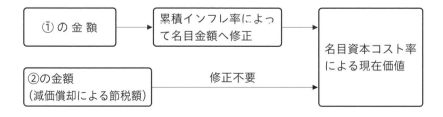

〈①の金額の名目金額〉（千円未満四捨五入）

ⓐ 年度	ⓑ 金額	ⓒ 累積インフレ率	ⓓ＝ⓑ×ⓒ 名目金額
1	24,000	1.05	25,200
2	24,000	$(1.05)^2$	26,460
3	24,000	$(1.05)^3$	27,783
4	24,000	$(1.05)^4$	29,172
5	24,000	$(1.05)^5$	30,631

(3) 正味現在価値の計算（単位：千円）

上記名目金額を名目資本コスト率の26％で割引計算する。

〈キャッシュ・フロー図〉

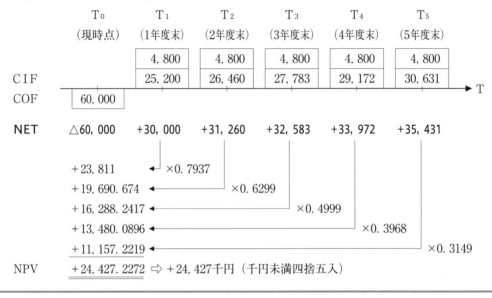

MEMO

12 戦略の策定と遂行のための原価計算
Theme

Check ここでは，今日の企業環境の激変にともない，企業が持続的競争優位を確保するために役立つさまざまな原価計算手法について学習する。

1 企業環境の激変に対応する新しい原価計算

1. 企業を取り巻く環境の激変

　近年，企業を取り巻く内外の環境は従来に比べ大きく変化した。消費者の価値観や嗜好の多様化，生産技術や情報処理技術の飛躍的進歩など，企業内外の環境変化により製品の寿命は短縮化し，同じ製品を長期間にわたり大量生産してきた従来の企業戦略では競争優位を保てなくなった。そのため，企業は絶えず競争的な価格と品質をもった新製品を開発しなければ市場の競争から取り残されるといった厳しい環境下におかれている。このような環境下において，経営管理者は，製造原価だけでなく企画開発からアフターサービスまでのすべての原価を適切に管理する必要に迫られるようになってきている。

2. 環境変化に対応する新しい原価計算領域

　上記のような企業環境の変化に対応して，原価計算に求められる領域も拡大した。本テキストでは，これらのうち次の4つを取り上げる。

> (1) ライフサイクル・コスティング
> (2) 原価企画・原価維持・原価改善
> (3) 品質原価計算
> (4) 活動基準原価計算

2 ライフサイクル・コスティング

1. ライフサイクル・コスティングの必要性

　企業（製品の供給者）が生産・販売する製品には，単に製造コストだけでなく，研究開発から最終的な顧客サービスの終了までの各段階においてさまざまなコストが発生する。

　そのため，その製品の一生涯（ライフサイクル）にわたって生じるすべてのコスト（ライフサイクル・コスト）を予測し，これをその製品に集計することによって，その製品の一生涯における収益性の判断を行うことが重要となる。

　また，近年においては製品の購入者（ユーザー）側も，単に購入時点の取得原価だけでなく，その後生じるランニング・コスト（運用費）やメンテナンス・コスト（保全費），廃棄処分費などを考慮したうえで，その合計が最も低くなる製品を選択するようになってきている。つまり，企業（供給者）も購入者の立場に立ったライフサイクル・コストを計算したうえで，購入者がより満足するような製品の供給を行うことが重要となってきている。

　上記のような理由から，製品のライフサイクル・コストを計算するライフサイクル・コスティ

260

ングが必要とされるのである。

〈ライフサイクル・コスティングの必要性〉

企業内外の環境変化に対応して
① 製品ライフサイクルでの収益性を測定し判断に役立てるため。
② 消費者のニーズに合うような製品供給を行うため。

2. ライフサイクル・コスト

(1) ライフサイクル・コストとは

ライフサイクル・コスト（life-cycle cost：LCC）とは，製品やシステムの，研究・開発から廃棄処分されるまで，すなわちその製品の一生涯（ライフサイクル）にわたるコストのことをいい，研究・開発コスト，生産・構築コスト，運用・支援コスト，退役・廃棄コストからなっている。

(2) ライフサイクル・コストの分類

ライフサイクル・コストは，その発生段階別に次のように分類される。

ライフサイクル・コスト	研 究 ・ 開 発 コ ス ト		市場分析などの製品企画費
			製品システムや製造工程の設計費，それらのソフトウェア・コスト，システムの試験・評価コスト
	生 産 ・ 構 築 コ ス ト		製造用の材料費，労務費，経費などの生産コスト
			生産施設，特殊試験施設，保全修理施設，貯蔵倉庫の購入費，新設費，改造費
	運用・支援コスト	供給者	システムや製品の広告費，輸送費，倉庫費，顧客サービス・コストなどの販売費
		購入者	運用費，保全費，訓練費
	退 役 ・ 廃 棄 コ ス ト		修理不能部品の廃棄，システムや製品の最終的退役コスト

また，ライフサイクル・コストの段階別発生状況を図示すると，次のようになる。

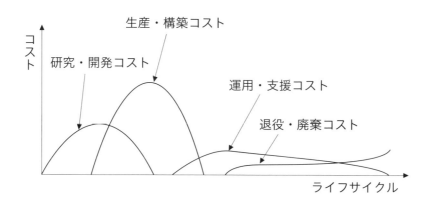

なお，これらのコストには次のような特徴がある。

> ① ライフサイクルの各段階で発生するコストの間にトレード・オフ(注)の関係がある。
> ② ライフサイクル・コストは結局，ユーザーがすべて負担することになる。

(注) 一方が高くなれば，他方は安くなるような関係をいう。たとえば，ハイブリッドカーのように燃費がよく運用コストの低い車は，研究・開発コストや生産コストが高いため価格が高くつく。

3. ライフサイクル・コスティング

ライフサイクル・コスティング（life-cycle costing）とは，研究・開発から廃棄処分に至る製品のライフサイクル全体の原価を測定し分析する計算手法をいう。

ライフサイクル・コスティングには，製品の供給者の側からみたライフサイクル・コスティングと，製品の購入者の側からみたライフサイクル・コスティングがある。

(1) 供給者側からみたライフサイクル・コスティング

製品の供給者側からみた製品のライフサイクルは，製品の開発から生産・販売を経て，生産・販売終了後の部品在庫の保管などの顧客サービスが終了するまでの期間のことをいう。

この場合の供給者側からみたライフサイクル・コスティングは，製品の開発から顧客サービス終了までに発生する全期間のコストを測定し分析する原価計算をいい，次のような特徴がある。

> ① その製品に関連する一生涯の原価をすべて把握することができる。
> ② ライフサイクルの各段階で発生する原価の割合が明らかになる。

設例 12-1

コンピュータ・ソフトウェア会社である当社は，パソコン用の新しいソフトウェア・パッケージを開発しようとしている。そこで以下の資料にもとづいて，予算ライフサイクル収益および予算ライフサイクル・コストを計算し，予算ライフサイクル営業利益がいくらになるかを答えなさい。

（資　料）

	×1 年 度	×2 年 度	×3 年 度
販売価格（パッケージあたり）	——	20,000円	18,000円
販売数量	——	5,000パッケージ	4,000パッケージ
変 動 費（パッケージあたり）			
製造原価	——	2,000円	1,800円
発 送 費	——	500円	500円
固 定 費（総額）			
研究開発費	40,000千円	30,000千円	——
製造原価	——	20,000千円	20,000千円
顧客サービス費	——	10,000千円	10,000千円

【解　答】

予算ライフサイクル収益　172,000千円

予算ライフサイクル・コスト　151,700千円

予算ライフサイクル営業利益　20,300千円

【解　説】

予算ライフサイクル収益および予算ライフサイクル・コストを年度別に見積り合計すれば以下のとおりである。

	×1　年　度	×2　年　度	×3　年　度	合　　計
予算ライフサイクル収益	——　千円	100,000千円	72,000千円	172,000千円
予算ライフサイクル・コスト				
研 究 開 発 費	40,000千円	30,000千円	——　千円	70,000千円
製 造 原 価	——	30,000(＊1)	27,200(＊2)	57,200
発 送 費	——	2,500	2,000	4,500
顧客サービス費	——	10,000	10,000	20,000
予算ライフサイクル営業利益	△40,000千円	27,500千円	32,800千円	20,300千円

（＊1）2,000円×5,000パッケージ＋20,000千円＝30,000千円
（＊2）1,800円×4,000パッケージ＋20,000千円＝27,200千円

　上記より，この製品のライフサイクル営業利益率は約12％（≒20,300千円÷172,000千円），また製造原価の占める割合はコスト全体の約38％（≒57,200千円÷151,700千円），製造に入る前の段階ですでに約26％（≒40,000千円÷151,700千円）のコストが発生することがわかる。

⑵　**購入者側からみたライフサイクル・コスティング**

　製品の購入者側からみた製品のライフサイクルは，製品の購入から，その製品の利用を経て，廃棄するまでの期間のことをいう。この場合の購入者側からみたライフサイクル・コスティングは，顧客ライフサイクル・コスティングともよばれ，製品の購入の意思決定に際して，購入時点の取得原価だけではなく，その後の運用・保全コストや廃棄コストなども考慮したトータル・コストにもとづいて意思決定を行おうというものである。また，この計算では，貨幣の時間価値を考慮した計算を行うこともある。

　また，顧客ライフサイクル・コスティングは製品の購入者の意思決定情報として必要であるばかりでなく，製品の供給者が顧客満足を図る観点から，より経済的な製品の供給を行うのに役立つ情報を入手するためにも必要といえる。

　当社は，自動車の新規購入を検討している。現時点で候補に挙がっているのは A，B，C の 3 車種である。各車に関して比較しうる資料を集めたところ，次のとおりであった。そこで，下記の資料にもとづき，各車種のトータル・コストを計算し，どの車種が最も購入に有利であるか意思決定しなさい。

　なお，〔問 1〕では貨幣の時間価値は考慮する必要はなく，〔問 2〕では貨幣の時間価値を考慮して計算すること（いずれも法人税の影響は無視すること）。

（資　料）

	A　車	B　車	C　車
取得原価	100万円	120万円	150万円
耐用年数	4年	4年	4年
残存処分価額(注)	10万円	15万円	20万円
登録料	35,000円/年	35,000円/年	35,000円/年
保険料	90,000円/年	135,000円/年	180,000円/年
走行距離	40,000km/年	40,000km/年	40,000km/年
燃費	10km/ℓ	12.5km/ℓ	20km/ℓ
ガソリン価格	100円/ℓ	100円/ℓ	100円/ℓ
定期点検間の走行距離	20,000km	22,000km	25,000km
定期点検代	30,000円/回	30,000円/回	30,000円/回

　（注）耐用年数到来時の見積売却価額である。

　ただし，上記資料のうち取得原価を除き，各費用の支出は各年度末に一括して生じるものとする。また〔問 2〕における割引率は 10％とし，r＝10％における現価係数は次のとおりである。

n＝1	n＝2	n＝3	n＝4
0.9091	0.8264	0.7513	0.6830

【解　答】
〔問 1〕
　　トータル・コスト：A車　　3,210,000円
　　　　　　　　　　　B車　　3,220,000円
　　　　　　　　　　　C車　　3,140,000円
　したがって，|A車, B車, C車| が購入に最も有利な車種である。
〔問 2〕
　　トータル・コスト：A車　　2,765,543円
　　　　　　　　　　　B車　　2,813,667円
　　　　　　　　　　　C車　　2,819,243円
　したがって，|A車, B車, C車| が購入に最も有利な車種である。

【解　説】

〔問1〕

各車種の耐用年数におけるトータル・コストを計算すれば，以下のとおりである。

	A　車	B　車	C　車
取 得 原 価	1,000,000円	1,200,000円	1,500,000円
登 　録　 料	35,000円×4年 =140,000円	35,000円×4年 =140,000円	35,000円×4年 =140,000円
保 　険　 料	90,000円×4年 =360,000円	135,000円×4年 =540,000円	180,000円×4年 =720,000円
ガ ソ リ ン 代	40,000km÷10km ×100円=400,000円 ∴ 400,000円×4年 =1,600,000円	40,000km÷12.5km ×100円=320,000円 ∴ 320,000円×4年 =1,280,000円	40,000km÷20km ×100円=200,000円 ∴ 200,000円×4年 =800,000円
定 期 点 検 代	40,000km×4年 ÷20,000km=8 ∴ 7回(注) 30,000円×7回 =210,000円	40,000km×4年 ÷22,000km≒7.27 ∴ 7回 30,000円×7回 =210,000円	40,000km×4年 ÷25,000km=6.4 ∴ 6回 30,000円×6回 =180,000円
残存処分価額	△100,000円	△150,000円	△200,000円
	3,210,000円	3,220,000円	3,140,000円
	（2位）	（3位）	（1位）

（注）A車の8回目の定期点検は，耐用年数到来時にあたるため定期点検実施は不要である。

〈図解〉 B車の定期点検

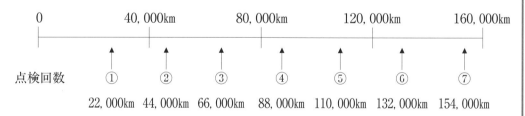

〔問2〕（単位：円）

〔問1〕のトータル・コストを発生年度別に集計する。

(1) A 車

	現時点	1年度末	2年度末	3年度末	4年度末
取 得 原 価	1,000,000	――	――	――	――
登 録 料	――	35,000	35,000	35,000	35,000
保 険 料	――	90,000	90,000	90,000	90,000
ガ ソ リ ン 代	――	400,000	400,000	400,000	400,000
定 期 点 検 代	――	60,000	60,000	60,000	30,000
残 存 処 分 価 額	――	――	――	――	△100,000
合　　計	1,000,000	585,000	585,000	585,000	455,000

531,823.5 ← × 0.9091

483,444 ← × 0.8264

439,510.5 ← × 0.7513

310,765 ← × 0.6830

トータル・コスト　2,765,543

(2) B 車

	現時点	1年度末	2年度末	3年度末	4年度末
取 得 原 価	1,200,000	――	――	――	――
登 録 料	――	35,000	35,000	35,000	35,000
保 険 料	――	135,000	135,000	135,000	135,000
ガ ソ リ ン 代	――	320,000	320,000	320,000	320,000
定 期 点 検 代	――	30,000	60,000	60,000	60,000
残 存 処 分 価 額	――	――	――	――	△150,000
合　　計	1,200,000	520,000	550,000	550,000	400,000

472,732 ← × 0.9091

454,520 ← × 0.8264

413,215 ← × 0.7513

273,200 ← × 0.6830

トータル・コスト　2,813,667

(3) C 車

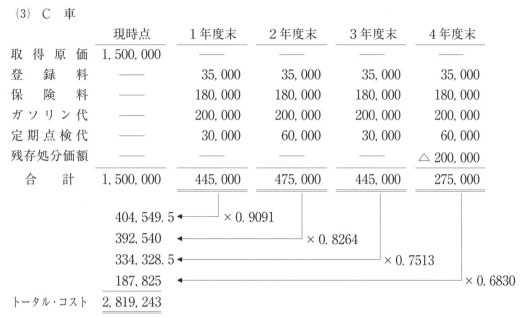

	現時点	1年度末	2年度末	3年度末	4年度末
取　得　原　価	1,500,000	———	———	———	———
登　録　料	———	35,000	35,000	35,000	35,000
保　険　料	———	180,000	180,000	180,000	180,000
ガ ソ リ ン 代	———	200,000	200,000	200,000	200,000
定 期 点 検 代	———	30,000	60,000	30,000	60,000
残 存 処 分 価 額	———	———	———	———	△ 200,000
合　　　計	1,500,000	445,000	475,000	445,000	275,000

404,549.5 ← × 0.9091

392,540 ← × 0.8264

334,328.5 ← × 0.7513

187,825 ← × 0.6830

トータル・コスト 2,819,243

　上記のように，購入者（ユーザー）側では，取得原価だけでなく運用・保全費などを含めたコストの合計が最小となるような車種を選択するであろう。

　そこで，製品の供給側である企業においても，ユーザーの負担するトータル・コストが最も経済的になるように各種の代替案の中から最善の案を選択し，製品の供給を行うことになる。

設例 12-3

　S社では，製品Tを主力製品として1台78,000円で販売している。ライバル企業であるP社は製品Tと競合する製品として同等のスペックの製品Vを1台88,000円で販売している。S社では価格面で優位に立っていると考えていたが，最近では省エネ仕様であることを前面に押し出したP社の広告宣伝により，市場での売れ行きは製品Vの方が上回ってきている。そこで調査を開始したところ，以下の事項が判明した。

　製品Tを購入後，平均利用年数5年の間に消費者が負担を要するコストには，年々の電気代4,000円に加え，3年後に故障する確率が30％（修理代は18％の確率で10,500円，12％の確率で14,250円）と見込まれる。また，5年後には廃棄コストとして7,800円かかる。

　これに対してP社の製品Vについては，平均利用年数は同じく5年であるが，年々の電気代は1,800円で済み，故障も3年後に10％の確率で生じるが，修理代は7.5％の確率で12,000円，2.5％の確率で8,000円である。加えて廃棄コストも3,000円で済むと宣伝していた。そこで，以下の問いに答えなさい。

〔問1〕製品Tの顧客が購入から廃棄までに負担するトータル・コストについて計算し，資本コスト率を8％として現在価値で答えなさい。なお，計算には以下の現価係数を用いること。

〔問2〕トータル・コストを考慮して製品Vを購入しようとする顧客に製品Tを購入してもらうには，何円を超える値引きが必要かを計算しなさい。

年	1	2	3	4	5
8％の現価係数	0.93	0.86	0.79	0.74	0.68

【解　答】

〔問1〕　　　102,148 円

〔問2〕　　　　4,039 円

【解　説】

〔問1〕製品Tの購入から廃棄までのトータル・コストの現在価値

各年の製品Tのライフサイクル・コストを整理すると次のようになる。（単位：円）

	現時点	1年後	2年後	3年後	4年後	5年後
取 得 原 価	78,000	—	—	—	—	—
電 気 代	—	4,000	4,000	4,000	4,000	4,000
修 理 代	—	—	—	3,600(*)	—	—
廃 棄 コ ス ト	—	—	—	—	—	7,800
合 計	78,000	4,000	4,000	7,600	4,000	11,800
現 価 係 数	—	0.93	0.86	0.79	0.74	0.68
現 在 価 値	78,000	3,720	3,440	6,004	2,960	8,024
現在価値合計	102,148					

（＊）3年後の修理代：10,500円×18％＋14,250円×12％＝3,600円

〔問2〕製品Tに必要な値引き額

各年の製品Vのライフサイクル・コストを整理すると次のようになる。（単位：円）

	現時点	1年後	2年後	3年後	4年後	5年後
取 得 原 価	88,000	—	—	—	—	—
電 気 代	—	1,800	1,800	1,800	1,800	1,800
修 理 代	—	—	—	1,100(*)	—	—
廃 棄 コ ス ト	—	—	—	—	—	3,000
合 計	88,000	1,800	1,800	2,900	1,800	4,800
現 価 係 数	—	0.93	0.86	0.79	0.74	0.68
現 在 価 値	88,000	1,674	1,548	2,291	1,332	3,264
現在価値合計	98,109					

（＊）3年後の修理代：12,000円×7.5％＋8,000円×2.5％＝1,100円

よって，トータル・コストを考慮して製品Vを購入しようとする顧客に製品T
を購入してもらうには，トータル・コストが製品Vよりも小さくなることが必要
であるといえる。

製品Tに必要な値引き額：102,148円 − 98,109円 = 4,039円

∴ 4,039円を超える値引きが必要である。

③ 原価企画・原価維持・原価改善

1. 標準原価計算の原価管理機能の低下

従来，標準原価計算は原価管理を行うために最も効果的な原価計算手法とされてきた。

ところが近年，企業内外の環境が大きく変化した結果，標準原価計算によって得られる原価管理情報の役割は大きく低下している。

従来行われてきた原価管理とは，主として製造原価について，実際原価を標準原価に一致させるために，原価の実際発生段階においてその発生額を適切にコントロールしようとすることであった（これを原価統制という）。

このような原価管理が効果的であったのは，製造が工員の熟練度に依存し，また機械や設備の信頼性も低かったことなど製造技術が不確実であったため，標準原価の枠内に原価発生額をコントロールすることが容易でなかったからである。

ところが近年においては，製造工程はコンピュータに管理された機械や設備によってほとんどが自動化されており，発生する原価の大部分はその製品の設計段階においてほぼ決まってしまっている。こうした環境下では，製品の設計段階において原価をいかに引き下げることができるかといった上流からの管理が重要であり，人手に依存していた時代には意味のあった（生産開始後の）能率管理のための原価管理情報は，その重要性が大きく低下してしまっている。

2. 新たな原価管理体系

上記のように，製造技術の進歩により，原価管理の重要性は設計段階でいかに原価を作り込めるかといった上流からの管理に移行してきている。また，製品の多様化やライフサイクルの短縮化，他企業との競争激化などといった厳しい市場環境のなかで，企業は利益を獲得していかなければならない。そのためには，製品の生産段階だけでなく，企画開発からアフターサービスまでのすべての原価を，絶えず削減しコントロールするといった幅広い原価管理活動が求められている。

そこで，上流からの管理を中心とした新たな原価管理体系として，原価企画・原価維持・原価改善が登場した。

> （注）従来の原価管理と今日の原価管理とを比較して，前者を狭義の原価管理，後者を広義の原価管理またはコスト・マネジメントということがある。

269

3. 原価企画

(1) 原価企画とは

原価企画（target costing）とは，新製品の開発に際し，その設計段階において，目標利益を確保しながら，その製品が市場で受け入れられるために実現しなければならない原価（これを目標原価という）を作り込む活動のことをいい，目標原価計算ともいわれる。

> 原価企画 … 目標利益が確保されるように設定された目標原価を作り込む活動

(2) 原価企画のステップ

製品の設計段階において目標原価を作り込む手順は一般的に次のようになる。

① 新製品の企画を行い，具体的な製品構想をまとめるとともに採算性の検討を行う。

② 中長期の経営計画にもとづき，**目標利益**を設定する。

③ 競争市場価格としての，**予想販売価格**を設定する。

④ 予想販売価格から目標利益を差し引いて**許容原価**を計算する。

> 許容原価 = 予想販売価格 − 目標利益

⑤ 現在の技術レベル，生産設備など従来どおりの経営活動で発生すると予想される見積原価として**成行原価**を計算する。

> 成行原価 … 従来どおりの経営活動による見積原価

⑥ 許容原価と成行原価とを比較し，**原価削減目標**を定める。

> 許容原価 − 成行原価 = 原価削減目標

⑦ 原価削減を実現するために，バリュー・エンジニアリング（注）（value engineering；VE）を実施し，許容原価と成行原価との差をゼロに近づける。このとき，VEにより削減しきれなかった部分については，その削減を量産開始後の原価改善活動に持ち越すことになる。

（注）バリュー・エンジニアリング（VE）とは，最低の総原価で必要な機能を確実に達成するために行われる組織的努力のことをいう。

⑧ 成行原価からVEによる原価削減額を控除して目標原価を設定する。

> 目標原価 = 成行原価−（VEによる）原価削減額

設例 12-4

次の文章を読み，下記の各問いに答えなさい。

「近年，戦略的原価管理として注目されるようになった手法として， ① がある。 ① とは，新製品開発に際し，商品企画から開発終了までの段階において，目標利益を確保するために設定された目標原価を作り込む活動のことである。

いま，新型自動車Aの予定販売価格は260万円と決定されていた。また，目標利益は売上利益率10％と決定された。技術担当者が設計図から見積った金額は，250万円であった。これでは社長が要求する許容原価に達しない。そこで生産準備までの段階で，エンジンで2万円，ボディで5万円，内装で4万円の原価削減を検討した。しかし，これがぎりぎりのラインであり，許容原価には達しない。ただし，量産に入ってからの工数削減，物流費の管理，量産効果，学習効果などによって，さらに当初の成行原価の2％相当額の原価削減が期待できることがわかった。」

〔問1〕 ① に入る適切な用語を答えなさい。

〔問2〕次の文章を完成させなさい。

「社長が要求する許容原価は ② 万円であり，一方，技術担当者が見積った成行原価は ③ 万円である。したがって，原価削減目標は ④ 万円と計算できる。そこで，生産準備までの段階で ⑤ 万円の原価削減が，さらに量産段階で ⑥ 万円の原価削減が期待できるため，最終的な目標原価を ⑦ 万円と計算することができた。」

【解　答】

〔問1〕① 　原価企画

〔問2〕② 　234 　③ 　250 　④ 　16 　⑤ 　11 　⑥ 　5 　⑦ 　234

【解　説】

〔問2〕

許容原価は予定販売価格から目標利益を差し引いて求める。

$$\underset{\text{予定販売価格}}{260万円} - \underset{\text{目標利益}}{260万円 \times 10\%} = \underset{\text{許容原価}}{234万円}$$

一方，成行原価は技術担当者による見積原価であり，許容原価から成行原価を差し引いて原価削減目標を求める。

$$\underset{\text{許容原価}}{234万円} - \underset{\text{成行原価}}{250万円} = \underset{\text{原価削減目標}}{\triangle 16万円}$$

最終的な目標原価は2段階の原価削減を経て，次のように計算される。

$$\underset{\text{成行原価}}{250万円} - \{\underset{\text{生産準備段階までで期待できる原価削減}}{(2万円 + 5万円 + 4万円)} + \underset{\text{量産段階で期待できる原価削減}}{(250万円 \times 2\%)}\} = \underset{\text{目標原価}}{234万円}$$

目標原価の設定方法

1．控除法（割付法）

　許容原価をもって目標原価とする方法を控除法という。

　控除法は，市場で許容される販売価格をもとに目標原価を計算している点で，市場志向（マーケット・イン(注)志向）ならびに利益管理活動という原価企画の基本理念に即した計算方法といえる。

　ただし，控除法による目標原価は，技術者にとっては厳しい目標となることが多い。そのため，原価低減について画期的な改善案をもたらす可能性があるが，反対に，目標達成へのモチベーションを減退させるおそれがある。

　（注）マーケット・インとは消費者のニーズを優先し，市場が必要とする製品やサービスを市場に導入していくという手法。「売れるものを作る」という考え方をいう。

2．積み上げ法（加算法）

　成行原価をもとに目標原価を計算する方法を積み上げ法という。

　積み上げ法は，自社の現在の技術水準にもとづいて目標原価を計算するプロダクト・アウト(注)志向に立脚した計算方法である。技術的な裏付けがあることから，技術者の同意を得やすい反面，原価低減に関する抜本的な改善案が生まれにくい側面もある。

　（注）プロダクト・アウトとは市場のニーズを考慮せず，企業の意向や技術にもとづいて製品やサービスを開発し，販売する手法。「作ったものを売る」という考え方をいう。

3．折衷法（統合法）

　上述したように，それぞれの方法には長所と短所が存在する。そこで，許容原価と成行原価を擦り合わせ，ＶＥの活用によって原価低減活動を行い，より現実的な目標原価を設定する方法が折衷法である。

4．原価維持

　原価維持（cost maintenance）とは，原価企画によって設定された目標原価や，既存製品の予算原価ないし標準原価などを，発生する場所別・責任者別に割り当て，それらの実際発生額を一定の幅の中に収まるように，従来の標準原価管理や予算管理を通じて維持する活動をいう。

> 原価維持 … 原価の発生額を，従来の標準原価管理や予算管理を通じて維持する活動

研究　設備管理と標準原価計算の結合

　近年では，前述したように標準原価計算を効果的に適用するための前提が崩れてきている。したがって，従来の標準原価管理からの脱皮が必要不可欠であり，原価管理の対象が従来の作業者中心の管理から設備管理へと移行し，そのもとでの設備総合効率などを利用した標準原価差異分析が行われるようになってきている。

1．設備総合効率

　設備管理の中心的指標として，設備総合効率が使用される。設備総合効率は，設備をどれほど効率的に使用したかを判断する指標であり，また，設備全体としての効率が改善（または悪化）した原因を分析して解明する手段でもある。原因分析は，以下のように4つに分析されるが，工場現場では，これらの分析数値をもとに，設備総合効率の最大化を目指して生産保全活動を行う。

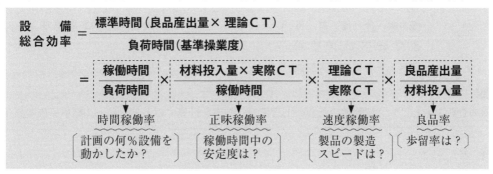

① 　負荷時間とは，計画設備稼働時間のことである。
② 　CT（サイクル・タイム）とは，その設備で製品1単位を加工するのに要する時間をいう。
③ 　時間稼働率は，計画した時間に対し，その設備が実際どの程度稼働したかを示す比率である。
④ 　正味稼働率は，その設備がどの程度長時間安定して稼働したかを示す比率である。正味稼働率は本来1になるべきであるが，分子と分母の不一致は，設備がチョコチョコ停止した時間などを表す。
⑤ 　速度稼働率は，その設備の設計仕様上持つ能力のスピードと実際のスピードの割合を示す比率である。

2．標準原価計算に対する設備総合効率の導入

　設備総合効率は，比率で計算されるため，このままでは，標準原価計算と結合しがたい。そこで，設備総合効率のデータを％から金額に直し，標準原価差異分析として設備管理のための資料を作成する。

273

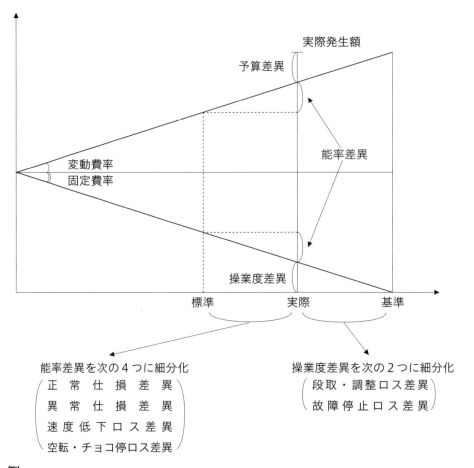

変動費率
固定費率
実際発生額
予算差異
能率差異
操業度差異
標準　実際　基準

能率差異を次の4つに細分化
(正 常 仕 損 差 異)
(異 常 仕 損 差 異)
(速 度 低 下 ロ ス 差 異)
(空転・チョコ停ロス差異)

操業度差異を次の2つに細分化
(段取・調整ロス差異)
(故障停止ロス差異)

■設　例

　次の資料をもとに，設備管理のための(1)設備総合効率を計算するとともに，(2)標準原価差異分析を行いなさい。

（資　料）

1．計画設備稼働データ

　　　　勤務時間　7.28時間/日×60分×25日　……………………　10,920分

　　　　休憩等設備計画停止時間　25分/日×25日　……　625分

　　　　許容段取・調整時間　11.8分/日×25日　……　295　　　920

　　　　差引：計画設備稼働時間（基準操業度）　……………　10,000分

2．実際設備稼働データ

　　　当月の実際設備稼働時間を調べた結果，計画設備稼働時間と比べて，許容段取・調整時間の超過が180分，故障による設備停止時間が220分あったが，そのほかは計画どおりであった。

3．製品1個あたりの設備稼働時間

　　　　理論ＣＴ（サイクル・タイム）……　2.88分/個

　　　　実際ＣＴ　………………………………　3.6　分/個

　　（注）実際ＣＴは，当月の特定の日時に3時間だけサンプル調査したものであり，これと当月実際設備稼働時間との差は，機械の空回りなどによって生じたものと考えられるため，標準原価差異分析においては「空転・チョコ停ロス差異」として把握する。

4．加工費データ

変動加工費率 ……………………………… 500円/分

月間固定加工費 ………………… 6,000,000円

（注）加工費は設備稼働時間を基準に配賦している。

当月実際発生額 ……………… 10,950,000円

5．当月の生産データ

当月投入量 2,500個

仕 損 品 200

良品産出量 2,300個

（注）仕損は工程終点の検査点にて発見され，正常仕損率は良品に対して5％である。また，仕損品の評価額はない。

6．理論CTと実際CTとの差は主として設備の速度低下が原因と考えられるため，標準原価差異分析においては「速度低下ロス差異」として把握する。また，能率差異は固定費からも把握する。

【解 答】

(1) 設備総合効率

①	時間稼働率	$\left(\dfrac{稼働時間}{負荷時間}\right)$	96 ％
②	正味稼働率	$\left(\dfrac{材料投入量 \times 実際CT}{稼働時間}\right)$	93.75％
③	速度稼働率	$\left(\dfrac{理論CT}{実際CT}\right)$	80 ％
④	良品率	$\left(\dfrac{良品産出量}{材料投入量}\right)$	92 ％
⑤	設備総合効率（＝①×②×③×④）		66.24％

(2) 標準原価差異分析

① 予 算 差 異 　　　150,000円 〔不利差異〕
② 能 率 差 異 　　3,273,600円 〔不利差異〕
　〈内 訳〉
　　正 常 仕 損 差 異 　　364,320円 〔不利差異〕
　　異 常 仕 損 差 異 　　269,280円 〔不利差異〕
　　速 度 低 下 ロ ス 差 異 　1,980,000円 〔不利差異〕
　　空転・チョコ停ロス差異 　　660,000円 〔不利差異〕
③ 操 業 度 差 異 　　　240,000円 〔不利差異〕
　〈内 訳〉
　　段 取・調 整 ロ ス 差 異 　　108,000円 〔不利差異〕
　　故 障 停 止 ロ ス 差 異 　　132,000円 〔不利差異〕

【解　説】

(1) 設備稼働時間の分解

計画稼働時間（負荷時間）	10,000	分
段取・調整ロス	180分	
故障停止ロス	220	400
差引：実際稼働時間（稼働時間）	9,600	分
空転・チョコ停ロス	600	（＊1）
速度低下ロス	1,800	（＊2）
異常仕損ロス	244.8	（＊3）
差引：総標準稼働時間	6,955.2分	
正常仕損ロス	331.2	（＊4）
差引：純標準稼働時間	6,624	分

（＊1）3.6分/個×2,500個－9,600分＝△600分
（＊2）（2.88分/個－3.6分/個）×2,500個＝△1,800分
（＊3）2.88分/個×（2,300個×5％－200個）＝△244.8分
（＊4）2.88分/個×2,300個×5％＝△331.2分

(2) 標準原価差異分析

予算差異：500円/分×9,600分＋6,000,000円－10,950,000円＝△150,000円〔不利差異〕

能率差異：

正 常 仕 損 差 異；1,100円/分×△331.2分＝△　364,320円〔不利差異〕
異 常 仕 損 差 異；1,100円/分×△244.8分＝△　269,280円〔不利差異〕
速 度 低 下 ロ ス 差 異；1,100円/分×△1,800分＝△1,980,000円〔不利差異〕
空転・チョコ停ロス差異；1,100円/分×△600分　＝△　660,000円〔不利差異〕
　　　合　　計　　　　　　　　　　　　　　　　　△3,273,600円〔不利差異〕

操業度差異：

段取・調整ロス差異；600円/分×△180分＝△108,000円〔不利差異〕
故障停止ロス差異；600円/分×△220分＝△132,000円〔不利差異〕
　　　合　　計　　　　　　　　　　　　　△240,000円〔不利差異〕

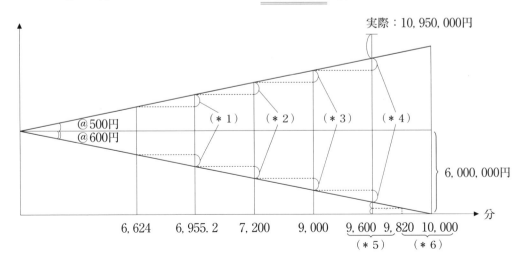

276

（＊1）正常仕損差異，（＊2）異常仕損差異，（＊3）速度低下ロス差異，
（＊4）空転・チョコ停ロス差異，（＊5）故障停止ロス差異，（＊6）段取・調整ロス差異
(注)　本問では，設備管理のための原価差異分析を行っており，勘定記入を前提にしていないため，正常仕
　　損差異と異常仕損差異を能率差異に含めて計算している。したがって，勘定記入を前提とした場合は，
　　正常仕損差異は能率差異から除外されて製品原価を構成し，異常仕損差異は異常仕損費として分離され
　　ることになる。

なお，パーシャル・プランによる仕掛品−加工費勘定の記入を示すと，次のようになる。

仕掛品—加工費		（単位：円）	
実際発生額	10,950,000	正味標準原価	7,286,400
		正常仕損費	364,320
		異常仕損費	269,280
		予算差異	150,000
		能率差異	2,640,000
		操業度差異	240,000
	10,950,000		10,950,000

製品勘定へ

5. 原価改善

(1) 原価改善とは

原価改善（kaizen costing）とは，長期ないし中期経営計画，年次経営計画で策定された目標利益を実現するために，目標原価改善額を決定し，これを工場や部門に割り当て，小集団活動などにより原価改善目標を実現していく活動をいう。

原価改善 … 小集団活動などによる原価改善目標を実現していく活動

(2) 原価改善の効果測定

原価改善は日本において発展し，その活動は欧米においても高く評価されている。しかしながら，こうした改善活動による効果を数値としてどのように測定すべきかは，現在のところさまざまであり，検討すべき点が多く残されている。次の［設例12−5］で原価改善の効果測定の一例を示す。

設例 12-5

次に示すH工業の原価計算関係資料にもとづき，故障停止ロスの改善による利益改善金額を，(A)全部原価計算基準と(B)直接原価計算基準により示しなさい。
（資　料）
(1)　製品Aの販売価格　1,000円/個
(2)　製品単位あたり製造原価

原　料　費		300円
変動加工費	50円/時間×2時間/個＝	100円
固定加工費	100円/時間×2時間/個＝	200円
製造原価合計		600円

加工費は機械稼働時間を基準に配賦している。なお，固定加工費の月間予算は2,000,000円である。

(3) 販売費及び一般管理費

変動販売費　40円/個

月間固定費　300,000円

(4) 月間正常機械稼働時間　20,000時間

(5) 故障停止ロスの改善

	改善前	改善後
故障停止ロス	800時間	200時間（600時間の改善）
実際稼働時間	18,000時間	18,600時間（600時間の増加）
実際生産・販売量	9,000個	9,300個（600時間÷2時間＝300個）

(6) 全部原価計算において生じた操業度差異は全額売上原価に賦課する。

【解　答】

(A) 全部原価計算基準（単位：万円）

		改善前			改善後	
売 上 高	①		900	②		930
売 上 原 価	③	540		④	558	
休 止 ロ ス	⑤	12		⑤	12	
故障停止ロス	⑥	8	560	⑦	2	572
売 上 総 利 益			340			358
販売・管理費						
変 動 費	⑧	36		⑨	37.2	
固 定 費		30	66		30	67.2
営 業 利 益			274			290.8

(B) 直接原価計算基準（単位：万円）

		改善前		改善後
売上高		900		930
変動費	⑩	396	⑪	409.2
貢献利益		504		520.8
固定費		230		230
営業利益		274		290.8

【解　説】

① 改善前売上高：1,000円/個×9,000個＝900万円

② 改善後売上高：1,000円/個×9,300個＝930万円

③ 改善前売上原価：600円/個×9,000個＝540万円

④ 改善後売上原価：600円/個×9,300個＝558万円

⑤ 休止ロス差異：100円/時間×（20,000時間－18,000時間－800時間）＝12万円

⑥ 改善前故障停止ロス差異：100円/時間×800時間＝8万円

⑦ 改善後故障停止ロス差異：100円/時間×200時間＝2万円

⑧ 改善前変動販売費：40円/個×9,000個＝36万円

⑨ 改善後変動販売費：40円/個×9,300個＝37.2万円

⑩ 改善前変動費：440円/個（＊）×9,000個＝396万円

⑪ 改善後変動費：440円/個（＊）×9,300個＝409.2万円

（＊）単位あたり変動費：300円/個＋100円/個＋40円/個＝440円/個

4 品質原価計算

1. 品質原価計算とは

　品質原価計算（quality costing）とは，より低い原価で高い品質を達成するために，製品の品質に関連する原価を集計し，これを分析するための原価計算をいう。

　現代企業では，非常に多額の品質関連原価が発生するため，品質原価計算を実施することにより，品質を落とさずに多額の原価節約が可能になる。

2. 品質原価の分類

　品質原価計算を実施するための原価の分類は，大別して次の2種類に分けられる。

> 品質適合コスト：製品の品質不良が発生しないようにするために必要な原価
> 品質不適合コスト：製品の品質不良が発生してしまったために不可欠となった原価

　　（注）品質適合コストは自発的原価ともいわれ，品質不適合コストは非自発的原価ともいわれる。

　品質原価計算を行う場合，一般的にPAFアプローチ（予防─評価─失敗アプローチ）とよばれる手法が広く普及しており，この手法によれば上記の原価はさらに次のように細分される。

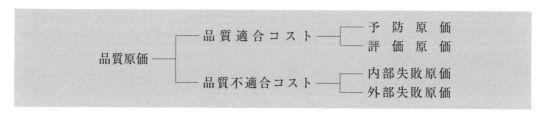

　予　防　原　価：製品の品質不良の発生を予防するための活動の原価
　評　価　原　価：製品の品質不良の有無を発見するための活動の原価
　内部失敗原価：製品の出荷前に不良品が発生した場合に生じる原価
　外部失敗原価：製品の出荷後に不良品が発生した場合に生じる原価

〈具体例〉

品質原価	品質適合コスト	予防原価	品質保証教育訓練費
			品質管理部門個別固定費
			製品設計改善費
			製造工程改善費
			工程自体の検査費(注)
		評価原価	購入材料の受入検査費
			各工程の中間品質検査費
			製品の出荷検査費
			自社製品の出荷後のサンプリング，時系列による品質調査費
			他社製品の品質調査費
	品質不適合コスト	内部失敗原価	仕損費
			手直費
		外部失敗原価	クレーム調査出張旅費
			取替え・引取運送費
			返品廃棄処分費
			損害賠償費
			値引・格下げ損失
			製品補修費

(注) 評価原価は，製品（材料や仕掛品等も含む）の検査や調査に要する原価であり，工程自体の検査費は含まれない。

　工程自体の検査は，工程の不具合を発見することにより，今後起こりうる品質不良品の発生を抑制（予防）する目的で行われるため，そのコストは予防原価に分類される。

3. 品質原価計算の特徴

(1) 品質保証活動原価の把握

　品質原価計算は，企業内のさまざまな部門にわたる品質保証活動費ないし製品品質関係費を把握する。したがって，原価計算の計算単位は，部門を超えて行われる品質保証活動となる。この点で品質原価計算は，この後学習する活動基準原価計算と結びついている。

(2) 品質原価計算の目的

　品質原価計算の目的は，予防原価，評価原価，内部失敗原価，外部失敗原価の相関関係を把握することによって，品質に関するコストの支出についての意思決定に役立つ情報を入手することにある。

　品質原価は，積極的に品質適合コストをかければかけるほど，品質不適合コストの発生を少なくすることができ，逆に，品質適合コストを節約してしまうと，品質不適合コストが巨額に発生してしまうという関係がある。このトレード・オフの関係から適合品質を維持しつつ，製品単位あたりの品質原価（品質適合コストと品質不適合コストとの合計）が最小となる最適点の品質原価（最適品質原価）を求めるとともに，最適品質水準を把握することが可能となる。

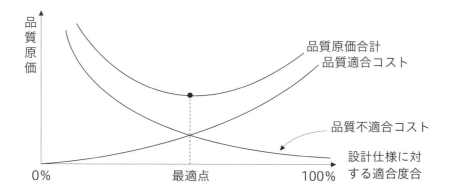

なお，品質原価を適切に認識・測定することは重要であるが，原価計算制度では失敗原価のすべてを把握できないことに注意を要する。

たとえば，仕損がしばしば発生する工場では生産がスムーズに進まず，生産性が落ちてしまう。また，不良品によって市場から甚大なクレームが生じれば，製造工程が混乱してしまうこともある。かくして，生産・販売の機会を失ってしまうこととなる。さらに，不良品が続出すると顧客の信用を失ってしまう。しかしながら，そうした損失は機会損失として初めて認識・測定されるものであり，原価計算制度では把握されない。

失敗原価にはこのような隠れたコストが含まれ，しかも，その測定は実務上非常に難しい。その結果，一般に失敗原価を低く見積もる傾向があり，あるべき水準よりも最適な品質水準が低く想定されてしまうことになる。

実務において不良品をゼロにする方針（zero-defect policy）が採られることが少なくないのは，そのような事情を反映しているといえる。

 設計品質と適合性品質

一般に製品の品質といった場合，それは設計品質（quality of design）と適合性品質（conformance quality）に区別される。設計品質は，製品に対する顧客の要求とその製品の設計仕様との適合度合をいい，製品の特性が顧客の要求にどれだけ合致しているかを意味する。これに対して適合性品質は，製造された製品がどの程度，設計仕様に合致しているかを意味する。

製品の品質管理を行ううえで，製品に対する顧客ニーズと設計仕様との間に差があれば設計品質に問題があり，設計仕様と実際の出来具合との間に差があれば適合性品質に問題があると認識される。通常，品質原価計算では製品の適合性品質のみを対象にするが，最近では，顧客要求である設計品質にかかわる品質原価も含めた品質原価計算の適用が期待されている。

H社の付属資料にもとづき，下記の文章中の〔　　〕の中には適切な用語を，（　　）の中には適切な数値（×1年と×2年との差額）を計算し記入しなさい。

「当社では，従来，製品の品質管理が不十分であったので，社長は，企業内のさまざまな部門で重点的に品質保証活動を実施するため，「予防－評価－失敗アプローチ」を採用し，その結果を品質原価計算で把握することにした。2年間にわたるその活動の成果にはめざましいものがあり，×1年と×2年とを比較すると，〔 ① 〕原価と〔 ② 〕原価との合計は，上流からの管理を重視したために，×1年よりも（ ③ ）万円だけ増加したが，逆に下流で発生する〔 ④ 〕原価と〔 ⑤ 〕原価との合計は，×1年よりも（ ⑥ ）万円も節約し，その結果，全体として品質保証活動費の合計額は×1年よりも1,800万円も激減させることに成功した。」

〔付属資料〕（順不同）

	×1年	×2年	（単位：万円）
品 質 保 証 教 育 費	80	180	
不 良 品 手 直 費	1,100	100	
受 入 材 料 検 査 費	170	220	
他社製品品質調査費	60	80	
仕 損 費	850	250	
製 品 設 計 改 善 費	700	1,350	
販 売 製 品 補 修 費	1,300	300	
工 程 完 成 品 検 査 費	640	820	
返 品 廃 棄 処 分 費	350	150	
品 質 保 証 活 動 費 合 計	5,250	3,450	

【解　答】

①	予　防	②	評　価	③	1,000万円
④	内部失敗	⑤	外部失敗	⑥	2,800万円

【解　説】

	×1年	×2年	増減額	原価の分類
品 質 保 証 教 育 費	80	180	＋ 100	予 防 原 価
不 良 品 手 直 費	1,100	100	－ 1,000	内部失敗原価
受 入 材 料 検 査 費	170	220	＋ 50	評 価 原 価
他社製品品質調査費	60	80	＋ 20	評 価 原 価
仕 損 費	850	250	－ 600	内部失敗原価
製 品 設 計 改 善 費	700	1,350	＋ 650	予 防 原 価
販 売 製 品 補 修 費	1,300	300	－ 1,000	外部失敗原価
工 程 完 成 品 検 査 費	640	820	＋ 180	評 価 原 価
返 品 廃 棄 処 分 費	350	150	－ 200	外部失敗原価
品 質 保 証 活 動 費 合 計	5,250	3,450	－ 1,800	

5 活動基準原価計算

1. 活動基準原価計算とは

　活動基準原価計算（activity-based costing；ABC）とは，原価をその経済的資源を消費する活動ごとに分類・集計し，その活動の利用度合に応じて原価計算対象（製品など）に対して割り当てる原価計算の方法をいう。

〈活動基準原価計算の基本思考〉

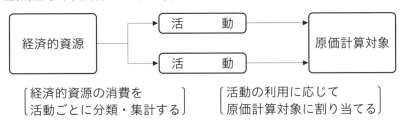

2. 活動基準原価計算の目的

　活動基準原価計算の目的は，製造間接費の配賦を精緻化することによって，製品原価を正確に計算することにある。

　製品の原価を正確に計算するためには，経済的資源を消費する際，可能なかぎり特定製品と結びつけて測定すること（すなわち直接費として測定すること）が望ましい。

　しかしながら，もともと複数の製品に共通して消費されるものもあれば，直接費として測定するにはかえって多額のコストを要するものもあるため，少なからず製造間接費が生じることは避けられない。そこで，正確な製品原価の計算のためには，製造間接費の配賦を適切に行うことが必要であり，伝統的な製造間接費の配賦方法に代わって工夫されたのが活動基準原価計算である。

　　活動基準原価計算の目的 … 製造間接費の配賦を精緻化し正確な製品原価を計算すること

3. 活動基準原価計算の必要性

⑴ 企業内外の環境変化による製造間接費の構造変化

　活動基準原価計算が登場してきた背景には，企業内外の環境変化によって，製造間接費の構造が大きく変化したことがあげられる。

　消費者の価値観や嗜好の多様化により，企業の生産構造が少品種大量生産から多品種少量生産に移行したため，製品は多様化し製造工程は複雑化した。

　このような環境変化によって，製造間接費が従来に比べて多額に発生するようになり，しかもその多くは，多品種の製品を生産するために必要となる次のような生産支援活動を行うために発生する。

生産支援活動	生産単位レベル活動	製品検査，機械作業費など1単位の製品を生産するごとに実施する活動
	バッチレベル活動	機械の段取りや材料の発注などバッチ(注)の回数に比例して行われる活動
	製品維持活動	製品管理や設計変更など特定の製品を支援するために製品種類に比例して行われる活動
	施設支援活動	生産単位，バッチ，製品維持などの特定の活動とは結びつかず，製造活動全般を支援する活動

(注) 1回分の製造や1回分の購入などを意味し，ロットともいう。

(2) 伝統的な製造間接費の配賦計算とその特徴

伝統的な原価計算による製造間接費の配賦は，すべての製造間接費を操業度関連の配賦基準を用いて配賦するため，上記のような生産支援活動を多く必要とする（少量生産の）特殊な製品であっても，そうでない（大量生産の）標準製品であっても，製品単位あたりの操業度が同じであれば同額の製造間接費が配賦されてしまい，生産支援活動の利用の差が製造間接費配賦額に反映されない。

その結果，大量生産の製品が少量生産の製品のコストを肩代わりする原価の内部相互補助が行われるといった特徴がある。

> 伝統的な方法による製造間接費の配賦 … 原価の内部相互補助が行われる

(3) 活動基準原価計算の必要性

操業度関連の基準による（画一的な）製造間接費の配賦は，多額に発生する生産支援活動の原価を適切に製品に配賦できず，正確な製品原価の計算が行えないため，製品戦略の策定に役立たない。

そこで，経済的資源を消費する活動に応じて製造間接費を配賦する活動基準原価計算が必要となるのである。

4. 活動基準原価計算の計算方法

(1) コスト・プールとコスト・ドライバー

① コスト・プール

コスト・プールとは，原価を関連性のあるグループにまとめたものをいう。伝統的な製造間接費の配賦計算では，原価の発生場所である部門がコスト・プールであり，活動基準原価計算では，製造間接費をその経済的資源を消費する活動ごとに分類・集計するため，各活動がコスト・プールとなる。

② コスト・ドライバー

コスト・ドライバーとは，原価の発生額を変化させる要因を示す尺度のことをいう。伝統的な製造間接費の配賦計算では，直接作業時間などの操業度関連の配賦基準がコスト・ドライバーにあたる。

活動基準原価計算の場合には，コスト・ドライバーはさらに資源ドライバーと活動ドライバーに分けられる。

(a) **資源ドライバー**

　資源ドライバーとは，犠牲となる経済的資源の量を決定する要因であり，原価を各活動のコスト・プールへ集計する際の尺度となる。

(b) **活動ドライバー**

　活動ドライバーとは，製品を生産するために必要とされる活動量を決定する要因であり，活動ごとに集計された原価を製品へ割り当てる尺度となる。したがって，活動基準原価計算においては，製造間接費の製品への配賦基準は活動ドライバーといえる。

　以上をまとめると次のようになる。

	コスト・プール	配 賦 基 準
伝統的な配賦計算	部門（製造部門）	操業度関連の基準
活動基準原価計算	資源を消費する各活動	活動ドライバー

(2) **製造間接費の製品への配賦**

　活動基準原価計算における製造間接費の配賦計算は，活動は経済的資源を消費し，製品は活動を消費するという前提で行われる。この前提にもとづき，活動ごとに原価を集計し，活動の内容に応じた配賦基準（活動ドライバー）によって製品に割り当てられる。

　なお，伝統的な原価計算と活動基準原価計算とを比較すれば次のようになる。

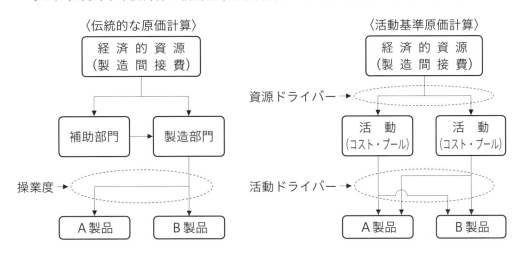

285

当社の下記のデータを参考にして設問に答えなさい。

（資　料）製造間接費配賦基準のデータ

	製品A	製品B	製品C	合　計
生　産　量	5,000個	15,000個	20,000個	40,000個
原材料消費量	10kg/個	5kg/個	5kg/個	225,000kg
直接作業時間	2時間/個	6時間/個	4時間/個	180,000時間
機械作業時間	6時間/個	2時間/個	4時間/個	140,000時間
生　産　回　数	25回	15回	10回	50回
発　注　回　数	125回	75回	50回	250回
配　送　数	27回	9回	4回	40回
製造指図書枚数	40枚	16枚	24枚	80枚
製　造　間　接　費				
段　取　費				13,000千円
機　械　関　連　費				308,000
購　入　関　連　費				166,600
梱　包　費				106,400
技　術　費				162,000
				756,000千円

（注）上記直接作業時間には，段取作業時間は含まれていない。

〔設問1〕当社では従来から，伝統的な単一の操業度関連配賦基準を用いて製造間接費を配賦してきた。そこで，この場合の各製品に配賦すべき製造間接費を計算しなさい。なお，配賦基準としては直接作業時間が用いられていたとする。

〔設問2〕活動基準原価計算によった場合の各製品に配賦すべき製造間接費を計算しなさい。その場合，新たな配賦基準としては，段取費については生産回数，機械関連費については機械作業時間，購入関連費については発注回数，梱包費については配送数，技術費については製造指図書枚数とする。

〔設問3〕〔設問2〕の活動基準原価計算による各製品への製造間接費配賦額と比較した場合，〔設問1〕の直接作業時間基準による製造間接費配賦額に含まれる内部相互補助の金額をそれぞれ答えなさい（過大な配賦なら＋の符号を，過小な配賦なら－の符号を付すこと）。

〔設問4〕原材料の消費価格は3,000円/kg，直接工の賃率は1,500円/時間とし，製造間接費については〔設問2〕の方法により配賦するものとする。このときの各製品の製造単価を計算し，製造単価の50％をマークアップして各製品の販売単価を設定した。このときの各製品の製造単価および販売単価はそれぞれいくらか答えなさい。

【解　答】

〔設問1〕製品A　　　42,000千円　製品B　　378,000千円　製品C　　336,000千円
〔設問2〕製品A　　308,620千円　製品B　　176,220千円　製品C　　271,160千円
〔設問3〕製品A　－266,620千円　製品B　＋201,780千円　製品C　＋64,840千円
〔設問4〕

	製品A	製品B	製品C
各製品の製造単価	94,724 円/個	35,748 円/個	34,558 円/個
各製品の販売単価	142,086 円/個	53,622 円/個	51,837 円/個

【解　説】

〔設問1〕

$$\frac{756,000千円}{180,000時間}(=4.2千円/時間) \times \begin{cases} 5,000個 \times 2時間/個 = 42,000千円（製品A）\\ 15,000個 \times 6時間/個 = 378,000千円（製品B）\\ 20,000個 \times 4時間/個 = 336,000千円（製品C）\end{cases}$$

〔設問2〕

段取費（配賦基準：生産回数）

$$\frac{13,000千円}{50回}(=260千円/回) \times \begin{cases} 25回 = 6,500千円（製品A）\\ 15回 = 3,900千円（製品B）\\ 10回 = 2,600千円（製品C）\end{cases}$$

機械関連費（配賦基準：機械作業時間）

$$\frac{308,000千円}{140,000時間}(=2.2千円/時間) \times \begin{cases} 5,000個 \times 6時間/個 = 66,000千円（製品A）\\ 15,000個 \times 2時間/個 = 66,000千円（製品B）\\ 20,000個 \times 4時間/個 = 176,000千円（製品C）\end{cases}$$

購入関連費（配賦基準：発注回数）

$$\frac{166,600千円}{250回}(=666.4千円/回) \times \begin{cases} 125回 = 83,300千円（製品A）\\ 75回 = 49,980千円（製品B）\\ 50回 = 33,320千円（製品C）\end{cases}$$

梱包費（配賦基準：配送数）

$$\frac{106,400千円}{40回}(=2,660千円/回) \times \begin{cases} 27回 = 71,820千円（製品A）\\ 9回 = 23,940千円（製品B）\\ 4回 = 10,640千円（製品C）\end{cases}$$

技術費（配賦基準：製造指図書枚数）

$$\frac{162,000千円}{80枚}(=2,025千円/枚) \times \begin{cases} 40枚 = 81,000千円（製品A）\\ 16枚 = 32,400千円（製品B）\\ 24枚 = 48,600千円（製品C）\end{cases}$$

製品A：6,500千円＋66,000千円＋83,300千円＋71,820千円＋81,000千円＝308,620千円
製品B：3,900千円＋66,000千円＋49,980千円＋23,940千円＋32,400千円＝176,220千円
製品C：2,600千円＋176,000千円＋33,320千円＋10,640千円＋48,600千円＝271,160千円

〔設問3〕

各製品に配賦された製造間接費を〔設問1〕と〔設問2〕で比較すれば，原価の内部相互補助の金額が明らかになる。

	直接作業時間基準〔設問1〕	活動基準原価計算〔設問2〕	差　額	製品単位あたり内部補助額	内　容
製品A	42,000千円	308,620千円	－266,620千円	@ 53.324千円	過小な配賦
製品B	378,000千円	176,220千円	＋201,780千円	@ 13.452千円	過大な配賦
製品C	336,000千円	271,160千円	＋ 64,840千円	@ 3.242千円	過大な配賦
			0千円		

〔設問4〕

各製品の製造単価および販売単価の計算は以下のとおりとなる。

(1) 製品Aの計算

製品A（5,000個）

原材料費：3,000円/kg×10kg/個×5,000個 ＝ 150,000千円
直接労務費：1,500円/時間×2時間/個×5,000個 ＝ 15,000千円
製造間接費： 308,620千円 ←〔設問2〕より

合　計 473,620千円

製造単価：473,620千円÷5,000個＝ 94,724円/個
販売単価：94,724円/個×（100％＋50％）＝142,086円/個

(2) 製品Bの計算

製品B（15,000個）

原材料費：3,000円/kg× 5kg/個×15,000個 ＝ 225,000千円
直接労務費：1,500円/時間×6時間/個×15,000個 ＝ 135,000千円
製造間接費： 176,220千円 ←〔設問2〕より

合　計 536,220千円

製造単価：536,220千円÷15,000個＝ 35,748円/個
販売単価：35,748円/個×（100％＋50％）＝53,622円/個

(3) 製品Cの計算

製品C（20,000個）

原材料費：3,000円/kg× 5kg/個×20,000個 ＝ 300,000千円
直接労務費：1,500円/時間×4時間/個×20,000個 ＝ 120,000千円
製造間接費： 271,160千円 ←〔設問2〕より

合　計 691,160千円

製造単価：691,160千円÷20,000個＝ 34,558円/個
販売単価：34,558円/個×（100％＋50％）＝51,837円/個

研究 バックフラッシュ原価計算

1. バックフラッシュ原価計算とは

　バックフラッシュ原価計算とは，ジャストインタイム生産方式（just in time approach）を採用する企業で用いられる原価計算をいい，当期に発生した製造費用をすべて売上原価勘定に記入しておき，期末に残った在庫品にかかる製造費用を売上原価から差し戻す計算方式をいう。

2. 計算方法

　バックフラッシュ原価計算は次のような計算の流れとなり，通常の原価計算とは，いわば逆の流れになる。

---

(1) 当期に発生した製造費用はいったん，売上原価勘定借方に記入する。

(2) 期末になって在庫品が残った場合は，製品原価標準などを利用して期末在庫品の各勘定への製造費用を逆流（バックフラッシュ）させる。

〔具体例〕

　当社は製品Xを製造・販売し，ジャストインタイム生産方式を採用している。下記資料にもとづき，(1)伝統的な全部原価計算方式と，(2)バックフラッシュ原価計算方式による勘定記入を完成しなさい。計算の便宜上，原価差異は考慮外とする。

（資　料）

1. 製品Xの製品原価標準

　　原　料　費　150円/kg　×4 kg　　＝600円
　　加　工　費　600円/時間×0.25時間＝150円
　　　　　　　　製品単位原価合計　　　750円

2. 期首原料，仕掛品，製品はなかった。

3. 受注量800個，当月完成量780個，顧客引渡済み775個

4. 原料購入額　　　150円/kg×3,350kg＝502,500円（すべて掛買い）

5. 原料消費額　　　150円/kg×3,200kg＝480,000円

6. 加工費発生額　　118,500円

7. 期末原料在庫量150kg，期末仕掛品量20個（加工費進捗度50％），期末製品在庫量5個

【解　答】

(1) 伝統的な全部原価計算方式（単位：円）　　　　　　　　　（＊）損益勘定への振替額を示す。

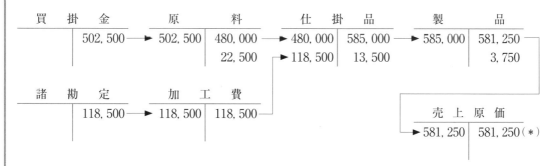

(2) バックフラッシュ原価計算方式（単位：円）　　　　　　　　　（＊）損益勘定への振替額を示す。

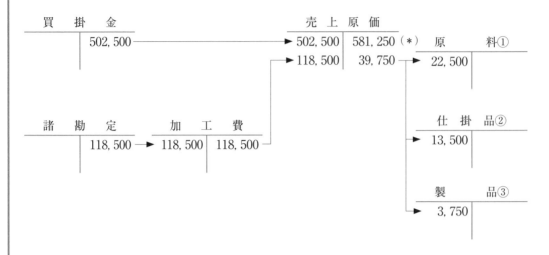

【解　説】
(1) 伝統的な全部原価計算方式の場合

（注）（　）内は加工費の完成品換算量を示す。

(2) バックフラッシュ原価計算方式の場合

① 期末原料：150円/kg×150kg＝22,500円

② 期末仕掛品：600円/個×20個＋150円/個×10個＝13,500円

③ 期末製品：750円/個×5個＝3,750円

3．バックフラッシュ原価計算の変わり種

バックフラッシュ原価計算の変わり種として，次のような計算を行うことがある。

(1) 原料については，在庫品統制勘定を設けて原料在庫高，仕掛品中に含まれる原料費，製品中に含まれる原料費を一括的に計算する。

(2) 加工費については，発生した加工費をすべて売上原価に直課し，期末仕掛品，期末製品に対して加工費を配賦しない。

(3) 仕訳の記録時点は，原料の購入時点と製品の販売時点である。製品完成時には仕訳を行わない。

MEMO

戦略の策定と遂行のための原価計算

付　録

$$(1 + r)^{-n}$$

n＼r	1 %	2 %	3 %	4 %	5 %	6 %	7 %	8 %	9 %	10%
1	0.9901	0.9804	0.9709	0.9615	0.9524	0.9434	0.9346	0.9259	0.9174	0.9091
2	0.9803	0.9612	0.9426	0.9246	0.9070	0.8900	0.8734	0.8573	0.8417	0.8264
3	0.9706	0.9423	0.9151	0.8890	0.8638	0.8396	0.8163	0.7938	0.7722	0.7513
4	0.9610	0.9238	0.8885	0.8548	0.8227	0.7921	0.7629	0.7350	0.7084	0.6830
5	0.9515	0.9057	0.8626	0.8219	0.7835	0.7473	0.7130	0.6806	0.6499	0.6209
6	0.9420	0.8880	0.8375	0.7903	0.7462	0.7050	0.6663	0.6302	0.5963	0.5645
7	0.9327	0.8706	0.8131	0.7599	0.7107	0.6651	0.6227	0.5835	0.5470	0.5132
8	0.9235	0.8535	0.7894	0.7307	0.6768	0.6274	0.5820	0.5403	0.5019	0.4665
9	0.9143	0.8368	0.7664	0.7026	0.6446	0.5919	0.5439	0.5002	0.4604	0.4241
10	0.9053	0.8203	0.7441	0.6756	0.6139	0.5584	0.5083	0.4632	0.4224	0.3855

n＼r	11%	12%	13%	14%	15%	16%	17%	18%	19%	20%
1	0.9009	0.8929	0.8850	0.8772	0.8696	0.8621	0.8547	0.8475	0.8403	0.8333
2	0.8116	0.7972	0.7831	0.7695	0.7561	0.7432	0.7305	0.7182	0.7062	0.6944
3	0.7312	0.7118	0.6931	0.6750	0.6575	0.6407	0.6244	0.6086	0.5934	0.5787
4	0.6587	0.6355	0.6133	0.5921	0.5718	0.5523	0.5337	0.5158	0.4987	0.4823
5	0.5935	0.5674	0.5428	0.5194	0.4972	0.4761	0.4561	0.4371	0.4190	0.4019
6	0.5346	0.5066	0.4803	0.4556	0.4323	0.4104	0.3898	0.3704	0.3521	0.3349
7	0.4817	0.4523	0.4251	0.3996	0.3759	0.3538	0.3332	0.3139	0.2959	0.2791
8	0.4339	0.4039	0.3762	0.3506	0.3269	0.3050	0.2848	0.2660	0.2487	0.2326
9	0.3909	0.3606	0.3229	0.3075	0.2843	0.2630	0.2434	0.2255	0.2090	0.1938
10	0.3522	0.3220	0.2946	0.2697	0.2472	0.2267	0.2080	0.1911	0.1756	0.1615

年 金 現 価 係 数 表

$$\frac{1-(1+r)^{-n}}{r}$$

n ＼ r	1 %	2 %	3 %	4 %	5 %	6 %	7 %	8 %	9 %	10%
1	0. 9901	0. 9804	0. 9709	0. 9615	0. 9524	0. 9434	0. 9346	0. 9259	0. 9174	0. 9091
2	1. 9704	1. 9416	1. 9135	1. 8861	1. 8594	1. 8334	1. 8080	1. 7833	1. 7591	1. 7355
3	2. 9410	2. 8839	2. 8286	2. 7751	2. 7232	2. 6730	2. 6243	2. 5771	2. 5313	2. 4869
4	3. 9020	3. 8077	3. 7171	3. 6299	3. 5460	3. 4651	3. 3872	3. 3121	3. 2397	3. 1699
5	4. 8534	4. 7135	4. 5797	4. 4518	4. 3295	4. 2124	4. 1002	3. 9927	3. 8897	3. 7908
6	5. 7955	5. 6014	5. 4172	5. 2421	5. 0757	4. 9173	4. 7665	4. 6229	4. 4859	4. 3553
7	6. 7282	6. 4720	6. 2302	6. 0021	5. 7864	5. 5824	5. 3893	5. 2064	5. 0330	4. 8684
8	7. 6517	7. 3255	7. 0197	6. 7327	6. 4632	6. 2098	5. 9713	5. 7466	5. 5348	5. 3349
9	9. 5660	8. 1622	7. 7861	7. 4353	7. 1078	6. 8017	6. 5152	6. 2469	5. 9952	5. 7590
10	9. 4713	8. 9826	8. 5302	8. 1109	7. 7217	7. 3601	7. 0236	6. 7107	6. 4177	6. 1446

n ＼ r	11%	12%	13%	14%	15%	16%	17%	18%	19%	20%
1	0. 9009	0. 8929	0. 8850	0. 8772	0. 8696	0. 8621	0. 8547	0. 8475	0. 8403	0. 8333
2	1. 7125	1. 6901	1. 6681	1. 6467	1. 6257	1. 6052	1. 5852	1. 5656	1. 5465	1. 5278
3	2. 4437	2. 4018	2. 3612	2. 3216	2. 2832	2. 2459	2. 2096	2. 1743	2. 1399	2. 1065
4	3. 1024	3. 0373	2. 9745	2. 9137	2. 8550	2. 7982	2. 7432	2. 6901	2. 6386	2. 5887
5	3. 6959	3. 6048	3. 5172	3. 4331	3. 3522	3. 2743	3. 1993	3. 1272	3. 0576	2. 9906
6	4. 2305	4. 1114	3. 9975	3. 8887	3. 7845	3. 6847	3. 5892	3. 4976	3. 4098	3. 3255
7	4. 7122	4. 5638	4. 4226	4. 2883	4. 1604	4. 0386	3. 9224	3. 8115	3. 7057	3. 6046
8	5. 1461	4. 9676	4. 7988	4. 6389	4. 4873	4. 3436	4. 2072	4. 0776	3. 9544	3. 8372
9	5. 5370	5. 3282	5. 1317	4. 9464	4. 7716	4. 6065	4. 4506	4. 3030	4. 1633	4. 0310
10	5. 8892	5. 6502	5. 4262	5. 2161	5. 0188	4. 8332	4. 6586	4. 4941	4. 3389	4. 1925

付　録

日商簿記で使う算数と数学

1. 分数

(1) 加算（たしざん）・減算（ひきざん）

① 分母が同じ分数同士のときは，分子同士をそのまま加算・減算する。

（例１）

$$\frac{3}{7} + \frac{2}{7} = \frac{3+2}{7} = \frac{5}{7}$$

そのまま加算

（例２）

$$\frac{3}{7} - \frac{2}{7} = \frac{3-2}{7} = \frac{1}{7}$$

そのまま減算

② 分母が違う分数同士のときは，分母の数を揃えてから分子同士を加算・減算する。

（例）

$$\frac{1}{3} + \frac{1}{2} = \frac{1\times2}{3\times2} + \frac{1\times3}{2\times3}$$

$$= \frac{2}{6} + \frac{3}{6} = \frac{5}{6}$$

分母を6に揃える（通分）ためにそれぞれ2と3を掛ける。
なお，分数の分母と分子に同じ数を掛けても，分数の大きさは変わらない。

(2) 乗算（かけざん）

分数同士の乗算は，分母同士，分子同士を掛ける。

（例）

$$\frac{1}{3} \times \frac{2}{5} = \frac{1\times2}{3\times5} = \frac{2}{15}$$

(3) 除算（わりざん）

除算は，割る数の逆数（分子と分母を入れ替えた分数）を掛ける。

（例）

$$\frac{1}{3} \div \frac{2}{5} = \frac{1}{3} \times \frac{5}{2} = \frac{1\times5}{3\times2} = \frac{5}{6}$$

分子と分母を入れ替えて掛ける。

2. 歩合と百分率

割合を表す単位として，歩合（ぶあい）や百分率（ひゃくぶんりつ）などがある。

(1) 歩合

通常，試合の勝率などを「○割（わり）○分（ぶ）○厘（りん）」のように表すが，これを歩合という。

「割」は分数で10分の1（小数で0.1），「分」は100分の1（0.01），「厘」は1,000分の1（0.001）を表す。

具体的には，試合の勝率で「5割4分1厘」を小数で表すと0.541となる。

(2) 百分率

　百分率とは，％（パーセント）のことをいい，もとになるものを100等分した場合の割合を表したものをいう。

　たとえば，空気中に含まれる窒素の割合はおよそ78％だが，これは，もとになる空気を100等分したうちのおよそ78の割合が窒素であることを表す。空気を1としたとき，窒素の割合を小数で表すと，およそ0.78となる。

(3) 小数，分数，歩合，百分率の関係

　小数，分数，歩合，百分率を表にすると以下のようになる。

小　数	0.1	0.25	0.5
分　数	$\dfrac{1}{10}=\dfrac{10}{100}$	$\dfrac{1}{4}=\dfrac{25}{100}$	$\dfrac{1}{2}=\dfrac{5}{10}=\dfrac{50}{100}$
歩　合	1割	2割5分	5割
百分率	10％	25％	50％

3. 一次方程式

　一次方程式は次のように解く。

(1) 「25x－50＝75」を解く。

　① 左辺の「－50」を右辺に移項する。このとき，符号の「－」は「＋」に変わる。

$$25x \boxed{-50} = 75$$

左辺から右辺へ移項

$$25x = 75 \boxed{+50}$$

右辺を計算

$$25x = 125$$

①は，次のようにも計算できます。

$$25x - 50 = 75$$

両辺に50を加算

$$25x - 50 \boxed{+50} = 75 \boxed{+50}$$

$$25x = 125$$

　② 両辺を25で割って，xを求める。

両辺を25で割る

$$25x \boxed{\div 25} = 125 \boxed{\div 25}$$

$$x = 5 \quad \cdots \text{（答）}$$

(2) 「4－x＝3(2－x)」を解く。

　① 右辺のカッコ（　）をはずす。

それぞれの項に掛ける。

$$4 - x = \boxed{3}(2 - x)$$

$$4 - x = \boxed{3} \times 2 - \boxed{3} \times x$$

$$4 - x = 6 - 3x$$

　② 右辺の－3xを左辺に移項する。

$$4 - x \boxed{+3x} = 6$$

$$4 + 2x = 6$$

　③ 左辺の4を右辺に移項する。

$$2x = 6 \boxed{-4}$$

$$2x = 2$$

　④ 両辺を2で割って，xを求める。

$$2x \boxed{\div 2} = 2 \boxed{\div 2}$$

$$x = 1 \quad \cdots \text{（答）}$$

さくいん……Index

さ

MEMO

参考文献

「原価計算論」（廣本敏郎，挽文子　中央経済社）

「工業簿記の基礎」（廣本敏郎　税務経理協会）

「原価計算」（岡本清　国元書房）

「管理会計」（岡本清，廣本敏郎，尾畑裕，挽文子　中央経済社）

「管理会計の基礎知識」（岡本清編著　中央経済社）

「現代原価計算講義」（小林啓孝　中央経済社）

「企業行動と管理会計」（小林啓孝　中央経済社）

「棚卸資産会計」（番場嘉一郎　国元書房）

「経営原価計算論」（櫻井通晴　中央経済社）

「原価計算」（櫻井通晴　税務経理協会）

「管理会計」（櫻井通晴　同文館出版）

「間接費の管理」（櫻井通晴　中央経済社）

「管理会計学テキスト」（門田安弘編著　税務経理協会）

「現代原価計算論」（小林哲夫　中央経済社）

「原価計算用語辞典」（角谷光一編　同文館出版）

「企業会計」（中央経済社）

MEMO

よくわかる簿記シリーズ

合格テキスト　日商簿記1級工業簿記・原価計算 III　Ver.8.0

2002年 3 月15日　　初　版　第 1 刷発行
2023年11月26日　　第 8 版　第 1 刷発行

編　著　者　　Ｔ　Ａ　Ｃ　株　式　会　社
　　　　　　　　　　　　　　（簿記検定講座）
発　行　者　　多　　田　　敏　　男
発　行　所　　Ｔ Ａ Ｃ株式会社　出版事業部
　　　　　　　　　　　　　　　（Ｔ Ａ Ｃ出版）
　　　　　　　〒101－8383
　　　　　　　東京都千代田区神田三崎町3－2－18
　　　　　　　電　話　03（5276）9492（営業）
　　　　　　　FAX　03（5276）9674
　　　　　　　https://shuppan.tac-school.co.jp
組　　　版　　朝日メディアインターナショナル株式会社
印　　　刷　　株式会社　ワ　　コ　　ー
製　　　本　　株式会社　常　川　製　本

© TAC 2023　　　　Printed in Japan　　　　ISBN 978－4－300－10664－8
　　　　　　　　　　　　　　　　　　　　　　N.D.C. 336

乱丁・落丁による交換，および正誤のお問合せ対応は，該当書籍の改訂版刊行月末日までといたします。なお，交換につきましては，書籍の在庫状況等により，お受けできない場合もございます。
また，各種本試験の実施の延期，中止を理由とした本書の返品はお受けいたしません。返金もいたしかねますので，あらかじめご了承くださいますようお願い申し上げます。

簿記検定講座のご案内

選べる学習メディアでご自身に合うスタイルでご受講ください！

通学講座

3級コース | 3・2級コース | 2級コース | 1級コース | 1級上級・アドバンスコース

 教室講座 〔通って学ぶ〕

定期的な日程で通学する学習スタイル。常に講師と接することができるという教室講座の最大のメリットがありますので、疑問点はその日のうちに解決できます。また、勉強仲間との情報交換も積極的に行えるのが特徴です。

ビデオブース講座 〔通って学ぶ〕〔予約制〕

ご自身のスケジュールに合わせて、TACのビデオブースで学習するスタイル。日程を自由に設定できるため、忙しい社会人に人気の講座です。

直前期教室出席制度
直前期以降、教室受講に振り替えることができます。

無料体験入学
ご自身の目で、耳で体験し納得してご入学いただくために、無料体験入学をご用意しました。

無料講座説明会
もっとTACのことを知りたいという方は、無料講座説明会にご参加ください。

 無料 **予約不要**※

※ビデオブース講座の無料体験入学は要予約。無料講座説明会は一部校舎では要予約。

通信講座

3級コース | 3・2級コース | 2級コース | 1級コース | 1級上級・アドバンスコース

 Web通信講座 〔スマホやタブレットにも対応〕〔見て学ぶ〕

教室講座の生講義をブロードバンドを利用し動画で配信します。ご自身のペースに合わせて、24時間いつでも何度でも繰り返し受講することができます。また、講義動画はダウンロードして2週間視聴可能です。有効期間内は何度でもダウンロード可能です。
※Web通信講座の配信期間は、お申込コースの目標月の翌月末までです。

TAC WEB SCHOOL ホームページ
URL https://portal.tac-school.co.jp/
※お申込み前に、左記のサイトにて必ず動作環境をご確認ください。

DVD通信講座 〔見て学ぶ〕

講義を収録したデジタル映像をご自宅にお届けします。講義の臨場感をクリアな画像でご自宅にて再現することができます。

※DVD-Rメディア対応のDVDプレーヤーでのみ受講が可能です。パソコンやゲーム機での動作保証はいたしておりません。

 **Webでも無料配信中！** 〔スマホ タブレット〕〔パソコン〕

「TAC動画チャンネル」

● **講座説明会** ※収録内容の変更のため、配信されない期間が生じる場合がございます。
● **1回目の講義（前半分）が視聴できます**

資料通信講座（1級のみ）

テキスト・添削問題を中心として学習します。

詳しくは、TACホームページ「TAC動画チャンネル」をクリック！

| TAC動画チャンネル　簿記 | 検索 |

コースの詳細は、簿記検定講座パンフレット・TACホームページをご覧ください。

パンフレットのご請求・お問い合わせは、TACカスタマーセンターまで

〔通話無料〕 **0120-509-117** ゴウカク イイナ

| 受付時間 | 月～金 9:30～19:00 土・日・祝 9:30～18:00 |

※携帯電話からもご利用になれます。

TAC簿記検定講座ホームページ

| TAC 簿記 | 検索 |

簿記検定講座

お手持ちの教材がそのまま使用可能!
【テキストなしコース】のご案内

TAC簿記検定講座のカリキュラムは市販の教材を使用しておりますので、こちらのテキストを使ってそのまま受講することができます。独学では分かりにくかった論点や本試験対策も、TAC講師の詳しい解説で理解度も120%UP! 本試験合格に必要なアウトプット力が身につきます。独学との差を体感してください。

左記の各メディアが
【テキストなしコース】で
お得に受講可能!

こんな人にオススメ!

● テキストにした書き込みをそのまま活かしたい!

● これ以上テキストを増やしたくない!

● とにかく受講料を安く抑えたい!

※お申込前に必ずお手持ちのバージョンをご確認ください。場合によっては最新のものに買い直していただくことがございます。詳細はお問い合わせください。

お手持ちの教材をフル活用!!

合格テキスト

合格トレーニング

会計業界への就職・転職支援サービス TPB

TACの100%出資子会社であるTACプロフェッションバンク（TPB）は、会計・税務分野に特化した転職エージェントです。勉強された知識とご希望に合ったお仕事を一緒に探しませんか？ 相談だけでも大歓迎です！ どうぞお気軽にご利用ください。

人材コンサルタントが無料でサポート

Step1 相談受付 完全予約制です。HPからご登録いただくか、各オフィスまでお電話ください。

Step2 面談 ご経験やご希望をお聞かせください。あなたの将来について一緒に考えましょう。

Step3 情報提供 ご希望に適うお仕事があれば、その場でご紹介します。強制はいたしませんのでご安心ください。

正社員で働く

- 安定した収入を得たい
- キャリアプランについて相談したい
- 面接日程や入社時期などの調整をしてほしい
- 今就職すべきか、勉強を優先すべきか迷っている
- 職場の雰囲気など、求人票でわからない情報がほしい

TACキャリアエージェント

https://tacnavi.com/

派遣で働く（関東のみ）

- 勉強を優先して働きたい
- 将来のために実務経験を積んでおきたい
- まずは色々な職場や職種を経験したい
- 家庭との両立を第一に考えたい
- 就業環境を確認してから正社員で働きたい

TACの経理・会計派遣

https://tacnavi.com/haken/

※ご経験やご希望内容によってはご支援が難しい場合がございます。予めご了承ください。　※面談時間は原則お一人様30分とさせていただきます。

自分のペースでじっくりチョイス

正社員・アルバイトで働く

- 自分の好きなタイミングで就職活動をしたい
- どんな求人案件があるのか見たい
- 企業からのスカウトを待ちたい
- WEB上で応募管理をしたい

Webで

TACキャリアナビ

https://tacnavi.com/kyujin/

就職・転職・派遣就労の強制は一切いたしません。会計業界への就職・転職を希望される方への無料支援サービスです。どうぞお気軽にお問い合わせください。

TACプロフェッションバンク

東京オフィス
〒101-0051
東京都千代田区神田神保町1-103
東京パークタワー 2F
TEL.03-3518-6775

大阪オフィス
〒530-0013
大阪府大阪市北区茶屋町 6-20
吉田茶屋町ビル 5F
TEL.06-6371-5851

名古屋 登録会場
〒453-0014
愛知県名古屋市中村区則武 1-1-7
NEWNO 名古屋駅西 8F
TEL.0120-757-655

10860572

■ 有料職業紹介事業 許可番号13-ユ-010678　　■ 一般労働者派遣事業 許可番号（派）13-010932

2022年4月現在

TAC出版 書籍のご案内

TAC出版では、資格の学校TAC各講座の定評ある執筆陣による資格試験の参考書をはじめ、資格取得者の開業法や仕事術、実務書、ビジネス書、一般書などを発行しています！

TAC出版の書籍

*一部書籍は、早稲田経営出版のブランドにて刊行しております。

資格・検定試験の受験対策書籍

- ✪日商簿記検定
- ✪建設業経理士
- ✪全経簿記上級
- ✪税 理 士
- ✪公認会計士
- ✪社会保険労務士
- ✪中小企業診断士
- ✪証券アナリスト

- ✪ファイナンシャルプランナー(FP)
- ✪証券外務員
- ✪貸金業務取扱主任者
- ✪不動産鑑定士
- ✪宅地建物取引士
- ✪賃貸不動産経営管理士
- ✪マンション管理士
- ✪管理業務主任者

- ✪司法書士
- ✪行政書士
- ✪司法試験
- ✪弁理士
- ✪公務員試験(大卒程度・高卒者)
- ✪情報処理試験
- ✪介護福祉士
- ✪ケアマネジャー
- ✪社会福祉士　ほか

実務書・ビジネス書

- ✪会計実務、税法、税務、経理
- ✪総務、労務、人事
- ✪ビジネススキル、マナー、就職、自己啓発
- ✪資格取得者の開業法、仕事術、営業術
- ✪翻訳ビジネス書

一般書・エンタメ書

- ✪ファッション
- ✪エッセイ、レシピ
- ✪スポーツ
- ✪旅行ガイド (おとな旅プレミアム/ハルカナ)
- ✪翻訳小説

日商簿記検定試験対策書籍のご案内

TAC出版の日商簿記検定試験対策書籍は、学習の各段階に対応していますので、あなたの
ステップに応じて、合格に向けてご活用ください!

3タイプのインプット教材

① 簿記を専門的な知識にしていきたい方向け

● 満点合格を目指し
次の級への土台を築く

「合格テキスト」
「合格トレーニング」

● 大判のB5判、3級〜1級累計300万部超の、信頼の定番テキスト&トレーニング!
TACの教室でも使用している公式テキストです。3級のみオールカラー。
● 出題論点はすべて網羅しているので、簿記をきちんと学んでいきたい方にぴったりです!
◆3級　□2級 商簿、2級 工簿　■1級 商・会 各3点、1級 工・原 各3点

② スタンダードにメリハリつけて学びたい方向け

● 教室講義のような
わかりやすさでしっかり学べる

「簿記の教科書」
「簿記の問題集」

滝澤 ななみ 著

● A5判、4色オールカラーのテキスト(2級・3級のみ)&模擬試験つき問題集!
● 豊富な図解と実例つきのわかりやすい説明で、もうモヤモヤしない!!
◆3級　□2級 商簿、2級 工簿　■1級 商・会 各3点、1級 工・原 各3点

DVDの併用で、
さらに理解が
深まります!

『簿記の教科書DVD』
● 「簿記の教科書」3、2級の準拠DVD。
わかりやすい解説で、合格力が短時間で
身につきます!
◆3級　□2級 商簿、2級 工簿

③ 気軽に始めて、早く全体像をつかみたい方向け

● 初学者でも楽しく続けられる!

「スッキリわかる」

【テキスト/問題集一体型】

滝澤 ななみ 著(1級は商・会のみ)

● 小型のA5判によるテキスト/問題集一体型。これ一冊でOKの、
圧倒的に人気の教材です。
● 豊富なイラストとわかりやすいレイアウト! かわいいキャラの
「ゴエモン」と一緒に楽しく学べます。
◆3級　□2級 商簿、2級 工簿　■1級 商・会 4点、1級 工・原 4点

売上NO.1

【シリーズ待望の問題集が誕生!】
「スッキリとける本試験予想問題集」
滝澤 ななみ 監修　TAC出版開発グループ 編著
● 本試験タイプの予想問題9回分を掲載
◆3級　□2級

DVDの併用で、
さらに理解が
深まります!

『スッキリわかる 講義DVD』
● 「スッキリわかる」3、2級の準拠DVD。
超短時間でも要点はのがさず解説。
3級10時間、2級14時間+10時間で合
格へひとっとび。
◆3級　□2級 商簿、2級 工簿

TAC出版

コンセプト問題集

● 得点力をつける!

『みんなが欲しかった! やさしすぎる解き方の本』

B5判　滝澤 ななみ 著

● 授業で解き方を教わっているような新感覚問題集。再受験にも有効。

◆3級　□2級

本試験対策問題集

● 本試験タイプの問題集

『合格するための本試験問題集』
（1級は過去問題集）

B5判

● 12回分（1級は14回分）の問題を収載。ていねいな「解答への道」、各問対策が充実。

◆3級　□2級　■1級

● 知識のヌケをなくす!

『まるっと完全予想問題集』
（1級は網羅型完全予想問題集）

A4判

● オリジナル予想問題（3級10回分、2級12回分、1級8回分）で本試験の重要出題パターンを網羅。

● 実力養成にも直前の本試験対策にも有効。

◆3級　□2級　■1級

直前予想

『○年度試験をあてるTAC予想模試＋解き方テキスト』
（1級は第○回をあてるTAC直前予想模試）

A4判

● TAC講師陣による4回分の予想問題で最終仕上げ。

● 2級・3級は、第1部解き方テキスト編、第2部予想模試編の2部構成。

● 年3回（1級は年2回）、各試験に向けて発行します。

◆3級　□2級　■1級

あなたに合った合格メソッドをもう一冊!

 『究極の仕訳集』
B6変型判
● 悩む仕訳をスッキリ整理。ハンディサイズ、一問一答式で基本の仕訳を一気に覚える。
◆3級　□2級

 『究極の計算と仕訳集』
B6変型判　境 浩一朗 著
● 1級商会で覚えるべき計算と仕訳がすべてつまった1冊!
■1級 商・会

 『究極の会計学理論集』
B6変型判
● 会計学の理論問題を論点別に整理、手軽なサイズが便利です。
■1級 商・会、全経上級

 『カンタン電卓操作術』
A5変型判　TAC電卓研究会 編
● 実践的な電卓の操作方法について、丁寧に説明します!

:ネット試験の演習ができる模擬試験プログラムつき（2級・3級）

📱:スマホで使える仕訳Webアプリつき（2級・3級）

・2023年8月現在　・刊行内容、表紙等は変更することがあります　・とくに記述がある商品以外は、TAC簿記検定講座編です

書籍の正誤に関するご確認とお問合せについて

書籍の記載内容に誤りではないかと思われる箇所がございましたら、以下の手順にてご確認とお問合せをしてくださいますよう、お願い申し上げます。

なお、正誤のお問合せ以外の**書籍内容に関する解説および受験指導など**は、一切行っておりません。
そのようなお問合せにつきましては、お答えいたしかねますので、あらかじめご了承ください。

1 「Cyber Book Store」にて正誤表を確認する

TAC出版書籍販売サイト「Cyber Book Store」の
トップページ内「正誤表」コーナーにて、正誤表をご確認ください。

CYBER TAC出版書籍販売サイト
BOOK STORE

URL：https://bookstore.tac-school.co.jp/

2 **1**の正誤表がない、あるいは正誤表に該当箇所の記載がない ⇒ 下記①、②のどちらかの方法で文書にて問合せをする

★ご注意ください★

お電話でのお問合せは、お受けいたしません。
①、②のどちらの方法でも、お問合せの際には、「お名前」とともに、
「対象の書籍名（○級・第○回対策も含む）およびその版数（第○版・○○年度版など）」
「お問合せ該当箇所の頁数と行数」
「誤りと思われる記載」
「正しいとお考えになる記載とその根拠」
を明記してください。
なお、回答までに1週間前後を要する場合もございます。あらかじめご了承ください。

① ウェブページ「Cyber Book Store」内の「お問合せフォーム」より問合せをする
【お問合せフォームアドレス】

https://bookstore.tac-school.co.jp/inquiry/

② メールにより問合せをする
【メール宛先　TAC出版】

syuppan-h@tac-school.co.jp

※土日祝日はお問合せ対応をおこなっておりません。
※正誤のお問合せ対応は、該当書籍の改訂版刊行月末日までといたします。

乱丁・落丁による交換は、該当書籍の改訂版刊行月末日までといたします。なお、書籍の在庫状況等により、お受けできない場合もございます。
また、各種本試験の実施の延期、中止を理由とした本書の返品はお受けいたしません。返金もいたしかねますので、あらかじめご了承くださいますようお願い申し上げます。

（2022年7月現在）